L

NOTES

D'UN VOYAGE.

IMPRIMERIE DE H. FOURNIER,
RUE DE SEINE, n. 14.

NOTES
D'UN VOYAGE
DANS
LE MIDI DE LA FRANCE,

PAR PROSPER MÉRIMÉE,
INSPECTEUR-GÉNÉRAL DES MONUMENS HISTORIQUES DE FRANCE.

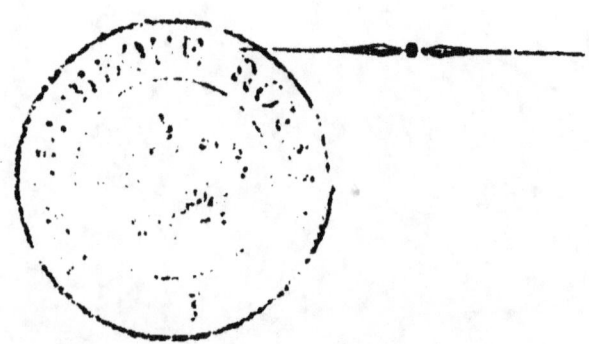

PARIS,
LIBRAIRIE DE FOURNIER,
RUE DE SEINE, N° 14 BIS.

Pendant ma tournée dans plusieurs des départemens du Midi, j'ai adressé un assez grand nombre de rapports à M. le Ministre de l'Intérieur. J'ai dû me borner à lui soumettre les propositions relatives à la conservation de nos monumens, et quant aux observations purement archéologiques que j'ai eu l'occasion de faire, je les inscrivais à mesure sur mon journal. Ce sont ces notes que je publie aujourd'hui.

Je ne me dissimule pas combien elles sont incomplètes. Obligé de parcourir, dans un temps donné, une ligne très étendue, il m'était impossible d'étudier à loisir les questions souvent très importantes qui se présentaient à moi. Bien que je me sois imposé la loi de ne parler que des choses que j'ai *vues*, il se peut que bien des erreurs de fait me soient échappées. Il est souvent difficile de *voir*, et je ne doute pas qu'un examen plus approfondi des mêmes monumens, ne modifiât quelquefois mes conjectures à leur égard.

Toutefois, aujourd'hui que l'étude de nos antiquités nationales commence à prendre faveur, j'ai pensé que la publication de ces notes pourrait être de quelque utilité aux personnes qui visiteraient les lieux que j'ai parcourus. Je croirais avoir rendu service à l'archéologie en provoquant un nouvel examen des monumens que j'ai décrits, en attirant la discussion sur les questions que j'ai effleurées. Il est rare d'arriver du premier coup à la vérité, mais on doit s'estimer heureux quand on est la cause que la vérité se découvre, dût-on soi-même être convaincu d'erreur.

NEVERS.

1ᵉʳ août 1834.

Des médailles en petit nombre, et quelques vases en terre assez grossièrement travaillés, que l'on conserve à la bibliothèque de la ville, voilà les seuls souvenirs de la domination romaine que j'aie trouvés à Nevers. On m'a cité deux voies antiques, à quelques lieues de la ville, aboutissant toutes deux à un camp fortifié situé sur le *Mont Beuvray*. Tous les ans une foire se tient en cet endroit, inhabité pendant tout le reste de l'année. N'est-ce pas un exemple de la durée des traditions? L'établissement de ce marché remonte au temps où des cohortes romaines stationnaient sur le Mont Beuvray : elles ont disparu depuis quatorze siècles au moins, et le marché dure encore.

numens de la période romane. Suivant toute apparence, sa plus ancienne église est celle de Saint-Etienne.—On lit sur une de ses colonnes cette inscription : *Columbanus fundator primus et abbas hujus monasterii, Lothario Francorum rege, circa annum circiter 600*. Si l'on y ajoutait foi, Saint-Etienne aurait donc été bâti moins d'un siècle après la fondation de Nevers (1); mais la première inspection du monument contredit suffisamment cette date.

L'église est vaste; large relativement à sa longueur, caractère distinctif des édifices romans. Sa forme est celle d'une croix latine avec des transsepts fort courts et un chevet semi-circulaire terminé par trois apsides. Des piliers carrés, avec une colonne engagée sur chaque face, la divisent en trois nefs (2). Il faut maintenant descendre plusieurs marches pour entrer dans l'église, par suite de l'exhaussement du sol des rues adjacentes. Le chœur est entouré de piliers ronds, massifs, réunis par des arcades en plein cintre. Cette courbe caractéristique se retrouve dans les voûtes, les fenêtres, etc. En général elle décrit un demi-

---

(1) *Nec ante seculum sextum aut civitatis aut episcopatûs ulla apparent vestigia. Gallia christiana.*

(2) Cette colonne s'élève *sans interruption* jusqu'aux retombées de la voûte. Cette forme est remarquable à une époque où les longues lignes verticales sont rares.

cercle régulier, mais dans les arcades d'une grande portée, celles des transsepts par exemple, elle se rapproche sensiblement du fer à cheval. On a voulu, je crois, augmenter ainsi la solidité de l'arc.

Six fenêtres éclairent le chœur. Au-dessus règne une rangée d'arcades bouchées, retombant sur des piliers et des colonnes alternant ensemble. Les piliers sont larges et courts, sans chapiteaux, tandis que les colonnes ont des chapiteaux énormes, presque aussi hauts que le fût. Il est impossible d'imaginer rien de plus barbare.

Je n'ai point observé de crypte sous ce chœur. Je ne sais si elle a été comblée ou si elle a jamais existé.

A l'intersection du chœur et des transsepts s'élève une coupole ovoïde, surmontée d'un clocher bas et carré. — J'ai observé à Saint-Etienne une construction singulière : les transsepts sont séparés de la nef par un mur qui touche à la voûte, mais qui s'ouvre dans le bas par une vaste arcade dont les retombées s'appuient d'un côté au mur du chœur, de l'autre à celui de la nef. Au-dessus de cette grande arcade, il y en a cinq plus petites. L'ensemble, vu du chœur, donne l'idée d'un pont surmonté d'une galerie. Quelques archéologues anglais ont appelé cela *screen*; je n'ose lui donner le nom d'écran. — Il n'y a point encore de terminologie fixée pour l'architecture du moyen-âge, et souvent la difficulté est grande pour exprimer les objets qui se présentent le plus souvent à nos yeux.—Les murs qui ferment les transsepts sont décorés à l'intérieur et à l'extérieur de niches peu profondes, dont l'amortissement est ou cintré ou en forme de mitre. Un œil de bœuf dont l'ouverture est très étroite occupe la place de la rose, qui acquit par la suite un si grand développement.

La façade est aujourd'hui presque dépourvue d'ornemens ; deux rangées de corbeaux dont je ne m'explique pas l'usage, sont surmontées par une grande fenêtre au-dessus de laquelle on en voit trois autres entourées d'archivoltes trilobées, soutenues par des colonnes engagées : l'une d'elles est torse. Le mur, terminé par une ligne horizontale, ne laisse pas apercevoir le toit de la nef.

Ainsi que toute la façade, la porte est fort dégradée. Son archivolte, dont les ornemens en saillie paraissent avoir été rasés, présente une coupe de pierres fort bizarre. Les claveaux disposés sur deux rangs, taillés en biseau à une de ses extrémités, s'enchâssent les uns dans les autres, en sorte que les points de l'extrados de la rangée inférieure correspondent aux intervalles compris entre deux pointes de l'intrados de la rangée supérieure, et *vice versâ*. Je ne sais si l'arc gagne quelque chose en solidité à cet arrangement compliqué. Il est d'ailleurs exécuté avec tant de soin que les joints des pierres sont à peine sensibles. — L'appareil de la façade et de toute l'église est moyen, assez régulier.

L'ornementation de Saint-Étienne, intérieure ou extérieure, est fort pauvre, et se réduit à quelques moulures peu saillantes, des colonnes engagées autour des fenêtres, et une arcature, ou série d'arcades bouchées autour de l'apside, avec quelques modillons grossièrement sculptés. En général les chapiteaux sont fort simples et représentent des feuillages à peine ébauchés. Un grand nombre même ne sont que des cônes tronqués, et renversés, surmontés d'un tailloir, soit qu'on en ait détruit les ornemens en saillie, soit qu'ils n'aient jamais été décorés que de peintures.

Les archives de Nevers, si riches autrefois, ont disparu entièrement. Il n'en reste que le catalogue dressé par M. Parmentier. Heureusement il contient la date de la charte relative à la construction de Saint-Étienne. Guillaume, évêque de Nevers, la fonda en 1063. Il y fut enterré en 1100. — Le style de Saint-Étienne nous pourra servir de point de comparaison pour les autres églises de la ville dont la date est inconnue.

Au bord de la Loire on voit une autre basilique romane, Saint-Sauveur, beaucoup plus ornée, mais aujourd'hui dans un triste état. Le bas de l'église sert de magasin de roulage, et le haut de grenier à foin, au moyen d'un plancher qu'on a établi à la moitié de sa hauteur.

Sa forme est un carré long terminé par une apside semi-circulaire, flanquée de deux autres apsides plus petites. Huit piliers, quatre de chaque côté, la divisent en trois nefs. Les deux premiers piliers sont octogones; les deuxièmes, ronds; les autres sont carrés avec des colonnes engagées. La voûte de la nef principale est en plein cintre, construite en blocage, sans arêtes ou nervures. Les voûtes des bas côtés sont remarquables; elles décrivent un quart de cercle, qui, s'appuyant à la muraille de la nef principale, lui sert en quelque sorte d'arc-boutant. Je ne doute pas qu'une crypte n'ait existé autrefois sous le chœur, qui était beaucoup plus élevé que la nef, comme on en peut juger par les bases des deux derniers piliers, maintenant déchaussées, qui se trouvent aujourd'hui à environ huit pieds au-dessus du sol du magasin. Il est de même évident que le pavé de l'ancienne église n'était au niveau actuel que dans l'espace compris entre le mur occidental et les troisièmes piliers. On voit la base de ceux-ci s'élever à près de quatre pieds au-dessus du sol actuel, ainsi cette basilique était divisée perpendiculairement à son axe en trois parties de hauteur inégale.

La porte très ornée de colonnes engagées, grêles, annelées et fuselées, s'ouvre sur le côté droit de l'église en avant des deux premiers piliers. J'ignore s'il y avait autrefois une porte opposée à l'apside; des constructions récentes ne m'ont pas permis de m'en assurer (1).

Les fenêtres, surtout celles des collatéraux, cintrées et très étroites au dehors, s'élargissent à l'intérieur. Les chapiteaux historiés qui soutiennent les arcades des collatéraux et ceux sur lesquels s'appuie la voûte principale méritent une attention particulière par le travail et la composition de leurs bas-reliefs. Sur les uns sont sculptés des animaux réels ou fantastiques; sur les autres des sujets tirés de l'Ecriture ou quelquefois de l'imagination bizarre des artistes. Parmi les premiers on distingue des animaux de l'Orient, un lion, un chameau, un éléphant. On sent qu'on ne doit pas s'attendre à une imitation bien fidèle de la nature; par exemple, l'éléphant est couvert d'écailles; le lion et le chameau, bien que reconnaissables, ne sont guère plus exacts. Sur d'autres chapiteaux, on voit l'histoire du mauvais riche, Jonas avalé par la baleine; puis des fantaisies étranges : une truie qui joue de la vielle, des têtes grimaçantes,

(1) Cette disposition de la porte et du pavé me paraît caractéristique. Je l'ai trouvée dans d'autres églises très anciennes. Voir Celleneuve et Coustouges.

une, entre autres, colossale, d'un démon (A) dont la gueule, démesurément ouverte, engloutit des damnés. Toutes ces sculptures, aussi bien que la voûte et les murailles, ont été couvertes uniformément d'un badigeon blanc qui, en s'écaillant, laisse apercevoir la peinture ancienne, que nos barbares modernes semblent prendre à tâche d'effacer tous les jours. Il est facile de reconnaître que les murs et les fûts des colonnes ont été primitivement revêtus d'une couche de couleur rouge, brillante, et assez épaisse pour cacher entièrement les inégalités produites sur la pierre par les coups de ciseau. Les chapiteaux étaient peints avec plus de recherche. On distingue encore des couleurs variées, surtout un très beau vert, et des restes de dorure. Je crois que la voûte était peinte en bleu et or suivant un usage à peu près général; mais il m'a été impossible de l'examiner de près.

Malgré les constructions récentes adossées aux murs de cette église, on entrevoit la décoration extérieure de l'apside ornée de modillons à têtes d'hommes et d'animaux, sous lesquels règne une moulure de billettes d'un bon effet. Enfin les archivoltes des fenêtres et leurs impostes sont entourées d'un cordon de denticules.

L'appareil est de moellons taillés, assez bien joints; les contreforts, peu saillans, correspondent comme à l'ordinaire aux piliers intérieurs. Un clocher assez bas, avec des ouvertures ogivales, s'élève au-dessus du chœur. Le style des ornemens, qui est gothique, suffirait seul pour indiquer une construction bien postérieure à celle de l'église. Vraisemblablement ce clocher est bâti sur une tour très basse, comme celles des anciennes églises romanes.

On ne connaît pas, ou du moins je n'ai pas trouvé la date de la fondation de Saint-Sauveur. A en juger d'après son architecture, je la ferais remonter au commencement du XIIe siècle. La porte me paraît un peu plus moderne, d'un demi-siècle peut-être; mais elle est tellement obstruée maintenant qu'on n'aperçoit que les colonnes engagées et leurs chapiteaux. Je n'ai rien pu voir de l'archivolte ni du tympan. Je ne sais même s'ils existent encore sous la masure qu'on a construite devant.

A peu de distance de Saint-Sauveur est l'église de Saint-Genest, autrefois dépendant d'un couvent de femmes, maintenant transformée en brasserie. — Forme de croix grecque; voûte en ogive à pointe légèrement arrondie, à nervures croisées. On peut y voir la transition du plein cintre à l'ogive. Quant à l'ornementation, elle est toute romane.

Les chapiteaux des colonnes engagées qui soutiennent les voûtes, bien que travaillés finement, sont inférieurs pourtant à ceux de Saint-Sauveur. On n'y voit point d'animaux sculptés, point de figures humaines (1), seulement des feuillages ou des espèces d'arabesques; les plus remarquables sont ceux du portail. J'en ai observé un surtout, d'une forme extrêmement élégante, composé d'une longue feuille dentelée, roulée en boule sur elle-même. Les creux, fouillés profondément, en dessinent à merveille les contours gracieux. — Je retrouve ici les fûts taillés en fuseau. Cette forme, où je serais tenté de voir un souvenir antique, se reproduit fréquemment dans les églises de la Bourgogne et du Nivernais.

Le portail est en ogive. Son archivolte, modèle d'élégance, est ornée d'une guirlande de feuillage admirablement sculptée, et d'un double rang de pointes de diamans en creux. Tout cela entourait un tympan dont les bas-reliefs ont été détruits. Le bandeau, très mutilé, représentait une espèce de procession de saints, autant qu'on en peut juger dans l'état où les Vandales l'ont laissé. Une seule figure a échappé; elle est revêtue d'une draperie longue et plissée, si parfaitement rendue, et jetée

(1) Les consoles qui soutiennent les retombées des nervures, portent des têtes de femmes, d'hommes à barbes ou de monstres. Sculpture hardie, à l'effet. Les prunelles sont en creux. Peut-être étaient-elles remplies autrefois d'un mastic coloré.

avec tant de grâce, qu'elle fait penser à celles de la frise du Parthénon.

On va démolir cette belle porte, ainsi que le reste de l'église. C'est une propriété particulière, et l'on ne peut s'y opposer. Le possesseur de la brasserie m'a promis de faire conserver les chapiteaux et ce qui reste du tympan.

Un bâtiment voisin, devenu un magasin de plâtre, paraît une ancienne dépendance de Saint-Genest. On y voit quelques modillons curieux, représentant des têtes d'animaux et des fragmens de bas-reliefs encastrés dans les murailles.

Ces fragmens m'ont semblé plus anciens que la brasserie, dont il est impossible de reculer la construction plus loin que le milieu ou même la fin du XIIe siècle (1).

J'achèverai le catalogue des monumens romans de Nevers, en citant un édifice bâti en blocage, en forme de carré long, terminé par une apside, lequel se trouve entre les rues Saint-Laurent et Saint-Didier. On n'y voit plus aucun ornement:

---

(1) Le monastère de Saint-Genest fut reconstruit en 849 par Hériman, évêque de Nevers; on ignore quels changemens il a éprouvés depuis cette époque. Il est certain qu'à l'exception peut-être de quelques substructions, rien dans l'église de Saint-Genest n'appartient au IXe siècle. Dans le bas des murs sont encastrées des inscriptions tumulaires dont les plus anciennes datent du XIIIe.

cela faisait peut-être partie de l'église de Saint-Géralde.

L'église et le monastère de Saint-Martin, l'un des plus anciens de la ville, avaient été démolis quelques mois avant mon arrivée. Je n'en ai trouvé que deux chapiteaux en marbre blanc, peints et dorés, d'environ trois pieds de haut; le travail en est admirable : l'un offre des rinceaux qui se croisent; l'autre un groupe de quatre aigles enlacés par autant de serpens. Si l'on veut bien oublier pour un instant les scrupules de l'école, on avouera que ce dernier chapiteau peut rivaliser en élégance, en beauté, avec tout ce que l'antiquité nous a laissé de plus correct.

Ces deux chapiteaux servaient de bornes à la porte d'une pauvre maison sur les bords de la Loire; j'ai demandé qu'on les abritât; M. le maire de Nevers a bien voulu me promettre qu'il les ferait conserver.

La cathédrale actuelle fut d'abord dédiée à saint Gervais et saint Protais, puis à saint Cyr, sans doute après que Charles-le-Chauve lui eut donné les reliques de ce saint. L'aspect du monument révèle son histoire, celle de presque toutes les églises importantes, une suite de destructions et de restaurations.—On est d'abord frappé de sa forme bizarre : c'est une longue basilique avec une apside à chaque extrémité. Presque toute la nef et le chœur appartiennent aux xiiiᵉ, xivᵉ et xvᵉ siècles; l'apside occidentale est romane. Il paraît que dans la construction primitive, l'église était orientée à rebours. Je trouve dans l'inventaire de Parmentier déjà cité, qu'en 910 la cathédrale fut détruite, que l'évêque Atton en commença la reconstruction, et qu'il fit élever les deux énormes piliers ronds à l'extrémité occidentale de la nef, qui soutiennent une grande arcade (*screen*) dont l'emploi est le même qu'à Saint-Etienne, c'est-à-dire qui sépare la nef des transsepts (1). On descend dant une crypte assez vaste pratiquée sous cette apside, dont le pavé s'élève fort au-dessus de celui de l'église actuelle. On reconnaît qu'avant l'époque gothique, et depuis la restauration d'Atton (car on ne peut croire cette apside et sa crypte antérieures au xᵉ siècle), des réparations considérables ont eu lieu. On peut s'en convaincre en examinant la différence d'appareil dans les murs de cette partie de la cathédrale. Le bas est de petites pierres noyées dans le ciment; le haut au contraire est de moellons taillés avec soin, alignés par couches parallèles.

Il suffit d'un coup d'œil pour s'apercevoir que la nef et le chœur de Saint-Cyr, n'ont pas le même axe. Cette irrégularité se reproduit si

(1) Ces transsepts font aujourd'hui partie des bas-côtés de la nef. On reconnaît sans peine qu'ils appartiennent à une époque beaucoup plus ancienne.

souvent dans les églises gothiques, qu'on a été conduit à penser qu'elle ne devait pas être attribuée au hasard ou à la maladresse des architectes, mais qu'elle était le résultat d'un parti pris. On a cherché à l'expliquer en supposant qu'on avait voulu rappeler ainsi la flexion de la tête de J.-C. sur la croix. Cette allusion mystérieuse aurait été l'une des règles que les associations de maçons du moyen-âge transmettaient à leurs initiés. Sans adopter dès à présent cette explication, je la regarde comme infiniment plus probable que le prétendu mépris pour la symétrie ou la négligence des architectes. Toute supposition répugne moins que l'accusation d'ignorance portée contre des hommes qui nous ont laissé tant de chefs-d'œuvre.

Saint-Cyr, je parle de la partie gothique, n'a pas la légèreté ni la hardiesse élégante qu'on admire dans beaucoup d'églises du même style. Son clocher est lourd, et les figures colossales appliquées contre ses angles sont du plus mauvais goût. En revanche, l'ornementation, à l'intérieur surtout, est digne d'éloges. Les chapiteaux présentent une étonnante variété de détails, empruntés tous cependant au règne végétal. On y reconnaît tous les feuillages de nos bois et de nos champs,—la feuille de chêne, de peuplier, de roseau, de chardon frisé, etc. La perfection de l'imitation, et la finesse du travail, sont réellement admirables. Les archivoltes des portes attestent également la patience et l'adresse des ciseleurs du xve siècle. On ne peut regarder sans surprise ces feuilles de chêne, minces comme dans la nature, découpées au-dessus d'une gorge profonde, dont elles sont tellement détachées qu'on pourrait facilement passer le bras dans le creux sans toucher à ces fragiles rinceaux. Il en résulte un effet piquant de lumière et d'ombre, qui de loin permet à l'œil de saisir les détails les plus délicats.

Dans la révolution, on a fait la guerre à toutes les figures humaines, à celles de pierre du moins qui ornaient l'église. On a décapité les jolis anges sculptés sur les clés pendantes et les consoles ; on a brisé les saints qui décoraient les tympans. Pas un n'a trouvé grâce : je me trompe, on a épargné les gros saints du clocher, sans doute parce qu'ils étaient trop haut pour la commodité des destructeurs, et aussi parce que leur chute aurait fortement compromis les maisons voisines.

J'ai remarqué dans la cathédrale une chaire d'évêque en bois, de la fin du xve siècle, d'un admirable travail ; il serait à désirer qu'on la replaçât dans le chœur au lieu de la reléguer comme on fait dans un coin obscur auprès de la porte. Un jaquemart de la même époque, auprès du chœur, avec deux figures cuirassées qui frappent les heures, est aussi un morceau très curieux.

L'hôtel-de-ville, qui faisait partie de l'ancien château des comtes de Nevers, dont plusieurs tours très anciennes subsistent encore, appartient au commencement de la renaissance, à cette époque où les formes antiques reparaissent au milieu des derniers caprices du gothique. La façade est du plus bel effet, vue de l'extrémité de la grande place qu'elle domine. Trois tourelles à pans, engagées sur cette façade et servant de cages d'escalier, prouvent la répugnance qu'on a eue pendant long-temps à percer les planchers et les voûtes pour établir les escaliers de communication. A voir les fenêtres de ces tourelles disposées en spirale, comme les marches des escaliers, on dirait de loin un large ruban brodé à jour.

Il ne reste presque plus rien des anciennes fortifications, si ce n'est une porte du XIVe siècle, encore assez bien conservée, garnie de machicoulis, de créneaux, et des ouvertures qui servaient à la manœuvre de la herse et du pont-levis.

On trouve dans le jardin d'une maison de la rue *de la Tartre* un monument ruiné dont on n'a pu m'indiquer l'origine; c'est un mur à grand appareil avec une portion de corniche, deux colonnes ioniques engagées, une console, etc. Tout cela paraît une assez bonne imitation de l'antique, telle qu'on en faisait à l'époque de la Renaissance. Ce mur se trouvait autrefois dans l'enceinte du château que la rue de la Tartre traverse aujourd'hui.

Tout auprès, dans un autre jardin, on voit un joli tombeau de l'époque de Louis XII, décoré de charmantes petites statues encore bien conservées. La ville devrait acheter ces fragmens, qui seraient le commencement d'un Musée.

LA CHARITÉ-SUR-LOIRE.

Il reste encore une grande partie des fortifications de la ville, rétablies vers 1364 par ordre du roi Jean. Beaucoup de tours en blocage, épaisses, revêtues d'un parement irrégulier, voûtées à l'intérieur, et réunies par des courtines. On s'explique facilement les motifs qui ont porté les ingénieurs du moyen-âge à multiplier les tours dans l'enceinte des villes, malgré le surcroît de dépense qui devait en résulter. Les tours contenaient dans un petit espace un assez grand nombre de combattans : elles permettaient aux assiégés de prendre en flanc ceux qui attaquaient la courtine. On comprend que l'intervalle d'une tour à l'autre ne devait être au plus que de deux fois la portée des armes de jet. Un autre usage des tours était d'offrir un refuge aux défenseurs du rempart, lorsqu'une partie venait d'être emportée par l'ennemi. On peut les comparer à des citadelles isolées, en quelque sorte indépendantes les unes des autres. — La grande importance des tours, relativement à celle des courtines, les exposait aux principaux efforts de l'assaillant, car il faut observer que la courtine ne pouvait rendre que très imparfaitement aux tours le service qu'elle en recevait. L'histoire de tous les sièges du moyen-âge (*V. Froissart* et la *Vie de Du Guesclin*) prouve la constance de cette pratique.

On fait dériver le nom de la ville du latin *Caritas*, et de la manière dont les moines d'un couvent de Saint-Benoît pratiquaient *la charité* à l'égard des voyageurs (1). Mais les historiens ne sont pas d'accord sur la date de la fondation de ce monastère, autour duquel des maisons se groupèrent peu à peu. Ce ne fut, à ce qu'il paraît, qu'à la fin du xie siècle que le village naissant devint une ville (2). La construction de l'église actuelle date de 1056, suivant la *Gallia christiana*, et ne fut terminée, ou du

---

(1) Les armes de l'abbaye étaient *trois bourses ouvertes*, surmontées d'une fleur de lys d'or sur un champ d'azur.

(2) En 1081, les habitans obtinrent de Philippe Ier l'autorisation d'élever une enceinte de murailles, privilége réservé aux villes.

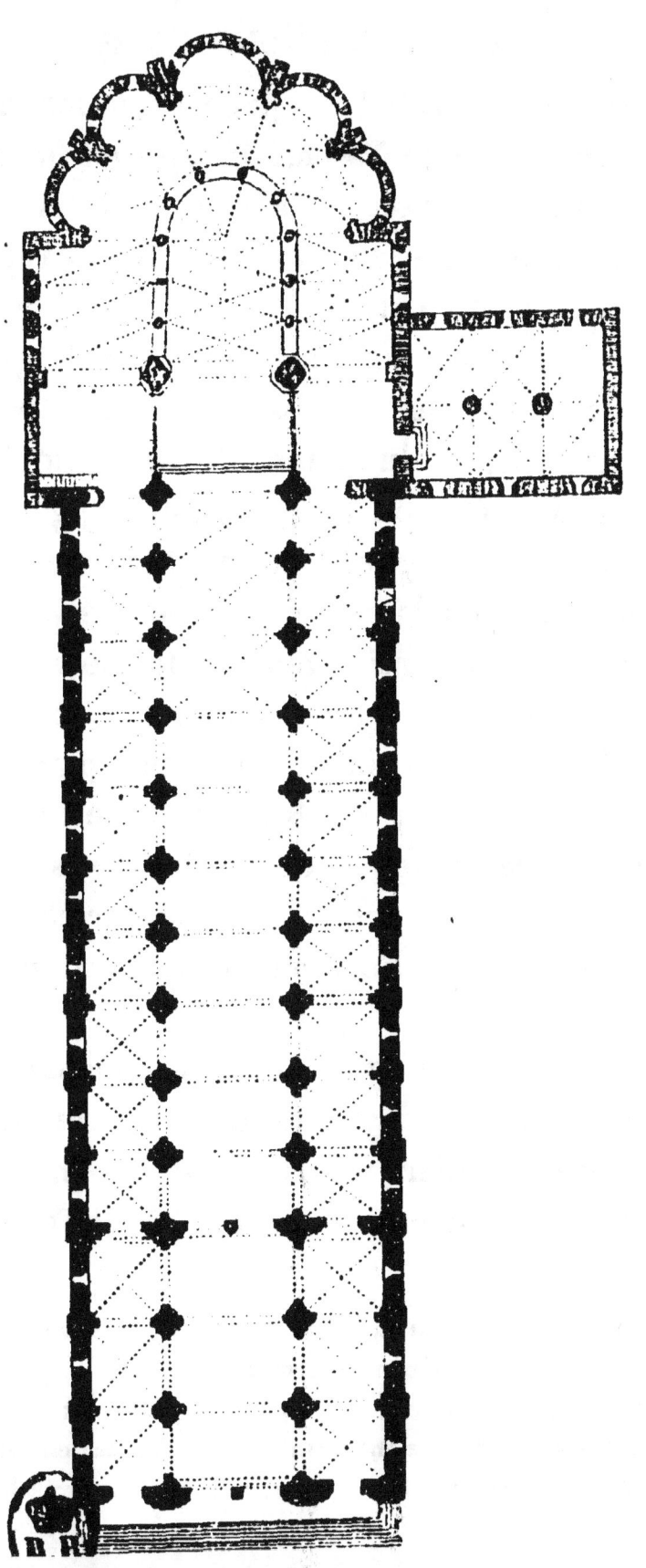

moins très avancée (1), qu'en 1107, lors du passage en France de Paschal II, qui en fit la dédicace sous le vocable de la Vierge. Un violent incendie ruina l'église en 1204. Philippe-Auguste la fit restaurer en 1216.

L'examen du monument ne présente que bien peu de parties qui paraissent antérieures à cette restauration, ou du moins à la fin du xii° siècle.

L'église a été conçue sur un plan gigantesque, car bien que des mutilations modernes en aient retranché presque la moitié de la nef, ce qui en reste est encore très considérable. Sa forme actuelle est celle d'une croix latine, terminée par cinq apsides (2) entourant le chœur, plus quatre autres sur le mur oriental des transsepts. Je ne m'occuperai pas de la nef ni de ses bas-côtés, qui ont été restaurés à la moderne. Le chœur et la façade sont les seules parties anciennes et vraiment intéressantes.

Des arcades en ogive (dont les naissances rentrées affectent la forme de l'ogive moresque), portées sur des piliers ronds et légers, environnent le chœur et l'isolent de ses bas-côtés. Tous les or-

---

(1) Il est certain qu'un grand nombre d'églises ont été consacrées avant d'être entièrement terminées.

(2) L'apside centrale refaite au xvii° siècle, est devenue une petite chapelle presque indépendante de l'église; elle se termine carrément à l'orient, et sa forme représente une croix latine.

nemens, et surtout les chapiteaux, qui sont d'une richesse et d'une variété extrêmes, appartiennent au style roman. Quoique tous chargés d'animaux, de compositions ou de feuillages différens, ils offrent une forme générale qui leur est commune, et qui se rapproche sensiblement du galbe corinthien. Les voûtes sont ogivales, ainsi que les fenêtres; les galeries et les arcatures inférieures présentent le mélange du plein cintre et de l'ogive, qu'on observe fréquemment dans les monumens de l'époque de transition. La légèreté des piliers du chœur ferait croire qu'ils n'auraient pu résister à l'incendie de 1204, si les détails de leurs chapiteaux ne rappelaient pas incontestablement le style du siècle précédent. Les apsides semblent appartenir à la même époque, elles sont décorées à l'intérieur d'arcades et de petites colonnes; à l'extérieur de longues colonnes qui s'élèvent jusqu'à la corniche, de modillons et d'archivoltes, souvent très élégamment ciselés. Plusieurs fenêtres se terminent par des cintres à cinq lobes. A l'intersection du chœur et de la nef s'élève un clocher octogone au-dessus d'une voûte ovoïde.

J'ai déjà dit que la partie antérieure de la nef avait été détruite: il en reste cependant la muraille de gauche, dont le bas présente de grandes arcades bouchées, ogivales, surmontées d'autres plus petites, mais cintrées, qui en sont séparées par une corniche. Six travées ont été ainsi retranchées de la nef, probablement à l'époque de sa dernière restauration. Les deux premières travées, à partir de l'ancien portail, diffèrent des autres par leurs arcades supérieures, à cinq lobes, entourées d'une archivolte ciselée. Il est à noter que la corniche de ces deux travées est plus basse que celle des quatre autres; les premières, je crois, datent de 1216. Les piliers correspondans ont été renforcés, probablement lorsqu'on a construit les étages supérieurs des deux tours de la façade.

Il n'en reste plus qu'une aujourd'hui, celle de gauche, la droite ayant été rasée, si toutefois elle a jamais été terminée. La gauche, très haute et extrêmement ornée, est du plus bel effet. Des fenêtres géminées, à trois et à cinq lobes (cintrés ou en ogive), encadrées d'archivoltes ciselées, éclairent ses différens étages, séparés par d'élégantes moulures, des corniches, des modillons, des rosaces, etc. Je crois l'étage inférieur contemporain de la construction primitive; les autres me semblent appartenir à la fin du xiie siècle ou au commencement du xiiie.

Autrefois ces tours avaient chacune deux portes, s'ouvrant sur les bas-côtés de la nef, et décorées avec la plus grande magnificence. Leurs tympans, remplis de bas-reliefs d'une exécution précieuse, peuvent soutenir la comparaison avec ce que l'art bysantin a produit de plus remarquable. Il est impossible de ne pas admirer la perfection avec laquelle sont rendus certains détails, comme les étoffes et les broderies,—l'ornementation en général. En même temps il y a lieu de s'étonner que des artistes, en état d'exécuter si bien certaines parties, soient tombés dans des fautes aussi grossières; les mains, par exemple, sont hors de toute proportion avec les corps, et il y a tel personnage dont les doigts ont la même longueur que la face. —On observe les plis très fins et tourmentés des draperies, la profusion des broderies et des bijoux, caractères assez constans de la sculpture des XIe et XIIe siècles. —J'ai cherché en vain sur la pierre des traces de peinture. Je n'en ai trouvé que sur les nimbes, peints en bleu, entourés de perles d'or, avec une croix grecque rouge, au milieu. La parfaite conservation des couleurs dans cette seule place, l'absence du moindre vestige de coloration dans le reste des bas-reliefs, me font penser qu'ils n'ont jamais été peints. D'ailleurs des disques de verre pourpre foncé, incrustés dans les yeux des figures de grande proportion, attestent suffisamment le goût du temps pour la sculpture polychrôme. Pour les petites figures, au lieu de disques, on s'est servi de boules de verre vert, enfilées par un fil de fer, et à peu près semblables à une grosse épingle.

Chacun de ces tympans est entouré de quatre larges archivoltes d'une exécution magnifique. A côté des damiers, des étoiles et des billettes bysantines, on voit des palmettes et des moulures qu'on pourrait prendre pour antiques si on les trouvait isolées. Quatre colonnes engagées, à chapiteaux historiés qui se lient par leur composition aux sujets des bas-reliefs, soutiennent les retombées des archivoltes. Il est évident que les ouvriers qui ont sculpté ces détails avaient atteint la perfection de l'exécution manuelle. Je ne sais à quoi attribuer les défauts choquans dans l'imitation de la forme humaine. Doit-on penser que les sculpteurs de ce temps, ecclésiastiques pour la plupart, dédaignaient de prendre des modèles, et ne consultaient que leur mémoire?

Une observation qui ne peut échapper à personne, c'est la ressemblance frappante qu'offrent ces figures longues et minces, enveloppées de draperies raides et collantes, avec les premiers ouvrages des Egyptiens et des Etrusques. D'où vient que des peuples différens, sans se copier, soient tombés dans les mêmes erreurs, se soient complu aux mêmes exagérations? Partout les commencemens de l'art se ressemblent. Serait-ce que pour l'homme dans un degré de civilisation peu avancé, que le soin de sa conservation préoccupe toujours, l'agilité, une haute taille, indice de la force corporelle, sont les qualités les plus estimées, et par conséquent celles qui constituent le beau à ses yeux? Il me semble qu'il faut, pour apprécier la grâce, un état de société où la puissance intellectuelle l'emporte sur la force physique.

Tous ces curieuses sculptures sont cachées par deux misérables échoppes adossées aux murs des tours. Deux serruriers les occupent, et se sont construit des chambres le long de ces magnifiques tympans. L'un des bas-reliefs est masqué presque entièrement par un plancher qui le sépare en deux parties. Plus loin, on a entaillé profondément les moulures saillantes d'une archivolte pour élargir le passage d'un escalier, ou plutôt d'une échelle, qui conduit aux chambres supérieures de la baraque. Là, des fagots sont entassés devant un bas-relief.... Ajoutez à cela des poules et des enfans vivant pêle-mêle dans ces réduits infects et les salissant à qui mieux mieux.

Il y a un mois, un soldat, c'était je crois un chasseur d'Afrique, fut logé chez un des serruriers. On le coucha dans l'intérieur de l'une des portes, en haut d'un cintre. Le fond de cette étrange alcove était un bas-relief représentant le Père Éternel assis sur les nuages, entouré de ses anges et de ses saints. Peu sensible à cette décoration, le soldat ne pensa qu'au mauvais grabat de son hôte et aux punaises qui le tourmentèrent la nuit. Le matin, faisant son bagage, il avise le bas-relief, et s'adressant au Père Eternel : « C'est toi, » dit-il, « qui as inventé les punaises; voilà pour te « remercier ! » Un coup de bâton qui cassa la tête de la statue, termina la prosopopée (1).

J'oubliais de parler d'un chambranle de porte, restauration évidente du xve siècle, qui subsiste encore entre les deux tours. Il ne me semble pas douteux que dans la construction primitive, l'église avait cinq nefs. En effet, elle a cinq portes, dont quatre bysantines, et quatre apsides aux transsepts, qui avec le chœur (les arcades inférieures du moins), sont les seules parties de l'église ac-

(1) Les habitans de La Charité montrent une bien coupable indifférence pour ces restes précieux. Il y a peu de temps que le propriétaire d'une maison attenant à l'église, a démoli, sans obstacle de la part de l'administration, le portail latéral de droite; le tympan qui le décorait, du même style que ceux que je viens de décrire, a été entièrement perdu.

D'après mes réclamations, et au moyen d'une allocation accordée par M. le ministre de l'intérieur, les bas-reliefs existans vont être transportés dans l'intérieur de l'église.

Je dois des remerciemens à M. A. Grasset, qui le premier m'a signalé leur existence, après avoir long-temps protesté en vain contre les outrages qu'ils reçoivent. M. Grasset possède un cabinet d'antiquités et de curiosités très-remarquable. Outre un médailler fort riche, sa collection renferme des vases, des statuettes, des bronzes antiques, etc., provenant, pour la plupart, du département de la Nièvre. Le propriétaire se fait un plaisir de la montrer aux étrangers qui passent à La Charité.

tuelle qui semblent appartenir au xii⁶ siècle. — Il serait possible toutefois que le chœur même et les apsides eussent été reconstruits par Philippe-Auguste, et on expliquerait alors les chapiteaux et l'ornementation toute bysantine, par l'emploi des matériaux échappés à l'incendie, qu'on aurait appliqués à la restauration du xiii⁶ siècle. Il faut se rappeler qu'il ne reste plus rien aujourd'hui de la nef de Philippe-Auguste.

LA MARCHE.

C'était une ville avant que La Charité en devînt une, et le séjour de seigneurs puissans.—Ruines d'une église bâtie fort près d'une butte élevée de main d'homme, qui, suivant toute apparence, portait le donjon du château de La Marche. On voit encore quelques vestiges des substructions de ce château.

De l'église il ne reste debout actuellement qu'une partie de la nef, une apside principale, régulièrement orientée, et une autre plus petite à gauche. En suivant les substructions, on reconnaît que le plan de l'édifice était celui d'une basilique, terminée à l'orient et à l'occident par trois apsides opposées. Cette forme est très rare en France, mais on en trouve quelques exemples sur les bords du Rhin (1). La principale des apsides occidentales servait probablement de baptistère, et la porte s'ouvrait latéralement à la nef.

Quelques piliers subsistent encore; ils sont carrés avec des colonnes engagées sur leurs faces latérales, qui soutiennent des arcades en plein cintre. Sur les chapiteaux, en forme de pyramide tronquée et renversée, on voit quelques figures humaines grossièrement ébauchées, au milieu d'une foule de traits bizarres, qu'on ne peut comparer qu'au tatouage des Zélandais. Ces dessins sont gravés en creux, ou du moins n'ont qu'une saillie à peine sensible. Les angles des chapiteaux sont terminés par des têtes d'hommes ou d'animaux; il est difficile de le deviner, tant le travail est barbare.

Une crypte assez vaste, voûtée en berceau, sans colonnes ni aucun ornement, existe sous l'apside principale. M. A. Grasset se propose de la faire fouiller.

Il est probable que cette église a été bâtie long-

(1) Les églises du Rhin n'ont, je crois, qu'une *seule apside occidentale*. Je ne sais quelle était la destination des deux autres dans l'église de La Marche.

temps avant le monastère de La Charité, et la rudesse de cette construction me fait croire qu'elle remonte au x⁰ siècle, si toutefois elle n'est pas encore plus ancienne.

Vanzy. — Église des xiv-xv⁰ siècles. Apside du chœur ornée de beaux vitraux. Une petite chapelle romane, dépourvue d'ornemens, à côté de l'église.

Clamecy. — Eglise gothique-flamboyant; façade très élégante. J'ai remarqué surtout la jolie galerie du portail, et le fronton à jour qui s'élève au-dessus. La tour, à droite du portail est à trois étages, un peu lourde pour les proportions médiocres de la façade.

VEZELAY.

La petite ville de Vezelay est bâtie sur un rocher calcaire qui s'élève abruptement au milieu d'une vallée profonde, resserrée par des collines disposées en amphithéâtre. On découvre d'assez loin les maisons semées sur une pente rapide, qu'on prendrait pour les degrés d'un escalier, des restes de fortifications en terrasse, et surtout l'église, qui, placée sur le point culminant de la montagne, domine tous les environs. — Je venais de traverser des bois bien plantés, par une route commode, au milieu d'une nature sauvage, que l'on admire sans être distrait par les cahots. Le soleil se levait. Sur le vallon régnait encore un épais brouillard percé çà et là par les cimes des arbres. Au-dessus apparaissait la ville comme une pyramide resplendissante de lumière. Par intervalles, le vent traçait de longues trouées au milieu des vapeurs, et donnait lieu à mille accidens de lumière, tels que les paysagistes anglais en inventent avec tant de bonheur. Le spectacle était magnifique, et ce fut avec une prédisposition à l'admiration que je me dirigeai vers l'église de la Madeleine.

La première vue du monument me refroidit un peu. La façade offre une ancienne restauration gothique, maladroitement ajoutée aux parties basses, qui appartiennent au style roman. La tour de gauche a été renversée par les protestans en 1569; pendant la révolution, les bas-reliefs des tympans ont été détruits; et pour que le xixe siècle ne le cédât pas en vandalisme, on vient d'élever au-dessus de la tour qui reste, une espèce d'observatoire octogone, en forme de tente, de l'aspect le plus ridicule (1).

D'après ce qui reste, il est facile de se faire une idée de cette façade, telle qu'elle était lors de la construction primitive : trois portes principales cintrées, avec des archivoltes et des tympans richement sculptés, étaient précédées d'une montée de quelques gradins. Deux tours carrées, médiocrement élevées, encadraient la façade, et se réunissaient par une galerie, dont quelques parties subsistent encore dans la tour de droite. Au-dessus de cette galerie, suivant toute apparence, s'élevait un fronton triangulaire.

Plus tard, c'est-à-dire vers la fin du xiii° siècle, les tours ont été exhaussées d'un étage, et percées de longues ogives trilobées ; ce n'est, je crois, qu'à la fin du xiv° siècle qu'on a remplacé le gâble roman par une espèce de grand fronton à jour, qui n'a jamais été terminé, et qui produit un effet d'autant plus pitoyable, que la démolition de la tour de gauche le laisse isolé, comme un chambranle de fenêtre, qui resterait debout séparé des murailles qui l'encadraient. Ce fronton est en forme d'ogive, et surmonté d'une accolade ou ogive à contre-courbe. Quatre meneaux perpen-

(1) On dit que cela a été construit pour MM. les officiers du génie qui travaillent à la carte de France.

diculaires, de style anglais, le divisent, et donnent lieu à cinq fenêtres en ogive, trilobées, d'inégale grandeur, disposées de manière à former un groupe pyramidal. Des statues colossales s'adossent à ces meneaux. Au-dessus sont d'autres fenêtres bouchées, ou plutôt des niches, plus larges et moins hautes, trilobées aussi, où d'autres statues figurent comme autant de soldats dans leurs guérites. Tout cela est enchâssé dans le grand chambranle ogival dont j'ai parlé. Bien que cette construction soit massive, elle n'a l'air rien moins que solide, ce qui augmente encore l'impression désagréable qu'elle produit. Souvent dans les édifices gothiques on voit réunie à une prodigieuse hardiesse l'apparence de la solidité, et c'est la perfection. Ici, tout au contraire, la base du fronton est à jour et le haut est plein, ce qui me semble un contresens, du même genre qu'une pyramide placée sur sa pointe. On craint que l'équilibre naturel ne se rétablisse par un changement du centre de gravité, c'est-à-dire que le portail ne vous tombe sur la tête.

Les statues de ce fronton, très mutilées aujourd'hui par les protestans et les jacobins, n'ont jamais été, que je pense, remarquables par leur exécution; leurs draperies sont lourdes et mal ajustées. Les têtes, il est vrai qu'il en reste peu d'échantillons, assortissent les corps. En un mot, ces sculptures sont totalement dépourvues de grâce et de caractère.

Excepté dans les jours de fête, l'entrée de l'église est fermée, ou, pour parler plus exactement, bouchée par une porte en bois vermoulu, dont un battant donne passage aux fidèles. On entre d'abord dans une espèce de porche intérieur ou de vestibule (*Narthex*), qui précède la nef, et en est séparé par un second portail. La même disposition se reproduit souvent dans les églises romanes, et rappelle l'usage des premiers temps de l'église, lorsque l'entrée du temple n'était accordée qu'aux chrétiens, tandis qu'on assignait aux catéchumènes une place séparée, hors de l'enceinte sacrée. Lorsque la Madeleine a été construite, il n'y avait plus de païens à convertir dans les environs, et cependant ce portique intérieur a reçu le nom de *Porche des catéchumènes*, qu'il a conservé jusqu'à ce jour.

Il offre un mélange de cintres et d'ogives qui semble indiquer une époque de transition. Tous les ornemens d'ailleurs sont romans ou bysantins, car l'ornementation gothique n'a paru que long-temps après l'ogive, et même après le style ogival.

Trois arcades cintrées, de chaque côté, divisent ce porche parallèlement à l'axe de la nef. La voûte est en ogive. Les chapiteaux des colonnes engagées sur les faces des piliers sont historiés, de style bysantin et finement sculptés. Au-dessus des arcades de droite et de gauche, de ce que l'on pourrait appeler les bas-côtés du portique, règnent deux galeries assez spacieuses qui se réunissent, du côté de la nef, par une espèce de tribune, et du côté du portail par un couloir étroit, bordé de colonnettes gothiques, contemporaines du fronton que j'ai décrit. Les arcades de ces galeries supérieures sont ogivales; leurs chapiteaux sont du même style que ceux du rez-de-chaussée.

Le fond de la tribune, au-dessus de la porte principale, forme une espèce d'apside ogivale à pans, dont les murs ont été autrefois peints à fresque, mais ces peintures sont aujourd'hui à peu près effacées. D'après les fragmens qui subsistent encore, j'ai lieu de présumer qu'elles ne remontent pas plus haut que la fin du xiv° siècle.

Ce vestibule ne paraît pas être considéré par les habitans de Vezelay comme faisant partie de l'église. On garde son chapeau en y entrant; les polissons s'y rassemblent pour jouer; enfin l'on y fait bien des choses qu'on ne ferait même pas dans la rue. Il serait à désirer qu'on y mît ordre, et qu'on le débarrassât des gravois et des immondices dont il est encombré.

Les trois portes qui s'ouvrent sur la nef, et qui correspondent à celles de la façade, sont ornées d'archivoltes merveilleusement travaillées, et des bas-reliefs d'un haut intérêt remplissent les tympans. Malheureusement les Vandales, qui ont dévasté l'église, ont particulièrement exercé leur fureur sur ces morceaux précieux, et ont rendu presque indéchiffrables les sujets qu'ils représentent.—La figure humaine attire toujours l'attention des destructeurs; elle leur offre un but déterminé, noble, et c'est celui qu'ils choisissent de préférence.

La porte principale est divisée en deux par un pilier carré à chapiteau historié. Une colonne plus basse, engagée dans le pilier, sert de piédestal à une longue figure revêtue d'une robe flottante et d'un manteau fourré, la tête entourée d'un nimbe. Entre ses mains est une espèce de disque, aujourd'hui tellement fruste, que je n'ai pu m'en expliquer l'usage. Sur le socle de la statue est tracée l'inscription suivante, dont j'ai copié de mon mieux les caractères. (*Voir à la fin du volume la planche lithographiée.*)

Les antiquaires les plus versés dans la palæographie, et entre autres le savant M. A. Leprevost, ont eu quelque peine à la lire, et un mot même reste encore à déchiffrer. Voici l'interpré-

A NOS EAN TOMS VIA DIE TRISE O ÎS + CL EN ET PPLM DEMONSTR N SYNDIC EXRM

Inscription générale sur le verso intérieur inférieure dans l'Église
del Peglay. page 34.

tation que je dois à la complaisance de M. Leprevost :

AGNOSCANT OMNES QVIA DICITVR ISTE IOHANNES
.... ET POPVLVM DEMONSTRANS INDICE CHRISTVM.

Au-dessus du pilier s'étend un bandeau qui vient s'appuyer par ses deux extrémités sur les impostes. Il est couvert de figures d'environ quatorze pouces de proportion, formant comme une longue procession partant de droite et de gauche, et se dirigeant vers le centre du bandeau, qui est occupé par la tête et le nimbe de saint Jean (1).

Le tympan est rempli par un bas-relief de très grande proportion, exécuté avec le plus grand soin : c'est, à ce qu'il paraît, le morceau capital. Peut-être se lie-t-il avec la procession au moyen de deux personnages, dont les pieds posent sur ce bandeau, et dont la tête s'élève jusqu'au milieu du tympan. J'ai pensé que ces deux figures pouvaient représenter la Vierge et la Madeleine, et que leur position *mixte* entre le bandeau et le tympan, avait pour but de caractériser leur rôle de médiatrices entre le ciel et la terre. Mais ces sculptures sont tellement mutilées, qu'il est très possible que mon explication soit tout-à-fait er-

---

(1) Voir la note (B) pour la description détaillée de ces bas-reliefs.

ronée ; que ce qui me paraît une femme, paraisse à quelqu'un de plus clairvoyant que moi, un homme, un saint ou un ange. L'imagination peut ici s'exercer librement.

Au milieu du tympan, la figure de Jésus-Christ attire d'abord l'attention ; elle est de proportion colossale, la tête dépassant même le sommet du tympan ; il est assis au milieu d'une *vesica-piscis*, la tête entourée d'un nimbe où est figurée une croix. Ses cheveux, séparés sur le front, retombent sur ses épaules ; sa barbe est courte. Son expression ne manque pas de noblesse et de gravité. — Ses deux mains, étendues à droite et à gauche comme pour bénir, sont énormément grandes et larges. Sans doute embarrassé pour exprimer les raccourcis, l'artiste a pris le parti de mettre les jambes et les cuisses de profil, tandis que le buste est de face, ce qui donne à cette figure l'air malheureux d'une personne placée dans une situation incommode. L'ajustement, remarquable par sa ressemblance avec celui de certaines statues antiques, se compose d'un *peplum* plissé à très petits plis, retombant jusqu'à la ceinture ; d'une robe fort ample, plissée de même, à grandes manches qui laissent voir une autre robe d'une étoffe différente. Les pieds sont nus. — On observe dans plusieurs parties des vêtemens des plis concentriques ou plutôt en spirale. Des étoffes en usage dans l'Orient offrent encore le même aspect. Cela tient, je crois, aux procédés de blanchissage. Au lieu de les repasser et de les aplatir comme nous faisons, les Orientaux les tordent sur elles-mêmes; de là les plis en spirale, si souvent reproduits dans la sculpture bysantine.

A droite et à gauche du Jésus-Christ, sont d'autres figures, diversement groupées, de proportion relativement si petite, que leur tête arrive à peine aux genoux du personnage principal. Tous tenant des livres ou des tablettes, paraissent écouter avec recueillement les paroles du Sauveur. Leur costume a la plus grande analogie avec celui du Jésus-Christ; mais aucun n'a de peplum. A la gauche de la figure principale, un arbre étend son feuillage sur les personnages assis; à droite parait un nuage, d'où sort un arc rempli de raies parallèles; c'est, je crois, un arc-en-ciel. Quant à l'explication du bas-relief, je propose humblement la mienne : Jésus-Christ dans sa gloire, entouré de ses apôtres (1).

Trois archivoltes entourent ce tympan. Sur la première sont sculptés huit groupes d'inégale grandeur, et j'avouerai que je n'ai pu parvenir à avoir une idée sur un seul des sujets. Vient ensuite un

(1) La plupart des têtes ont été brisées; mais on reconnaît qu'elles étaient entourées de nimbes. A droite du Christ, un personnage tient deux longues clefs. N'est-ce pas saint Pierre?

zodiaque en vingt-neuf médaillons, dont les signes sont entremêlés, suivant l'usage, d'animaux fantastiques de figures monstrueuses, et d'allégories des travaux correspondant aux différentes saisons. Le premier signe est le Verseau, placé à gauche; le dernier le Capricorne, à droite; ils se suivent d'ailleurs régulièrement, mais le signe de la Vierge manque. On trouve un exemple de la même omission dans le zodiaque de Notre-Dame de Paris, omission qu'on explique par la présence de la statue de la Vierge sur le pilier qui divise la porte de gauche. A Vezelay, le même motif a pu avoir le même résultat; mais alors il faut admettre avec moi, que la Vierge est l'une des deux figures sculptées sur le tympan et le bandeau. — On peut supposer par analogie, que ce zodiaque a été fait à une époque où l'église était consacrée à la Vierge, c'est-à-dire avant 1150.—La représentation de plusieurs signes est fort bizarre; ainsi, par exemple, le Taureau et le Bélier ont des queues de poisson, le Scorpion a quatre pattes, et ressemble à un chameau. Enfin, parmi les médaillons, il y en a dont il ne faut chercher l'explication que dans le caprice de l'artiste, comme, par exemple, des corps à quatre jambes, etc.—Une archivolte d'un grand relief, ornée de moulures et de palmettes bien travaillées, encadre le tout.

Les tympans des portes latérales sont également occupés par des bas-reliefs, et entourés de deux archivoltes à rosaces et à rinceaux admirablement exécutés, et travaillés à jour au-dessus d'une gorge profonde. — Sur le tympan de droite est représentée l'adoration des mages, et dans le bas, l'Annonciation et la Nativité. Celui de gauche est divisé en quatre compartimens. Dans le plus élevé, on voit le Christ au milieu des Apôtres; en bas, les disciples d'Emmaüs, enfin, deux autres sujets que je n'ai pu interpréter. Le bandeau de ces deux portes latérales est tout uni.

Toutes ces sculptures ont un assez grand relief sur le fond, mais au lieu d'arrondir les contours, l'artiste les a taillés carrément, évidemment avec l'intention de produire une ombre très forte qui les dessinât nettement. On dirait d'épaisses découpures appliquées contre une surface lisse.

La nef, qui est immense, indique évidemment deux constructions successives; la première partie, celle qui touche au narthex, a une voûte cintrée en berceau, renforcée d'arcs doubleaux ornés d'entrelacs ou de rosaces. La voûte de l'autre partie est plus élevée et en ogive, avec des nervures croisées. Dans les deux parties de l'église, les arcs en plein cintre ou en ogive sont sensiblement surbaissés, probablement par suite de l'affaissement des voûtes, peut-être aussi par l'ignorance des architectes, ou l'insuffisance des moyens qu'ils employaient pour assurer l'exactitude de leurs courbes. La voûte des collatéraux est d'arêtes avec des arcs doubleaux, qui, partant des piliers, se réunissent aux contreforts intérieurs des murailles latérales.

Les arcades et les fenêtres de la nef sont toutes en plein cintre. Dans les collatéraux, ces dernières s'évasent considérablement à l'intérieur.

Les piliers formés par des espèces de pilastres de largeur inégale, appliqués les uns sur les autres, et augmentant de diamètre à mesure qu'ils se rapprochent du centre du massif, portent une colonne engagée sur chacune de leurs faces. Du côté de la nef, cette colonne s'élève jusqu'aux retombées des arcs doubleaux, mais elle est interrompue deux fois, d'abord par une moulure saillante, à la hauteur des impostes des arcades, puis par une corniche qui règne entre ces arcades et les fenêtres de la nef. Tous les chapiteaux sont historiés et ciselés avec un soin infini.

Il faut monter trois marches pour entrer dans le chœur, dont la voûte et les arcades sont en ogive; il est entouré par huit gros piliers ronds, monolithes, en pierre (1). Au-dessus règne une

(1) Un neuvième pilier est remplacé par deux colonnes accouplées; probablement cette irrégularité vient de la difficulté de trouver un bloc de pierre de la dimension des huit autres. Sur le fût de plusieurs de ces piliers on observe des incrustations en mo-

galerie dans laquelle s'ouvrent à l'intérieur de l'église des arcades géminées en ogive, encadrées par des archivoltes cintrées. Le chœur est éclairé par des lancettes flanquées, à l'intérieur comme à l'extérieur, de longues colonnettes gothiques. Cinq apsides disposées en demi-cercle terminent l'église à l'orient, toutes ornées d'arcades bouchées, et éclairées chacune par deux fenêtres en plein cintre.

L'axe du chœur n'est pas le même que celui de la nef; mais il n'a pas, comme celui de Nevers, une flexion à gauche. Ses piliers de droite s'alignent exactement sur ceux de la nef, tandis que ceux de gauche sont sensiblement en retraite. Je ne puis me rendre compte de cette singularité.

Sous le chœur est une crypte soutenue par douze colonnes à chapiteaux en cône renversé, presque dépourvus d'ornemens.

Les transsepts peu profonds et de longueur inégale, sont entourés d'une galerie qui commu-

saïque dont on ignore l'origine et le but ; une seule paraît représenter un papillon ; les autres n'ont aucune forme déterminée. Il me semble probable qu'on a voulu cacher ainsi quelque défaut dans la pierre. D'autres piliers sont peints à fresque, ou plutôt en détrempe. Mais le temps, en effaçant les couleurs, a rendu les sujets indéchiffrables. Le costume du seul des personnages qui soit encore reconnaissable, indiquerait l'époque de Charles VI. On lit à ses pieds en caractères gothiques : P. J. GRENOBLE. Est-ce le nom du peintre ou celui du personnage représenté ?

nique avec celle du chœur, et qui lui est semblable, sauf que, du côté de la nef, toutes les arcades, moins une, sont en plein cintre.

Du côté du chœur, les piliers des transsepts sont formés par un faisceau de longues colonnes gothiques, tandis que, du côté de la nef, ils ne diffèrent en rien des piliers voisins.

On passe des transsepts de droite, en descendant cinq ou six marches, dans ce qu'on appelle la salle capitulaire. Voûtes et fenêtres sont en plein cintre. Deux gros piliers ronds, à chapiteaux corinthiens barbares, soutiennent une voûte d'arêtes à nervures croisées, qui s'appuient aussi sur des consoles historiées. On remarque des chevrons romans au milieu de chaque nervure, dont l'épaisseur est considérable. — On dit que c'est dans cette salle que s'assemblèrent les moines de Vezelay, lorsque, chassés par le comte de Nevers et l'insurrection de leurs vassaux, ils se disposèrent, les larmes aux yeux, à quitter leur antique demeure. (*Voir la Chronique de Hugues de Poitiers.*)

Autrefois la Madeleine avait deux tours et deux clochers. La tour et le clocher du Nord ont été détruits par les protestans (1). J'ai déjà parlé de la tour qui flanque la façade. Le clocher de Saint-

---

(1) Ils firent un manége de l'église, et voulurent même la détruire; mais le temps ou la patience leur manqua.

Antoine, le seul qui subsiste, élevé à côté du transsept droit, est carré, à deux étages, percé de deux fenêtres romanes ornées de gros tores. Les angles se terminent par trois longues colonnes, soutenant une espèce de parapet semi-circulaire; elles m'ont paru des additions, relativement, modernes.

L'extérieur de l'église est fort simple; les fenêtres n'ont presque aucun ornement. — Les contreforts anciens sont peu saillans. On en voit de plus épais, ainsi que des arcs-boutans, dans les parties où des dégradations déjà anciennes en ont fait sentir la nécessité. — Des portes latérales de l'église, celle du Nord me paraît moderne; l'autre communiquait sans doute de l'abbaye à l'église. Elle se distingue par une archivolte romane fort mutilée, mais où l'on reconnaît des moulures assez fines.

Près de la salle capitulaire, on voit quelques restes de l'ancienne abbaye : une porte gothique dépendant du château abbatial, et quelques arcades d'un cloître roman; puis sur le penchant méridional de la colline, des caveaux dans lesquels on a trouvé des tombes. Au reste, il est impossible maintenant de retrouver l'emplacement de cette abbaye, de ce bâtiment si vaste, que des rois pouvaient y loger avec leur suite, sans qu'il fût nécessaire de déranger aucun des habitans du monastère. Des constructions modernes se sont élevées sur ces ruines, dont on découvre çà et là des fragmens, même à une grande distance de l'église.

On remarque plusieurs tombeaux dans l'intérieur de la nef. Le plus considérable, malheureusement mutilé, est auprès de la sacristie moderne. Il est surmonté d'une statue représentant un homme couché. Nulle inscription ne vient aider les conjectures : seulement, son costume semble indiquer un ecclésiastique; c'était peut-être un prieur de l'abbaye. Je ne crois pas qu'on puisse assigner à ce monument une date plus éloignée que la fin du XIIIe siècle, ou plutôt le commencement du XIVe. C'est à la même époque qu'il faut rapporter des bas-reliefs fort dégradés, encadrés dans un arc en plein cintre, trilobé, et à moitié recouverts de plâtre. Ils sont appliqués contre le mur méridional. Peut-être proviennent-ils des chapelles sépulcrales communiquant avec l'église, dont on a conservé la tradition sans en pouvoir montrer le moindre vestige. — Çà et là, surtout dans la nef principale, on marche sur des pierres tumulaires, dont le temps a rendu les inscriptions à peu près illisibles. Plusieurs, gravées en creux, représentent les morts (en général de hauts fonctionnaires du couvent) revêtus de leurs habits de cérémonie. La tête, les mains et plusieurs ornemens, sont en marbre blanc, incrusté dans la pierre. Je n'ai vu aucun de ces tombeaux qui m'ait paru antérieur à la fin du xiii° siècle.

Au bout du transsept gauche, on observe un enfoncement dans le bas de la muraille, semblable à l'ouverture d'un four : un autre enfoncement de même forme, mais plus petit, est inscrit dans le premier. Au fond de cette espèce de niche on aperçoit comme une cuvette, taillée dans la pierre et percée d'un trou. Etait-ce une fontaine ou la piscine de l'église?

C'est surtout la richesse et la variété de l'ornementation qui distinguent l'église de Vezelay. Les chapiteaux, je ne parle que des plus anciens, sont tous différens. Les uns représentent des sujets bibliques, d'autres les supplices des damnés, quelques-uns des chasses, ou bien des animaux inventés par le caprice du sculpteur. On y voit des diables pourvus de cornes et de queues, tourmentant les damnés. D'autres chapiteaux, mais en plus petit nombre, offrent des ornemens bizarres, ou bien des feuillages capricieusement agencés. Plusieurs sont ornés de fleurs, entre autres de roses, assez bien exécutées. La forme générale de tous est une pyramide tronquée, dont les angles sont arrondis. Presque toutes les bases sont garnies de moulures de perles ou de palmettes. Pour l'ornementation, les piliers de la partie ogivale de la nef ne diffèrent en rien de ceux de la portion la plus ancienne;

quant à ceux du chœur, ils n'ont que de simples moulures surmontées d'un tailloir.

On voit par le choix des sujets qui ont un sens, quel était l'esprit du temps et la manière d'interpréter la religion. Ce n'était pas par la douceur ou la persuasion qu'on voulait convertir, mais bien par la terreur.

Les discours des prêtres pourraient se résumer en ce peu de mots : « Croyez, ou sinon vous périrez misérablement dans ce monde, et vous serez éternellement tourmentés dans l'autre ! » De leur côté, les artistes, gens religieux, ecclésiastiques même pour la plupart, donnaient une forme réelle aux sombres images que leur inspirait un zèle farouche. Je ne trouve à Vezelay aucun de ces sujets que les ames tendres aimeraient à retracer, tels que le pardon accordé au repentir, la récompense du juste, etc. ; mais, au contraire, je vois Samuel égorgeant Agag ; des diables écartelant des damnés ou les entraînant dans l'abîme ; puis des animaux horribles, des monstres hideux, des têtes grimaçantes, exprimant ou les souffrances des réprouvés ou la joie des habitans de l'enfer. Qu'on se représente la dévotion des hommes élevés au milieu de ces images, et l'on s'étonnera moins des massacres des Albigeois.

Je cherche à me rendre compte des différentes époques de la construction de la Madeleine. L'abbé

Martin (*Histoire du Monastère de Vezelay*) dit que la nef, depuis le vestibule des catéchumènes jusqu'au chœur, a été construite en 878, le vestibule en 960, enfin, que le chœur date de 1160. Toutes ces dates sont démenties par le caractère de l'architecture. — Le monastère de Vezelay fut fondé vers l'an 868. Il était alors habité par une communauté de femmes de l'ordre de Saint-Benoît. En 878, il passa à une communauté d'hommes, et Eudon ou Odon en fut le premier abbé. Au milieu du x° siècle, Vezelay fut réduit en cendres. Il est possible que l'on ait essayé alors une restauration; mais, ou d'autres catastrophes la rendirent inutile, ou bien elle n'était nullement avancée, puisqu'en 1008-11, le duc Henri de Bourgogne chargea l'abbé Guillaume du rétablissement de l'abbaye réduite presque à rien : *propè ad nihilum redactam*.

C'est de cette époque que doivent dater les plus anciennes constructions de Vezelay encore existantes. La nef, et la crypte peut-être, ont donc été bâties de 1011, probablement, à 1050. On doit rapporter au même temps la façade occidentale, c'est-à-dire ses trois portes, et l'étage inférieur de ses deux tours. Quant au portique des catéchumènes, où l'ogive et le plein cintre sont mêlés, sa ressemblance avec les constructions de Saint-Denis, exécutées par ordre de Suger, donnent lieu de penser qu'il date comme elles de la fin du XII° siècle. — Je serais tenté de croire plus anciennes les portes intérieures et leurs bas-reliefs.

Hugues de Poitiers, dans son intéressante histoire du monastère de Vezelay, apprend que le chœur fut brûlé en 1165. Probablement il ne fut reconstruit qu'au commencement du XIII° siècle, du moins je ne puis assigner une autre date à ses chapelles et à la galerie qui l'entoure, ainsi qu'à celles des transsepts.

L'ornementation de la salle capitulaire est beaucoup plus soignée que celle du reste de l'église. Je pense qu'elle a été exécutée à l'époque de la construction du vestibule, c'est-à-dire à la fin du XII° siècle, époque où l'ornementation bysantine fut portée au plus haut point de perfection.

Voici les principales mesures de l'église de la Madeleine :

Longueur, depuis le portail jusqu'à l'apside, hors œuvre.	123m,40
—————— du chœur.	34 99
Largeur des trois nefs réunies.	26 11
—————— de la nef principale.	7 50
Longueur des transsepts.	29 45
Hauteur de la nef (partie la plus ancienne) sous clef.	17 95
——————— 2° partie; voûte ogivale	20 80
——————— des bas-côtés.	7 50
——————— du portique des Catéchumènes	19 43
——————— du chœur.	21 10

Il me reste à parler des dégradations épouvantables qu'a subies cette magnifique église. Les murs sont déjetés, fendus, pourris par l'humidité. On a peine à comprendre que la voûte toute crevassée subsiste encore. Lorsque je dessinais dans l'église, j'entendais à chaque instant des petites pierres se détacher et tomber autour de moi. La toiture est dans un état pitoyable; enfin il n'est aucune partie de ce monument qui n'ait besoin de réparations.

La ville de Vezelay, qui n'a guère qu'un millier d'habitans, est pauvre, sans industrie, éloignée de grandes routes, dans une position peu accessible. Il lui est impossible de subvenir, je ne dis pas aux réparations nécessaires, mais même à celles qui n'auraient pour but que d'empêcher les progrès de la destruction. Aussi le mal s'accroît tous les jours. Si l'on tarde encore à donner des secours à la Madeleine, il faudra bientôt prendre le parti de l'abattre pour éviter les accidens.

J'ai demandé des secours à M. le Ministre de l'Intérieur et à M. le Ministre des Cultes, mais les ressources qu'ils ont à leur disposition sont limitées, et doivent être réparties sur toute la France. Le conseil-général du département de l'Yonne devrait apporter aussi sa quote part dans les frais de réparation, et se conserver ainsi l'un de ses plus anciens et de ses plus beaux monumens.

SAINT-PERE.

Très près de Vezelay, dans la vallée, est le village de Saint-Pere, où fut fondé, dit-on, en 869, par Gérard de Roussillon, et par Berthe, fille de Pépin, roi d'Aquitaine, le premier monastère de Vezelay, qui, détruit bientôt après, fut rebâti sur le haut du rocher, où l'on voit maintenant la Madeleine. A cette époque, il n'était pas prudent de bâtir en plaine, et les lieux de difficile accès étaient, avec de hautes murailles, les seules garanties contre les ravages des pillards de toutes nations, qui se ruaient sur la France.

J'ai cherché vainement quelques restes de l'ancien monastère. Je n'ai trouvé qu'une assez jolie église des derniers temps du gothique, dont le portail ressemble en beau et en petit à celui de Vezelay. Cette église a comme la Madeleine un vestibule ou narthex, qui précède la nef. Ces deux ressemblances me prouvent que, dans toutes nos provinces, il y a eu certains types qui ont exercé leur influence sur leur voisinage, types qu'on a toujours tâché d'imiter, malgré la différence des temps et des styles d'architecture.

Pont-Aubert, qu'on rencontre à une lieue de Vezelay, sur la route d'Avalon, a aussi un vestibule à sa petite église.

AVALON.

On m'a montré quelques statues et un grand nombre de fragmens antiques provenant de fouilles faites au *Montmarte*, près de Vault, village situé à une lieue à peu près d'Avalon. C'est en 1822 que ces fouilles furent commencées. On découvrit d'abord les substructions d'une enceinte carrée, d'environ cinquante pieds de côté, dans laquelle est inscrite une autre enceinte, également carrée, mais beaucoup plus petite. Le sol antique paraît avoir été composé d'une couche de glaise battue; je ne crois pas qu'elle ait été recouverte d'une mosaïque, car on n'a pas trouvé aux environs un seul petit cube de pierre ou de marbre.

C'était, suivant toute apparence, un temple entouré d'une galerie couverte, conjecture qui se trouve fortifiée par sa position sur le bord de la voie romaine qui mène d'Avalon à Auxerre.

Un bâtiment considérable était contigu à ce temple, vis-à-vis la porte de la première enceinte. Plusieurs détails de construction me font croire que ce bâtiment est moins ancien que le temple. Quant à son usage, il est difficile de le deviner d'après quelques pouces de murs au-dessus du sol antique. Peut-être était-ce une maison, une hôtellerie, ou bien le logement des prêtres. — Il est certain qu'un grand nombre de statues étaient réunies dans le temple, car, outre plusieurs statues entières, on a trouvé une multitude de fragmens qui ne se rapportent point les uns aux autres. Plusieurs sont d'un beau marbre à cristallisation saccharoïde, tel que le marbre grec ou celui des Pyrénées. — Une statue en pierre de sept pieds de haut, revêtue d'une longue draperie, représentant probablement un flamine; une belle tête de vieillard, et une autre statue de dieu ou de héros, également en pierre; une troisième, moins grande, en marbre, et représentant une femme casquée, qui peut être une Minerve, une Bellone, ou plutôt la déesse Rome; voilà les morceaux que j'ai le plus remarqués dans cette collection. La déesse surtout est d'un travail gracieux, mais qui n'est point exempt de manière. Les autres statues sont médiocres. — J'ai observé, dans le flamine, que les parties supérieures n'étaient, pour ainsi dire, qu'ébauchées à l'effet; comme si cette statue avait été faite pour être vue de loin dans une niche élevée. Au contraire, les jambes sont étudiées et rendues avec beaucoup de finesse. — Parmi des débris d'amphores, de corniches en marbre, des clous, etc., on a découvert une de ces pierres dures, tranchantes et taillées en forme de coin, qu'on appelle vulgairement des *haches celtiques*. Sa présence dans un temple romain m'a fort surpris.

Une seule inscription, encore fort endommagée, a été trouvée dans les fouilles. La voici :

```
DEO·N:.RC
EX·STIPIBU
V     IIVI.
```

Entre le N et le R, on voit comme le bas d'un E. On avait d'abord voulu lire Deo Mercurio, mais la quatrième lettre est bien décidément un N. Peut-être s'agit-il d'un Dieu topique encore inconnu. Je ne sais absolument que faire du reste de l'inscription.

Dans les fouilles, on a trouvé des médailles en assez grand nombre, dont la plus ancienne est de Trajan, et la plus moderne de Valentinien. Il paraît que la destruction de ce monument a été soudaine, car la plupart des statues portent la marque de mutilations anciennes et faites à dessein. Probablement les chrétiens auront fait main basse sur toutes les statues au moment où leur culte a prévalu dans le pays.

L'église de Saint-Lazare ou Saint-Ladre a été

reconstruite presque entièrement aux xiiie et xive siècles. Le portail est roman, et m'a paru de la seconde moitié du xiie siècle. Il a deux portes fort ornées de belles archivoltes, de moulures élégantes et de colonnes engagées. Probablement une troisième porte, celle de gauche, a été démolie lorsqu'on a élevé la tour gothique qui flanque le portail. Le tympan de la porte principale a été détruit; celui de droite contient un bas-relief tellement mutilé, qu'il est méconnaissable. Les fûts des colonnes sont très variés; quelques-uns sont tors, d'autres cannelés, octogones, couverts d'ornemens imbriqués. J'en ai remarqué un, entre autres, qui semble un paquet de grosses cordes à nœuds, tortillées sur elles-mêmes. Quelques-uns sont monolithes. Ce portail me paraît un type de l'exagération du style bysantin à l'époque de sa décadence.

Un zodiaque est sculpté autour du tympan; les signes commencent à droite, au Bélier, et se continuent sans interruption jusqu'au Capricorne, qui occupe le sommet de la courbe. Viennent ensuite plusieurs médaillons avec les bas-reliefs allégoriques qui accompagnent d'ordinaire les zodiaques; enfin, à gauche et plus bas, sont le Verseau, les Poissons et un duplicata du Sagittaire. J'ignore si cette disposition bizarre est l'effet de l'ignorance des ouvriers, qui ne savaient comment assembler tous ces médaillons sculptés d'avance, ou bien s'il y a là-dessous une intention que je ne comprends pas.

Une autre église, appartenant à l'époque de transition entre le roman et le gothique, celle de Saint-Martin, est depuis long-temps abandonnée et tombe en ruines; elle est en forme de croix grecque. Les voûtes et quelques-unes des ouvertures sont ogivales, les chapiteaux historiés. Le chœur est orné de quatre colonnes de cipolin, que je crois antiques.

SAULIEU.

Je ne me suis arrêté qu'un moment à Saulieu. Son église, du style roman de transition, est belle et assez bien conservée, sauf qu'elle est salie de l'horrible badigeon blanc dont on se croit obligé de couvrir toutes nos églises, sans doute d'après ce principe du médecin de M. de Pourceaugnac : *Album est disgregativum visûs*. Les colonnes torses du portail et plusieurs des chapiteaux sont d'une rare élégance; mais ce qui frappe le plus dans cette église, ce sont les pilastres canelés, tout semblables à des pilastres antiques, mais surmontés de chapiteaux historiés. La même singularité se retrouve dans la cathédrale d'Antun, et là elle s'explique facilement.

AUTUN.

Lorsqu'on voit ce qui reste d'Autun, et qu'on se rappelle les catastrophes épouvantables que cette ville a éprouvées, l'imagination a peine à se figurer ce qu'elle devait être au temps de sa splendeur. A la fin du IIIe siècle, et lors de la révolte des Bagaudes, elle fut saccagée et brûlée; ses temples et ses édifices publics furent renversés pour la plupart. Attila poursuivit l'œuvre de dévastation, lorsqu'il s'en empara au milieu du Ve siècle; puis les Bourguignons et les Huns se disputèrent ses ruines; enfin Rollon et ses Normands trouvèrent encore quelque chose à détruire, et leur passage fut le dernier et le plus terrible coup porté à cette ville malheureuse.

Le premier monument antique qu'on aperçoit en entrant dans Autun, est un édifice ruiné qu'on a nommé, je ne sais d'après quel motif, le temple de Janus. Il n'en reste que deux pans de muraille épais, fort élevés, percés de deux rangées d'ouvertures. Sur les deux faces on voit des fenêtres d'une forme étrange. Le haut est cintré; de chaque côté est une niche, ou une portion de fenêtre bouchée, dont l'amortissement est décrit par un quart de cercle, qui vient aboutir à la naissance du cintre de la fenêtre. L'archivolte qui entoure le haut de la fenêtre et les deux niches, ressemble exactement aux archivoltes trilobées si fréquentes dans les monumens des XII° et XIII° siècles. C'est le seul monument romain où j'aie rencontré cette forme que je croyais particulière aux édifices du moyen-âge.

Je suppose que sa construction date des bas temps de l'empire. Elle est d'ailleurs exécutée avec le plus grand soin, revêtue à l'intérieur et à l'extérieur d'un parement de petites pierres disposées par assises parallèles et parfaitement taillées. Le milieu, *opus incertum*, se compose, comme la plupart des édifices romains, d'une masse de petites pierres irrégulières, unies par un ciment d'une dureté extraordinaire. A l'intérieur, ce parement paraît avoir été revêtu de stuc ou de ciment. Au milieu de l'enceinte, qui est étroite, vu l'élévation des murailles, on découvre l'ouverture d'un caveau voûté, maintenant comblé de pierres. En examinant les substructions, on reconnaît que le plan du temple était un carré.

Le temple de Janus est maintenant au milieu d'un champ de pommes de terre appartenant à un particulier, qui préfèrerait sans doute un terrain moins classique et moins pierreux. Heureusement jusqu'à ce jour on lui a persuadé qu'il n'avait pas le droit de disposer de cette ruine. Il serait bien à désirer que la ville en fît l'acquisition, car un propriétaire qui connaîtrait ses droits, et qui aurait besoin de matériaux, ne se ferait pas scrupule d'achever l'œuvre d'Attila et de Rollon. — A peu de distance du temple de Janus, mais de l'autre côté de la route, on voyait encore, il y a quelques années, les fondations et quelques pans de murs d'un temple de Pluton. Il n'en reste plus de traces aujourd'hui.

Les deux portes antiques d'Autun sont trop connues pour qu'il soit nécessaire d'en donner une nouvelle description. Il paraît probable qu'elles ont été construites en même temps, peut-être par le même architecte (1). Leur principale différence consiste en ce que la porte d'Arroux a des pilas-

(1) Ce qui rend peu vraisemblable l'hypothèse qui en fait des arcs de triomphe. Comment expliquer, dans ce cas, qu'ils aient été élevés simultanément et sur deux routes presque parallèles? Les rainures qui ont servi à la manœuvre de la herse achèvent encore de prouver leur destination.

tres corinthiens, tandis que ceux de la porte Saint-André sont ioniques. De plus, les quatre passages sont sur la même ligne à la porte d'Arroux, tandis que dans celle de Saint-André, les deux principaux sont en retraite par rapport aux deux plus petits, destinés sans doute aux piétons. — Les galeries supérieures de ces deux portes semblent avoir servi à continuer le chemin de ronde qui devait régner le long des remparts (1).

Auprès de la porte d'Arroux, on voit des restes de murs romains; ils sont à petit appareil, et d'une assez grande épaisseur. Une construction semi-circulaire, d'un diamètre étroit et de maçonnerie romaine, qu'on remarque à gauche de cette porte, passe pour avoir été l'apside d'une très ancienne église chrétienne; cela est possible, mais je croirais plutôt que sa première destination a été de servir de cage d'escalier pour monter à la galerie de la porte, ou bien sur le chemin de ronde.

L'enceinte actuelle d'Autun appartient à plusieurs époques différentes, la plupart peu éloignées de nous. Cependant on voit çà et là quelques parties basses des murailles fort anciennes, et

(1) On a restauré la porte de Saint-André d'une manière assez malheureuse. On a consolidé les pilastres au premier étage par des barres de fer longues et larges, qui nuisent à l'effet général en interrompant désagréablement les lignes de la construction antique.

qui peuvent avoir été élevées après le dernier sac de la ville.

Je suppose que la ville gauloise de Bibracte occupait, à peu près comme la ville moderne, le sommet de la hauteur. Puis la domination romaine, amenant la tranquillité, elle s'étendit vers la plaine, surtout du côté qu'on appelle maintenant *les Cités*, où l'on trouve tant de fragmens antiques (1).

Dans les premiers siècles de notre ère, la nécessité de se préserver des invasions des barbares et des guerres civiles, obligea les habitans à abandonner la plaine pour se retirer sur la hauteur qu'on pouvait défendre plus facilement. Telle est, je crois, l'histoire de la plupart des villes anciennes. A leur origine et à leur décadence, les mêmes nécessités ont fait rechercher les positions de difficile accès.

Tout amateur des arts qui s'arrête à Autun doit visiter la belle collection d'antiquités de M. Jovet, bibliothécaire de la ville, qui en fait les honneurs avec la plus grande complaisance. — Une magnifique mosaïque, représentant le combat de Bellerophon contre la Chimère, fut découverte, il y a peu d'années, hors des murs de la ville dans un

(1) C'est là qu'on a découvert les ruines d'un théâtre dont les gradins sont très visibles ; le mur de la scène est entièrement détruit. Un peu plus loin était un amphithéâtre (ou une naumachie), maintenant recouvert de terre.

lieu qui, d'après tous les indices, devait avoir été le beau quartier de l'ancien Augustodunum. M. Jovet sollicita auprès du conseil municipal l'acquisition du terrain, et demanda que des fouilles y fussent faites. Il ne put rien obtenir. Auprès de la société archéologique il ne fut pas plus heureux, et ne put parvenir à réaliser une souscription pour conserver le trésor dont il venait de révéler l'existence. Alors, n'écoutant que son amour pour les arts, il acheta lui-même le terrain qui couvrait la mosaïque, et pour mieux la conserver, il éleva au-dessus une petite maison. Ses généreux efforts ont été récompensés par la possession d'un des plus beaux morceaux de l'art antique, par la découverte d'autres mosaïques voisines, et de nombreux fragmens, dont quelques-uns sont très importans.

Telle était la richesse de l'habitation sur laquelle est assise maintenant la maison de M. Jovet, que dans la faible étendue de terrain qu'il a fait fouiller, pour construire, il a trouvé plus de vingt pierres gravées, dont quelques-unes d'un magnifique travail.

La collection de M. Jovet renferme une grande quantité d'ustensiles antiques, servant à différens usages, qui jettent le plus grand jour sur l'industrie et les arts de la période romaine, plusieurs statuettes charmantes, de belles poteries, des bronzes rares (1), enfin beaucoup d'objets du moyen-âge d'un grand intérêt, entre autres une partie du tombeau et l'inscription de Brunehaut, découverte récemment, lorsqu'on a démoli l'abbaye de Saint-Martin (2).

Avant de quitter l'Autun antique, il me reste à dire un mot sur un monument étrange, situé à peu de distance de la ville, dans le village de Couard; c'est une pyramide portée sur une base carrée,

---

(1) J'ai remarqué un joli taureau de bronze, à trois cornes, très bien travaillé. Il était renfermé dans un creux pratiqué dans un cippe; sur le socle on lit cette inscription :

AVG. SACRVM.
BOIIORIX
DAE SVA PECVNIA (Sic).

(2) On conserve à la mairie une assez riche collection de médailles, et quelques belles pierres gravées, trouvées toutes à Autun ou dans ses environs. Nul doute que des fouilles bien dirigées ne produisissent de grands résultats. C'est dans les localités qu'une catastrophe brusque a bouleversées, qu'on a l'espérance fondée de faire une riche moisson archéologique, non dans les villes qui se sont appauvries petit à petit, qui sont mortes de langueur, pour ainsi dire. Autun est dans le premier cas. Malheureusement on ne s'est pas occupé avec suite ni avec méthode des travaux de déblaiement. Croirait-on qu'on n'a pensé que depuis un an à faire un plan des fouilles, afin de ne pas s'exposer à travailler deux fois de suite dans le même lieu? Il faut le dire aussi, on ne trouve pas à Autun beaucoup de goût pour ces sortes d'entreprises. Bien des personnes riches savent que sous leur pré il existe des mosaïques, des débris précieux, et elles n'ont pas la curiosité de

élevée d'environ cinquante pieds. Elle est construite de pierres assez grosses, irrégulières, liées par un ciment très dur. Le parement est détruit partout. On a essayé à différentes hauteurs de fouiller l'intérieur de cette pyramide, mais on a trouvé partout une masse solide. Ces tentatives l'ont fortement endommagée. D'ailleurs, les habitans de Couard, depuis très long-temps, s'en servent comme d'une carrière inépuisable, pour bâtir leurs maisons. Sa hauteur a dû être beaucoup plus con-

les posséder. J'ai entendu accuser quelquefois le gouvernement ou l'administration locale de ne pas encourager ces recherches. Que peut faire le gouvernement ? Accorder une somme pour des explorations? D'abord les ressources dont il dispose sont très limitées; puis, comment cet argent serait-il employé ? — L'administration achète le terrain plus cher qu'un particulier ne le ferait. Elle prend des ouvriers sur les lieux, et leur commande de rapporter tout ce qu'ils trouveront. Personne ne les surveille. Il en résulte que rien ne se trouve. A Orange, dans le déblaiement du théâtre, on n'a pas eu une médaille, les ouvriers les dérobaient toutes. Un particulier, au contraire, qui entreprend des fouilles, les fait avec amour; il surveille lui-même les travailleurs, et prend soin que rien ne se perde.

Pourquoi, dans ce siècle de spéculations, n'en ferait-on pas une pour la recherche des monumens antiques ? Dans une ville comme Autun, par exemple, on pourrait ouvrir une souscription pour des fouilles dont les résultats seraient partagés par les souscripteurs. Qu'en donnant 50 fr., on n'eût que quelques débris de vases, des pierres gravées et quelques médailles, ce serait encore une loterie qui vaudrait bien l'autre. En Italie, dans une foule de lieux, on calcule que cette espèce de spéculation rapporte au moins de 30 à 40 p. o/o.

sidérable autrefois, car, outre la quantité de pierres qu'on en a retirées, il est probable que le sol antique était moins élevé qu'il ne l'est aujourd'hui. Il est à regretter qu'on n'ait fait aucune tentative pour déblayer sa base. C'est là seulement qu'on peut espérer aujourd'hui de trouver quelques renseignemens sur son usage. En Attendant, on dispute sur son origine. Les uns l'appellent un monument gaulois, et ne font nulle difficulté d'y ensevelir Divictiacus, parce que, à Autun, Divictiacus, c'est le grand nom qu'on donne à toutes les grandes choses. D'autres, au lieu d'un tombeau, en font un phare, une tour de signaux, romaine et non gauloise.

Tout en disputant sur son nom et sur son origine, les habitans d'Autun ne prennent aucun soin de sa conservation, et le trou qu'on y a pratiqué pour la sonder, est maintenant occupé par une famille de porcs.

Autun était célèbre autrefois par le nombre et la magnificence de ses édifices religieux, mais la révolution et ses suites les ont fait disparaître successivement presque tous. On vient d'achever la destruction de l'un des plus importans, l'abbaye de Saint-Martin, et l'on n'en trouve plus maintenant le moindre vestige. Aujourd'hui la cathédrale est la seule église qui offre de l'intérêt. C'est un noble et vaste édifice que sa position élevée, dominant la ville, rend encore plus imposant. A la première vue, on y reconnaît plusieurs époques bien distinctes : la première, la plus ancienne, est celle la transition entre l'architecture romane et l'architecture gothique. — Cette transition s'est opérée en France de diverses manières. Là vraisemblablement où se trouvèrent des chefs-d'œuvre du style ancien, l'art nouveau a dû s'introduire tardivement et avec peine, et même, lorsque enfin il a obtenu la prééminence, il a conservé long-temps quelques-uns des détails, quelques-unes des formes antiques que les artistes du siècle précédent excellaient à reproduire.

La nef de la cathédrale est de 1132 (1). — Le chœur a éprouvé un grand nombre de restaurations successives qui en ont plus ou moins altéré le caractère. Autrefois, l'apside principale, probablement contemporaine de la nef, était éclairée par des fenêtres cintrées, dont on voit encore les traces à l'extérieur. Des ogives lancettes les ont remplacées. La nef offre le mélange de l'ogive et du plein cintre; mais ce qui mérite d'être noté, c'est l'emploi qu'on a fait de l'ogive, seulement dans les parties qui

---

(1) Cette date est celle du commencement des travaux, qui n'ont probablement été terminés qu'en 1148, ou plutôt avancés de manière à permettre la célébration des offices. C'est à cette époque que les reliques de saint Lazare furent solennellement déposées dans l'église.

avaient besoin d'une grande solidité. Ainsi, les voûtes et les arcades qui unissent les piliers, sont ogivales (1), tandis que les fenêtres de la nef sont cintrées. On a reconnu, je crois, de bonne heure, la solidité de l'ogive, et c'est cette propriété qui d'abord l'a fait adopter dans l'architecture religieuse. D'ailleurs, il paraît évident qu'on n'a découvert que plus tard tout le parti qu'on en peut tirer pour la décoration, et qu'ont révélé les gracieuses et sveltes constructions des XIII° et XIV° siècles ; en effet, Saint-Lazare est lourd, massif, semblable, en un mot, aux édifices romans qui l'ont précédé : l'ogive y est seulement un détail de construction, et n'est point encore devenue forme caractéristique.

Comme à Saulieu, des pilastres cannelés, s'élevant les uns au-dessus des autres, remplacent les colonnes engagées qu'on voit dans presque toutes les églises antérieures à la renaissance. Dans une autre ville, l'explication de cette décoration tout antique serait difficile ; mais on ne peut entrer à Autun sans remarquer les pilastres cannelés qui supportent l'entablement des portes d'Arroux et de Saint-André. Les architectes du moyen-

---

(1) Chaque fenêtre est accompagnée de deux arcades bouchées ; ainsi il y a un grand espace plein entre chaque ouverture. On observe le contraire dans les nefs gothiques, mais on n'obtient cette légèreté qu'au moyen des arcs-boutans, qui ne se sont introduits qu'assez tard dans l'architecture du moyen-âge.

âge les voyaient et les admiraient comme nous. Ils ont imité le modèle qu'ils avaient sous les yeux, mais, peu soucieux des règles de l'art antique, ils n'ont pas trouvé assez riches à leur gré les chapiteaux corinthiens et ioniques des portes romaines, et ils les ont remplacés par ceux qui étaient alors à la mode. Successivement cette innovation (d'ordinaire nous appelons innovation un retour à des formes antiques), a pris faveur et a été imitée à son tour par les villes voisines, pour lesquelles Autun était une capitale, un centre de civilisation. Les églises des petites villes qui l'entourent, celles même des villages de sa juridiction immédiate, ont de semblables pilastres. Cette progression d'imitation se retrouve dans toute la France, car dans chaque province il y a un centre qui, pendant un temps, a donné la mode, à laquelle les localités de moindre importance se sont soumises avec empressement.

La façade de Saint-Lazare mérite d'être remarquée: L'église étant située sur une pente rapide, il faut monter un assez grand nombre de marches pour entrer dans la nef. Le portail est flanqué de deux tours dont le haut paraît être du xiv° ou xv° siècle. L'archivolte ogivale de la porte, entourée d'un zodiaque assez mal exécuté, repose sur des colonnes torses ou cannelées, couvertes d'ornemens variés, exécutés avec goût, et en général d'un bon effet. Quelques-unes sont comme recouvertes d'un tissu de nattes, d'autres de rinceaux délicats. — Je crains d'être partial pour l'architecture de cette époque ; mais je ne puis m'empêcher d'avouer que, si elle manque de cette imposante sévérité qui distingue l'architecture antique, elle attire forcément l'attention, et la captive par la variété et le fini des détails. Les chapiteaux du xiie siècle, chargés de bas-reliefs ou composés de plantes imaginaires, n'ont pas, j'en conviens, la noblesse et la simplicité d'un chapiteau dorique ou la grâce d'un chapiteau corinthien ; mais une fois qu'on a passé par-dessus l'étrangeté des formes, il est impossible de ne pas s'arrêter avec plaisir devant ces compositions capricieuses qui avaient tant de charmes pour nos ancêtres. Personne n'entre dans la cathédrale d'Autun sans contempler pendant quelque temps le loup et la cigogne à côté d'Androclès et de son lion, sculptés sur les deux chapiteaux du côté gauche.

Les jolies chapelles latérales de la nef lui sont, comme on le pense bien, très postérieures. Plusieurs, décorées avec une rare élégance, offrent des modèles gracieux d'un style que M. A. Leprevost a nommé, avec justesse, *gothique flamboyant*. On peut citer en ce genre la porte de la sacristie, d'un fini admirable. Je n'en puis dire autant des espèces de festons de pierre qui pendent au-dessous de l'orgue ; cela est fort lourd, et la seule sensation que l'on éprouve en voyant ces pierres suspendues, c'est la crainte qu'elles ne viennent à se détacher et ne vous tombent sur la tête.

Dans la chapelle qui sert de baptistère, on voit un charmant bas-relief représentant la Madeleine et Jésus-Christ. Ce morceau, que je crois l'ouvrage d'un artiste allemand, est de cette époque où le sentiment du beau, que la renaissance ramenait, se trouvait encore mêlé avec la naïveté de la période gothique. La Madeleine est une figure délicieuse, mais point idéale ; c'est peut-être un portrait. La forme des yeux, dont la paupière inférieure se courbe en arc légèrement convexe, rappelle les jolies têtes de Germain Pilon et de Jean Goujon. On a peine à croire que l'artiste qui a exécuté cet admirable morceau ait eu la patience, si l'on veut, le mauvais goût, de limer sa pierre avec des outils délicats, de la creuser à force de temps et d'adresse, de manière à rendre presque au naturel la souplesse et la légèreté des étoffes. On dirait que le voile de la Madeleine est un linge plongé dans ces eaux qui couvrent d'un dépôt calcaire tout ce qu'elles touchent, et qui semblent ainsi les convertir en pierre. — Le cadre de pierre, qui entoure ce bas-relief, est également un chef-d'œuvre surprenant de patience et de travail. Je ne puis voir ces feuilles de chardon, ces dais gothiques, ces pinacles si minces, si délicats, si détachés de la pierre, sans éprouver une certaine émotion en pensant au chagrin que l'artiste aurait éprouvé si, par une distraction, il avait donné un coup de marteau plus fort que les autres. Mais les artistes de ce temps-là n'avaient pas de distractions, et j'aime à croire qu'ils prenaient plaisir à ces merveilleuses bagatelles. Mais est-ce là le but de l'art? —Pourquoi faut-il que cette charmante composition ait été barbouillée, non pas d'un badigeon à la colle, mais d'une épaisse couche de peinture à l'huile! En certains endroits, l'épaisseur du blanc de plomb et de l'huile l'emporte certainement sur celle de la pierre.

La chapelle de Saint-Nazaire, et une autre du même côté, sont les seules qui aient des vitraux anciens. Les couleurs en sont admirables. La généalogie de la Vierge, dans la chapelle de Saint-Nazaire exécutée par suite d'un legs de deux chanoines, doit être comptée parmi les meilleurs tableaux sur verre. J'ai particulièrement admiré l'art avec lequel les joints qui unissent les différens morceaux de verre sont distribués dans les parties obscures, ou disposés de manière à dessiner avantageusement les contours principaux.

Dans une chapelle voisine, j'ai remarqué deux tableaux à l'huile, du XVIe siècle, d'un style dur, mais assez correct. Je les crois de l'école flamande. La conservation des couleurs est parfaite.

La tour de gauche est surmontée d'une flèche très élevée, dont l'exécution est un chef-d'œuvre de légèreté et d'élégance de proportions; elle est construite en pierre et entièrement creuse à l'intérieur. Dans les parties basses, son épaisseur n'est que de cinq à six pouces. On se demande comment les architectes du xvie siècle élevaient leurs échafauds, et quels ouvriers ils avaient pour exécuter ces prodiges de hardiesse. Si, comme on le dit, cette flèche a été bâtie par le cardinal Rollin, pendant le temps de son épiscopat, elle a dû être achevée très promptement, car il n'a occupé le siége d'Autun que pendant une année.

Vue à l'intérieur, cette flèche, qu'on appelle la grande trompe, paraît d'une immense hauteur. Involontairement on attribue sa forme pyramidale à un effet de perspective, et l'on se croit dans une immense colonne creuse, si longue que l'on ne peut en apercevoir l'ouverture. A l'extérieur, elle est garnie de crosses ou crochets sur toutes ses arêtes; ces crosses servent à la fois d'ornemens et de degrés où se guindent les maçons pour y faire des réparations.

CHALONS.

Je suis parti d'Autun pour me rendre à Tournus, ne m'arrêtant que quelques heures à Châlons; j'y ai remarqué une assez belle colonne antique en granit élevée sur une des places publiques.

La cathédrale paraît appartenir au commencement du XIIIe siècle, autant que j'en puis juger par la forme de ses ogives et de ses chapiteaux romans à feuillages bizarres, dont le caractère est beaucoup plus facile à reconnaître qu'à exprimer. — Il me semble qu'au commencement et à la fin de cette renaissance qui se manifesta vers le commencement du XIe siècle jusqu'à la fin du XIIe, les ornemens *végétaux* ont été en usage. La première époque imita le galbe corinthien ou composite; les chapiteaux de la seconde, dont les feuillages sont plus variés et copiés d'après nature, annoncent la révolution que l'architecture gothique allait introduire dans le système d'ornementation.

Le chevet de l'église se compose de trois apsides. Cette forme se rencontre fréquemment dans les églises de Bourgogne. Il y a en outre une apside à chaque extrémité des transsepts, parallèle à celles du chevet.

On réparait le portail de cette cathédrale et les deux tours qui flanquent la façade. Cette restauration m'a paru faite avec goût.

L'hôpital, bâti en 1528, a des vitraux assez remarquables, mal placés dans une salle où l'on a besoin d'une clarté vive. On devrait les transporter dans la cathédrale, qui n'a que des fenêtres garnies de verres blancs.

TOURNUS.

A peu de distance de Tournus, dans la commune de Vignères, on voit deux Peulvans d'à peu près quinze pieds de haut ; les pierres ont été apportées d'assez loin. On m'a dit qu'on trouvait aux environs quelques autres monumens semblables.

Sur une place de la ville s'élève une colonne de pierre, dont le fût, d'une douzaine de pieds de haut, est antique ; il a été trouvé dans la Saône, il y a quelques années.

L'église de Saint-Philibert, ou l'ancienne abbaye de Tournus, est un monument d'un haut intérêt. Fondée dans le ixe siècle, l'abbaye fut détruite deux fois ; d'abord vers la fin du xe siècle par les Hongrois, puis en 1006 par un incendie fortuit (1).

L'église, dans son état actuel, a la forme d'une croix latine, terminée par trois apsides. Deux tours carrées s'élèvent aux côtés du portail; un clocher bas, de même forme, est placé à l'intersection des transsepts et de la nef.

Le transsept gauche, fort alongé, se termine par une grande chapelle avec son apside dirigée parallèlement à l'axe de la nef. Le collatéral du même côté a été élargi pour recevoir une rangée de chapelles gothiques. La nef est précédée par une espèce de *narthex* ou vestibule, bas et divisé comme elle par deux rangs de piliers. Trois portes (les deux latérales sont bouchées) communiquaient du vestibule à l'intérieur de l'église.

Sous le chœur est une crypte, ou plutôt une chapelle souterraine, qui a aussi trois apsides éclairées par des soupiraux. — Il n'existe plus rien des bâtimens de l'abbaye.

On distingue facilement dans cet ensemble plusieurs constructions successives. Le vestibule et la nef frappent d'abord par la rudesse et la grossièreté de leur architecture. Les piliers du vesti-

(1) Gallia X^a. Le grand nombre d'incendies rapportés par l'histoire ne tend-il pas à faire croire que la plupart des basiliques n'ont eu, pendant long-temps, que des plafonds en bois au lieu de voûtes?

bule, très bas et d'un énorme diamètre (huit à neuf pieds), soutiennent une voûte d'arêtes cintrée, assez mal construite. On n'y voit nulle trace d'ornemens : un gros tore, au lieu de chapiteau, termine ces énormes piliers. Au-dessus est une vaste salle, soutenue également par des piliers ronds, dont la voûte atteint la hauteur de celle de lanef.

Dans la nef, huit piliers fort gros, tout d'une venue, mais infiniment plus élevés (environ douze pieds), soutiennent une voûte cintrée en berceau dans la nef principale, et d'arêtes pour les collatéraux. Comme ceux du vestibule, les piliers n'ont point de chapiteaux. A partir de la retombée des arcades inférieures, s'élèvent des colonnes engagées plus minces qui vont rejoindre les arcs doubleaux de la voûte principale; elles ont pour chapiteaux une espèce de pyramide tronquée et renversée, dont les angles sont arrondis, sans aucun ornement. Les fenêtres sont petites, étroites et cintrées par en haut. Il est impossible de voir rien de plus massif, de plus lourd et de plus solide en même temps, que toute cette partie de l'église.

Les piliers des transsepts sont formés par une de ces énormes colonnes, renforcée encore d'un massif carré, qui s'y joint d'une manière irrégulière. Les collatéraux sont séparés des transsepts par un mur dans lequel une porte est pratiquée. A gauche, elle est ogivale (1); à droite elle est cintrée. Au-dessus de chaque porte, on remarque deux espèces de fenêtres cintrées. — C'est là une autre espèce de *screen* dont je n'ai pas retrouvé d'exemple.

Une fois qu'on a dépassé ces portes, il semble qu'on entre dans un autre édifice bien différent du premier.

Au milieu des transsepts s'élève une coupole ovoïde, décorée dans le bas d'arcades bouchées, retombant sur des colonnes ou des pilastres à chapiteaux ornés de feuillages ou de festons. Le chœur autrefois était entouré de colonnes basses et minces, dont les arcades laissaient voir les apsides qui terminent l'église. Ces arcades ont été bouchées, sans doute pour mettre les officians à l'abri des vents coulis, et les apsides servent de magasin pour les chaises, les balais et les ustensiles profanes de l'église. Les fenêtres, en plein cintre, éclairent le chœur, elles sont entourées d'élégantes archivoltes à rosaces, soutenues par des colonnes minces et courtes, cannelées ou ornées de chevrons creusés le long du fût. Quelquefois ces colonnes sont séparées par une espèce de pilastre recouvert de rinceaux et de rosaces. Les chapiteaux très

---

(1) La forme de cette ogive est très peu prononcée, et d'ailleurs je ne sais si ces murs de refend sont du même temps que la nef ou le chœur; l'épais badigeon qui les couvre empêcherait de voir les traces de réparation, s'il y en existe.

variés présentent les différentes formes végétales de l'époque romane, quelquefois aussi des figures grimaçantes et fantastiques. A l'extérieur du chœur et au-dessus des fenêtres règne un cordon composé d'une rangée de losanges surmontés de triangles rouges, incrustés dans la pierre blanche. Le clocher, qui surmonte le chœur, est carré et à deux étages. Le premier, comme le reste de l'église, est bâti de pierres moyennes assez irrégulièrement disposées. Il n'y a pas d'ouvertures, mais ses quatre faces présentent une arcature composée de six cintres égaux en hauteur et de peu de saillie, séparés de trois en trois par une plate-bande qui se répète aux angles du clocher. Une petite avance carrée, du côté de l'apside principale, contient l'escalier de cette tour. Le second étage d'un autre appareil, à moellons taillés régulièrement, est percé sur chaque face de trois fenêtres polylobées, présentant une espèce de dentelure empruntée à l'architecture moresque.

De grands pilastres séparent les fenêtres et vont toucher le toit qui repose sur quelques modillons. Il n'est pas douteux que ce second étage ne soit fort postérieur au premier, et la forme orientale de ses fenêtres, ainsi que l'emploi des pilastres, ne permet pas de leur donner une date plus ancienne que le milieu du xiie siècle.

Revenons à la façade. Le portail, qui forme le

plus ridicule contraste avec le reste du monument, est du xviiᵉ ou xviiiᵉ siècle. Il ne mérite pas qu'on s'y arrête.

La tour de gauche est la plus élevée, et, comme le clocher, elle porte le cachet de deux constructions différentes.

De ses quatre étages, le premier, qui ne s'élève pas au-dessus de la nef, n'a pas d'ouvertures, et porte exactement le même ornement que le premier étage du clocher. Le second en est séparé par une grande moulure double à dents de scie; la rangée supérieure parallèle, et l'autre perpendiculaire à la muraille sur laquelle elle est appliquée. Il est percé de quatre fenêtres inscrites dans deux arcades plein-cintre; une bâtière termine cette partie de la construction, évidemment contemporaine du premier étage du clocher.

On a raccordé ces deux étages avec les supérieurs au moyen d'une rangée de petites arcades bouchées qui s'élèvent jusqu'au sommet des deux frontons de la bâtière. Au-dessus, deux archivoltes en plein cintre entourent chacune deux fenêtres également cintrées, flanquées de colonnes et de pilastres. Le dernier étage n'a que trois fenêtres, dont les archivoltes sont supportées par des colonnes très ornées, quelques-unes torses; des figures de saints grossièrement sculptées sont appliquées aux quatre angles de cette tour, que termine une flèche pyramidale à quatre pans, couverte en ardoise.

L'autre tour est semblable à la première, mais ne s'élève pas plus haut que la bâtière dont j'ai parlé.

L'absence d'ornemens, le caractère de lourdeur et de rudesse de la nef et du vestibule me font croire que ces parties de l'église sont les plus anciennes. Je n'hésite pas à penser qu'elles datent du xe siècle. L'incendie qui dévasta le monastère a dû être impuissant contre ces masses énormes.

La restauration de Bernier, en 1019, se borna probablement à substituer dans la nef des voûtes aux plafonds. Le chœur me paraît également de la même époque. (Le chœur primitif, soutenu vraisemblablement par des colonnes minces, aura été détruit.) — La crypte a dû être construite en même temps, ou, si l'on veut, refaite. Le nombre de ses apsides ne permet guère de supposer qu'elle soit antérieure au xie siècle. Enfin, le premier étage du clocher et les deux étages inférieurs des tours me paraissent dater à près du même temps, c'est-à-dire de 1019.

Le renforcement des piliers des transsepts aura sans doute eu lieu lors qu'on s'est avisé d'augmenter le poids du clocher en l'exhaussant (1). Ce

---

(1) Si ces piliers avaient été renforcés à l'époque où l'on a élevé le premier étage de la tour, il n'est pas probable qu'on leur eût donné la forme bizarre et irrégulière qu'ils ont, puisqu'il s'agissait alors d'une restauration complète, et qu'on pouvait, s'il est permis d'employer cette expression triviale, tailler en plein drap.

dernier étage et les étages supérieurs des tours présentent tant d'analogie dans leurs détails, qu'il est impossible de ne pas croire qu'ils ont été bâtis simultanément. Quant à la date de cette dernière construction, je crois devoir la placer dans le XIIe siècle d'après les motifs suivans : 1.° la régularité de l'appareil ; 2° la forme des cintres dentelés du clocher ; 3° enfin, l'emploi de pilastres, au lieu de colonnes. Si, comme il est vraisemblable, ces pilastres sont une imitation de ceux d'Autun, on aura pour date probable le milieu du XIIe siècle. Je ne parle pas de la chapelle du transsept gauche, ni de celle qu'on a construite le long du collatéral du même côté. Ces constructions, relativement très modernes, n'offrent aucun intérêt.

La bibliothèque de Tournus a été étrangement dilapidée. Plusieurs manuscrits qu'elle possédait ont disparu. Le plus remarquable est une vie de saint Valérien, du XIe siècle, je crois. Ce livre était autrefois magnifiquement relié en velours, avec des ornemens en argent. Ces ornemens ont été volés depuis peu d'années. Le fameux flabellum, qui faisait autrefois partie du trésor de l'abbaye,

Au contraire, dans l'autre hypothèse, l'église étant déjà terminée à l'intérieur, on ne pouvait penser à un bouleversement complet. D'ailleurs, l'étage inférieur de ce clocher est si léger, que les piliers ronds étaient bien suffisans pour le soutenir.

a également disparu. Je dirai comment je l'ai retrouvé à Lyon chez un marchand de curiosités.

MACON.

La plus ancienne église de Mâcon, Saint-Vincent, son ancienne cathédrale, est maintenant divisée en plusieurs propriétés particulières, et presque complètement défigurée. La porte principale de la façade est surmontée d'une ogive du xv° siècle ; c'est une restauration, mais les deux portes latérales sont cintrées et flanquées de colonnes romanes, dont les chapiteaux conservent encore des restes de coloration. Dans l'intérieur, on observe un mélange d'ogives et de pleins-cintres, qui indiquent des restaurations anciennes (1). Plusieurs colonnes et quelques pilastres dont les chapiteaux bysantins sont fort ornés et d'un bon style, mériteraient d'être conservés avec soin.—Probablement cette église, comme celle de Tournus, était précédée d'une espèce de vestibule. — Les deux tours,

(1) La plupart doivent dater du temps de Philippe-Auguste, qui répara la ville, dota ses églises, et l'entoura d'une enceinte fortifiée, dont il ne reste presque aucune trace.

qui subsistent encore, sont de deux époques; la partie inférieure, à petit appareil irrégulier, appartient à la période romane, tandis que le haut paraît du xiii-xiv° siècle. L'une de ces tours avait une flèche en pierre, maintenant détruite en partie. On y monte par une pente douce, comme à la Giralda de Séville. Son couronnement, légèrement évasé, est d'une grande élégance. Il a été question dernièrement d'abattre ces tours dont on craignait la ruine : mais le maire de la ville et les gens instruits s'y sont opposés, et en ont obtenu la conservation : on va les réparer pour y placer une horloge.

J'ai visité quelques collections particulières de peu d'importance; elles se composent particulièrement de médailles, de statuettes et de quelques objets d'ivoire du moyen-âge. Je m'attendais à trouver dans ces collections une grande quantité de fers de flèches (1), mais il paraît qu'ils sont ici aussi rares qu'ailleurs.

(1) Les Romains avaient établi à Mâcon une fabrique de flèches considérable.

CLUNY.

L'antique et riche abbaye de Cluny a disparu. Il ne reste de son église que deux tours octogones (1) du même temps que les étages supérieurs des tours de Tournus, quelques pans de murs et une chapelle du xv⁰ siècle, dite de Bourbon, médiocrement ornée de consoles, soutenues par de grands prophètes à mi-corps; sculpture lâchée et sans effet. On conserve dans la même chapelle quelques chapiteaux bysantins d'une grande dimension, quelques cercueils de pierre sans ciselures, plusieurs coffres anciens, des fragmens d'inscriptions, enfin un modèle en relief de l'ancienne église. Ce modèle est trop petit et évidemment trop grossièrement fait pour inspirer une grande confiance. On peut cependant s'y rapporter pour le plan général, qui est remarquable, l'église ayant cinq nefs et des transsepts doubles, qui forment ainsi une croix de Lorraine. On dit qu'il n'existe actuellement en France qu'une seule église à doubles transsepts.

La ville s'est élevée sur les ruines de l'abbaye, et les bâtimens anciens qui ont été épargnés sont

(1) Placées à l'extrémité des transsepts de droite.

maintenant habités par des particuliers, ou consacrés à des usages publics. Le cloître du xvie siècle, remarquable d'ailleurs seulement par son immensité, est devenu une espèce de place publique entourée de cafés et de boutiques. D'autres dépendances du monastère sont occupées par le collége. Enfin, une faible portion du palais abbatial a été achetée par un ami des arts, M. Auchier, qui s'y est logé pour y réunir les fragmens oubliés par les démolisseurs. J'ai remarqué particulièrement de beaux rinceaux d'un style très élégant, sculptés sur des plaques d'albâtre.

En parcourant la ville, on rencontre à chaque pas une foule de débris provenant la plupart des ruines de l'abbaye : là, c'est un bas-relief roman, ici une colonne à chapiteau historié ; plus loin, des têtes plates, des animaux sculptés, des portions d'archivoltes et de pilastres.

J'ai visité rapidement les deux églises actuellement consacrées au culte. Notre-Dame, gothique fleuri, avec des chapiteaux à feuilles de vigne, est lourde et sans grâce. Elle n'a pas de portail, et je n'ai pu savoir s'il avait été détruit ou s'il n'avait pas été terminé. L'autre église, dédiée à saint Marcel, est une basilique romane du xi-xiie siècle. Clocher octogone, surmonté d'une flèche en pierre très bien exécutée. La cuve des fonts baptismaux m'a paru fort ancienne : elle est souenue par quatre colonnes terminées par des têtes de chérubins joufflus. Je la crois du commencement du xie siècle.

BOURG.

L'église de Notre-Dame de Brou appartient aux derniers temps du gothique; c'est en quelque sorte le dernier mot de ce style. Commencée en 1511, elle a coûté 2,200,000 fr., somme énorme pour le temps, et vingt-cinq ans de travail aux artistes de tous les pays, réunis par ses nobles fondateurs. Je n'essaierai pas de la décrire après le P. Rousselet qui en a donné une très bonne histoire. Ceux qui n'ont pas vu Notre-Dame de Brou, peuvent chercher dans son ouvrage et dans celui de Guichenon, le détail minutieux de tous les tours de force accomplis par les sculpteurs et les ciseleurs qui ont décoré ses chapelles. Qu'il me suffise de dire que tout ce qui semblerait difficile à exécuter en métal a été exécuté en *marbre*; qu'on y voit des rinceaux, des fleurs, des feuilles de vigne d'une délicatesse inouie, saillant de trois pouces du bloc dans lequel elles ont été taillées, soutenues par des tiges, en marbre aussi, tellement fines, tellement fragiles qu'on ne peut comprendre comment leur poids seul n'a pas suffi pour les rompre. Comptez les pétales des marguerites, tous détachés les uns des autres, tous taillés dans le même bloc; mesurez leur épaisseur, et vous conviendrez qu'un bon fabricant de fleurs artificielles ne pourrait faire mieux avec ses fils de fer et sa batiste. Les matériaux à Brou sont *le marbre.* Qu'on se figure encore que tout ce chœur long de quatre-vingt-dix-sept pieds, ses chapelles, son jubé, ses fenêtres, etc., sont décorés de la sorte, et l'on aura une idée de la patience, de l'adresse et de la résignation des artistes du xvi° siècle. Les trois mausolées des fondateurs de l'église, Marguerite de Bourbon, Philibert-le-Beau, son fils, et la femme de ce dernier, Marguerite d'Autriche, offrent la réunion de toutes les impossibilités vaincues, qu'on trouve éparses dans le reste de l'église, et, ce qui vaut encore mieux, de très bonnes statues, où le mérite de l'artiste n'est pas éclipsé par son adresse ou sa patience. On admirera la grâce, la naïveté des poses de ces figures de pleureuses, la tête voilée, sur le soubassement du tombeau de Marguerite de Bourbon; puis si l'on se couche à terre et qu'on porte une bougie sous leurs voiles, on verra des têtes charmantes refouillées à une assez grande profondeur pour ne pouvoir être aperçues que de la manière

commode que je viens de dire. — Deux génies
[d']une magnifique exécution, qui décoraient le
[mê]me tombeau, ont été volés, me dit-on, ou bien
[dé]truits : j'espère qu'ils n'ont été que volés.

Les mausolées de Marguerite d'Autriche et de
[Ph]ilibert les représentent chacun deux fois, d'abord
[vi]vans, revêtus d'habits de parade et endormis
[su]r la table qui couvre leur cercueil, puis morts
[et] enveloppés de leur linceul sur le soubasse-
[m]ent des tombeaux. C'était la mode du temps.
[O]n voulait sans doute rappeler ainsi au spectateur
[le] néant de la vie humaine par le rapprochement
[br]usque d'images si différentes. Ces statues sont
[trè]s bonnes. Je trouve un peu maniérés les génies
[gro]upés autour du comte de Savoie, mais les chairs
[son]t admirablement bien rendues; voilà bien les
[spi]rantia marmora. — Leur nudité n'avait choqué
[pe]rsonne jusqu'en l'année 1832, que les sémina-
[ris]tes de Brou s'en sont scandalisés; ils y ont bru-
[tal]ement porté remède à coups de marteau (1).

Je ne puis m'expliquer comment un artiste ca-
[pa]ble de composer et de sculpter ces belles sta-
[tue]s, pouvait s'être donné, ainsi de gaieté de cœur,
[tan]t de difficultés matérielles d'exécution qui, en

---

(1) La statue de Philibert, les six génies qui l'entourent, son
[cas]que, ses gantelets, le lion à ses pieds, et une foule d'ornemens
[et d']attributs, tout cela est fait de cinq morceaux de marbre blanc.

réalité, n'ajoutaient rien à son mérite artistique.

Vambelli, Onofrio Campitoglio, Italiens; Conrad et Thomas Meyt, Suisses; Benoît Serins, Français, et plusieurs autres, se sont associés pour ce monument. Je suppose que les Italiens ont fait l'ébauche, et que les Suisses et les Français l'ont terminée. Que penser de la patience et des outils de gens qui taillaient une garde d'épée en filigrane dans le même bloc qu'une figure en pied; qui imitaient en marbre des vrilles de vignes, des pétales de marguerite, des pédoncules de fleurs. Ces gens-là ne devaient pas tousser, ne pensaient pas, n'avaient pas une seconde de distraction. Un coup de marteau donné mal à propos, et les voilà obligés de tout recommencer. En somme on se demande si le résultat obtenu est proportionné à la peine qu'on s'est donnée? et la réponse n'est pas encourageante pour ceux qui voudraient imiter Conrad Meyt.

La fille de l'auberge où j'étais logé, grosse paysanne de Bresse, m'a mieux parlé de Brou que le père Rousselet : « C'est », dit-elle, « très superbe et « bien joli. » Superbe est le premier mot qu'on prononce, mais on le corrige bien vite par le mot joli.

Ces prodiges d'adresse et de patience ne sont pas de l'art. Puis, cette ornementation est trop coquette et trop mignarde pour une église. En sortant, on éprouve contre Marguerite de Savoie la même mauvaise humeur qu'on ressent après avoir parcouru la maison d'un parvenu qui étale un luxe insolent.

Un autre trait de recherche a achevé de me brouiller avec cette princesse. Elle voulait entendre la messe à son aise, et ne pas se mêler aux hobereaux du pays. Il lui fallut faire une chapelle à part, avec une arcade de biais qui lui permît de voir le prêtre à l'autel, tandis qu'elle était assise auprès d'une cheminée, priant et servant Dieu confortablement. Cette arcade de biais, dont on trouve un autre exemple dans l'église de Saint-Pierre, à Saumur, est un problème de stéréotomie habilement résolu.

Les vitraux sont très beaux, moins remarquables cependant que ceux d'Autun. Les rouges et les jaunes sont plus faibles de ton.

Devant le portail est un cadran solaire singulier, où l'observateur se sert de stèle à lui-même. Sur une longue dalle est tracée une ligne méridienne, de chaque côté de laquelle on lit les noms des mois de l'année. Autour de cette pierre, vingt-quatre bornes, portant le nom d'une heure du jour, sont disposées en ellipse et inégalement espacées. Pour savoir l'heure, il suffit de connaître dans quel mois de l'année on se trouve, et se placer sur le nom de ce mois. L'ombre que projette le corps de l'observateur se porte alors sur une des bornes, et lui fait connaître ainsi l'heure, un peu approximativement il est vrai. (*Voir un Mémoire de l'astronome de Lalande sur ce cadran.*)

L'église de Bourg, qui s'appelle Notre-Dame, comme celle de Brou, paraît avoir été construite à peu près dans le même temps. Sa façade, plus moderne, est lourde et sans grâce. L'intérieur est de la dernière époque gothique. Comme à Brou au lieu de colonnes en faisceaux, on ne voit que des nervures, qui partent du pavé pour se croiser sous les voûtes. J'aime mieux les colonnes minces du xiiie et du xive siècle, interrompues par des moulures qui les divisent, et surtout l'élégant chapiteau de feuillage, qui soutient les retombées des arcades.

Une chapelle a des vitraux assez remarquables représentant le martyre de deux saints qu'on brûle, qu'on noie inutilement, et qu'on décapite pour en finir.

LYON.

Ma première journée a été employée tout entière à visiter une partie des aqueducs romains.

M. de Gasparin, fils du préfet du Rhône, et ingénieur des ponts-et-chaussées, a bien voulu m'accompagner. Depuis plusieurs mois il étudie ces travaux gigantesques, et à force de patience et de recherches, il est parvenu à reconnaître toute la ligne qu'ils parcouraient. M. de Gasparin le propose de publier le résultat de ses explorations : elles jetteront sans doute un grand jour sur les procédés hydrauliques des anciens ; car toutes les difficultés que pouvait présenter la nature semblent avoir été réunies aux abords de la ville, comme pour montrer que le génie des Romains pouvait triompher de tous les obstacles.

L'ancien *Lugdunum* était bâti en grande partie sur le coteau de Fourvière, au bas duquel coule la Saône. Presque devant ce coteau, elle se réunissait au Rhône ; mais le point de jonction s'est reculé successivement par suite des attérissemens qui ont formé la longue presqu'île de Perrache, dont l'extrémité est maintenant presque hors de la ville. Des sources existent sur le coteau de Fourvière. Mais ce n'était point encore assez pour les Romains que deux grands fleuves et des sources abondantes. Telle était leur délicatesse en fait d'eaux, qu'ils ont entrepris des travaux prodigieux pour amener dans leurs murs celles de sources éloignées de douze lieues. On se trouve bien petit quand, après avoir visité ces ruines superbes, on assiste à une séance d'un conseil municipal où l'on discute la dépense qu'occasionera l'érection d'une borne-fontaine.

Pour amener à Lyon l'eau des montagnes du Forez, il fallait d'abord faire des travaux de nivellement, opération toujours difficile et que l'imperfection des instrumens antiques, rendait une espèce de divination. Je ne puis comprendre encore comment ils en venaient à bout. Afin de conserver à l'eau ses bonnes qualités, on l'a fait couler sous terre autant que les localités le permettaient. M. de Gasparin a suivi cette ligne souterraine dans les caves des maisons, le long des chemins, partout où des excavations modernes avaient mis à découvert la bâtisse antique. Il s'était si bien pénétré du système des ingénieurs romains, qu'il refaisait leur travail souvent sans autre indication que de se donner à lui-même à résoudre le problème qu'ils s'étaient proposé. Ce dut être un vif plaisir pour lui que de voir les fouilles qu'il dirigeait confirmer toujours ses prévisions.

Lorsque des vallées forçaient l'aqueduc à sortir de terre, une espèce de pont, d'une construction dont la solidité a bravé les efforts des temps et des hommes, réunissait les deux collines, et transportait l'eau souvent à de grandes distances. Si la vallée était trop profonde pour qu'on pût y élever des arches, on pratiquait des syphons, dont les tuyaux de plomb d'une immense étendue faisaient remonter l'eau jusqu'au point où elle pouvait reprendre son cours horizontal. On voit à Chaponneau (1) l'ouverture de ces syphons, la réserve d'eau, et jusqu'aux trous où les tuyaux de plomb s'engageaient dans la maçonnerie. Souvent encore on trouve des fragmens de ces tuyaux, et l'on pense même que ce pourrait être une opération lucrative que de fouiller la vallée pour en extraire le métal enfoui.

Les portions d'aqueduc encore debout n'ont aucun ornement. Leurs proportions immenses leur donnent un caractère de grandeur, que les détails les plus beaux ne pourraient produire. Partout la construction est uniforme : c'est une masse de pierres brutes noyées dans le ciment et revêtue d'un parement de petites pierres taillées en lozanges et appareillées avec une précision extraordinaire. De quatre pieds en quatre pieds, la maçonnerie est interrompue par une couche de deux briques posées à plat, sans doute afin de mieux conserver l'horizontalité des assises (2). Le ciment qui liait ces petites pierres était tellement solide, que sur plusieurs points les piliers se sont

---

(1) On fait dériver ce nom de *caput aquarum*.
(2) Les archivoltes sont divisées perpendiculairement par des briques alternant avec les massifs de petites pierres, faisant office de claveaux.

renversés tout d'une masse. Dans ce cas, on observe que partout c'est la brique qui a cédé aux efforts du temps et des hommes.

Le canal intérieur est revêtu d'une couche très épaisse de ciment, composé de brique pilée et de chaux; les angles ont été arrondis et renforcés par une épaisseur plus considérable. En examinant ce canal on voit avec surprise qu'il n'offre aucune trace de dépôt aqueux, et l'on se demande s'il a jamais servi? Peut-être faut-il chercher la cause de cette singularité dans la nature des eaux. M. de Gasparin s'occupait à en faire l'analyse afin d'éclaircir ce point important.

Des hauteurs couronnées par ces aqueducs on a une vue admirable des montagnes de la Suisse. Ce jour-là le soleil couchant et un ciel d'orage rendaient le spectacle encore plus magnifique. Pourtant je ne pouvais m'empêcher de faire intérieurement une comparaison entre les ouvrages des hommes et ceux de la nature, et j'étais peut-être injuste pour la nature.

Pour étudier Lyon antique, il faut descendre dans les caves, et y chercher une grande quantité de substructions romaines, intéressantes par le caractère varié des appareils. La belle carte publiée par M. Artaud est le fruit de longues et savantes investigations. Après lui, il serait ridicule à moi d'entreprendre le même travail.

J'avais espéré trouver à l'île Barbe une église carlovingienne ; mais des bâtimens de l'antique abbaye, il ne reste plus aujourd'hui qu'un petit nombre de débris incertains, encastrés dans des constructions plus ou moins modernes.

Auprès du nouveau pont on voit quelques restes des massifs de l'ancien pont qui communiquait de l'île à la rive droite de la Saône. Si l'on s'avance vers la pointe de l'île en amont, sur la rive droite, on trouve dans une muraille un bas-relief qui paraît avoir occupé l'intérieur d'un tympan. Il représente trois personnages debout, revêtus de longues draperies, la tête entourée d'un nimbe, les pieds appuyés sur des animaux que je crois des lions. Sur l'archivolte qui surmonte le bas-relief est une inscription en lettres onciales, disposée sur deux lignes et presque indéchiffrable. La grossièreté du travail, la forme des lettres, et l'exécution des draperies (1) pourraient faire présumer que cette sculpture remonte au-delà du xi⁰ siècle ; mais la mauvaise conservation de ce monument, qui paraît avoir été changé de place, et dont l'origine est tout-à-fait inconnue, ne permet que des conjectures très vagues. On voit à côté une inscription romaine,

---

(1) Bien que très mal sculptées, ces draperies sont plus larges que celles qu'on observe dans les bas-reliefs bysantins ; elles se rapprochent de celles des dyptiques des premiers siècles.

tumulaire, encastrée dans la même muraille (1).

Plus loin, dans un jardin, sont les ruines d'une église romane, qui paraît avoir été réparée dans la période gothique. La portion de ces ruines qui est romane offre elle-même des fragmens qui m'ont paru plus anciens qu'elle. Ce sont des médaillons d'un médiocre diamètre, tels que ceux qui d'ordinaire accompagnent les zodiaques. Le travail en est extrêmement grossier. L'un d'eux représente un animal, que j'aurais pris pour un chien, sans la précaution de l'artiste de faire connaître son espèce par cette inscription :

BVC.....LLVS EQVS ALEX.

On sait qu'il existait autrefois à l'île Barbe un zodiaque sculpté du temps de Charlemagne; il est possible que ces médaillons en aient fait partie. D'autres médaillons, absolument semblables pour la barbarie de l'exécution, ont été transportés de l'île à Vaize, où ils décorent une maison nouvellement bâtie à l'entrée de ce faubourg (2).

(1) On trouve sur la rive droite de la Saône plusieurs autres inscriptions romaines, toutes très frustes.

(2) Les Gémeaux sont représentés en buste, de face, tenant chacun une lance à la main. Il est impossible d'imaginer rien de plus informe que ces sculptures; les bras sont plus minces que les doigts; on dirait ces bons hommes que les enfans charbonnent sur les murailles. Les lettres qui donnent l'explication de chaque mé-

A la pointe de l'île, en amont de la Saône, s'élève le château, construit sur des rochers. On y montre un pavillon dans lequel Charlemagne, me dit-on, s'asseyait pour voir défiler son armée sur la rive gauche. Charlemagne, passant une revue assis, ne me plaît guère, et le pavillon, d'ailleurs, m'a fort l'air d'avoir été bâti à la fin du xv° siècle. Je ne me fie pas davantage à la tradition qui attribue à cet empereur le puits remarquable de l'île Barbe, creusé au bas des rochers sur lesquels est fondé le château. Une espèce de pont jeté au-dessus, permet d'y puiser sans descendre jusqu'à sa margelle.

La chapelle que l'on voit dans l'île porte les caractères d'un édifice de la fin du xii° siècle par le mélange d'ogives et de pleins-cintres, et le caractère de son ornementation ; mais elle a été si souvent restaurée, badigeonnée, elle a reçu tant de fragmens anciens, que toutes ses parties doivent inspirer une grande défiance. J'y ai remarqué une arcade en ogive, dont l'archivolte est chevronnée ou taillée en dents de scie. Rien de plus laid que cette forme bizarre.

En résumé, si l'île Barbe renferme encore beau-

---

daillon, sont disposées souvent sur une ligne perpendiculaire ; d'autres fois elles suivent les contours des figures, occupant les espaces vides du fond. Malheureusement, la plupart de ces fragmens sont scellés à une si grande hauteur, qu'il est difficile de les observer convenablement.

coup de fragmens, que l'on peut croire antérieurs aux xe et xie siècles, déplacés pour la plupart et plus ou moins défigurés par des restaurations anciennes, ils n'offrent plus de renseignemens suffisans pour recevoir une date certaine. Il est probable que plusieurs de ces débris appartiennent à l'époque carlovingienne ; mais aucun ne pourrait être désigné particulièrement.

L'église d'Ainay, *Athanacum*, qui appartenait autrefois à l'abbaye de ce nom, vient d'être réparée. L'architecte, dans sa restauration, a copié assez exactement ce qui restait de l'édifice ancien. Cependant les créneaux qui surmontent sa façade me paraissent de sa part une invention assez malheureuse. On doit lui savoir gré toutefois d'avoir conservé tous les anciens fragmens de l'abbaye qu'il a pu réunir. Ils ont été soigneusement encastrés dans la façade (1).

L'église d'Ainay a été consacrée en 1107 ; cette date est attestée par un titre incontestable, mais vraisemblablement cette consécration n'a pas eu lieu à l'occasion d'une construction nouvelle et complète, mais seulement d'une restauration considérable. En effet, on a conservé la tradition de plusieurs autres réparations antérieures, entre

---

(1) Le bas-relief antique des déesses-mères, décrit par Millin, a été transporté au Musée.

autres, d'une qui eut lieu en 937 (1). Sans doute la crypte, une partie des murs, et peut-être même les quatre fameuses colonnes de granite du chœur, existaient dès cette époque.

On dit que ces colonnes proviennent du temple élevé à Auguste par cent nations de la Gaule, et l'on n'a, pour appuyer cette tradition, que le témoignage des médailles de Lyon, qui représentent ce temple, orné en effet de hautes colonnes. Celles-ci, ajoute-t-on, ont été coupées en deux pour qu'elles se prêtassent aux proportions plus modestes de l'église chrétienne.

Je ne nierai pas qu'elles ne soient antiques; mais j'ai de la peine à admettre qu'elles aient été divisées. En effet, si de deux colonnes on en avait fait quatre comme on le prétend, il y en aurait deux plus minces que les autres, celles qui proviendraient de la portion la plus voisine du chapiteau. Or les colonnes d'Ainay sont toutes de même diamètre. On peut dire, à la vérité, qu'après les avoir sciées, on a pu les tourner de nouveau, mais il me paraît peu probable que ceux qui traitaient avec cette barbarie des ouvrages antiques, se donnassent beaucoup de peine pour obtenir une régularité qu'on prisait assez peu d'ailleurs dans la période romane. — Leurs chapiteaux courts et

---

(1) V. Gallia X^a, tom. IV. Athanacum.

écrasés offrent comme une ébauche de la corbeille corinthienne, et je ne fais aucune difficulté de les attribuer au xe siècle, si toutefois ils ne sont pas plus anciens.

La façade d'Ainay est ornée d'un cordon de lozanges incrustés, en couleur rouge. A l'extérieur, l'apside présente un appareil varié, composé de pierres taillées en lozanges, carrés, etc., dont la forme se dessine au moyen d'incrustations semblables. — La flèche qui termine la tour qui s'élève au-dessus de la porte principale, aussi bien que les angles relevés qui donnent à cette tour quelque chose de l'aspect d'un tombeau, me paraissent postérieurs à la construction primitive. Quant à la porte principale, qui est en ogive, elle appartient, je crois, à une restauration du XIIIe siècle.

Plusieurs des chapiteaux historiés de la nef ont un caractère antique. Au milieu de feuillages assez mal rendus, on voit des masques qui rappellent la sculpture du bas-empire.

L'église a maintenant la forme d'une basilique; mais il est probable que son plan primitif était celui d'une croix latine. Une chapelle gothique du XVe siècle a été bâtie sur son transsept gauche, et la sacristie occupe le transsept droit. C'est par cette sacristie qu'on descend maintenant dans la crypte (1) creusée dans une partie de cette salle, sous le chœur et la principale apside.

Cette crypte, qu'on dit avoir servi de prison à saint Pothin et à sainte Blandine, n'est qu'une petite cave de huit pieds sur quatre, communiquant à d'autres caveaux de même grandeur par des ouvertures carrées où l'on ne peut entrer qu'en rampant. Il est évident que le sol a été très exhaussé, car les retombées de la voûte touchent presque à terre, et un homme de ma taille s'y tient debout avec peine. Malgré la sainteté du lieu, on en a fait aujourd'hui un magasin de charbon de terre et un cellier (2).

Il ne reste presque plus rien de la mosaïque qui représentait, dit-on, le pape Pascal II ; et la plus grande partie des lettres de l'inscription, qui était encore intacte du temps de Millin, a disparu aujourd'hui (3).

---

(1) Je ne sache pas qu'on connaisse de crypte qui s'étende au-delà de l'enceinte consacrée de son église. C'est cette circonstance qui me fait penser que l'église d'Ainay avait primitivement la forme d'une croix.

(2) Le sacristain me dit que cette crypte communiquait par un souterrain pratiqué sous la Saône avec l'église de Saint-Irénée, que Jules-César avait creusé ce *tunnel*, qu'il s'en servait pour y faire passer son armée, etc. Cette absurde tradition, qui n'a d'ailleurs aucun fondement, se retrouve dans une foule de lieux. A Vienne, à Marseille, on m'a fait le même récit.

(3) Hûc hûc, flecte genu, veniens quicumque precaris.
Hic pax est, hic vita, salus ; hic sanctificaris, etc.

L'église de Saint-Pierre est toute moderne à l'intérieur. Il n'en reste plus qu'une jolie porte romane, qui probablement n'était pas la principale, avec un porche intérieur orné d'élégantes colonnes engagées, surmontées de chapiteaux, dont quelques-uns offrent une imitation évidente, mais un peu libre, des chapiteaux corinthiens. Ces imitations se rencontrent fréquemment dans les villes où il a existé des monumens antiques. — Depuis peu de temps, ces colonnes ont été peintes à l'huile. Passe encore pour le badigeon à la colle.

On voit à Saint-Paul des preuves d'un vandalisme encore plus extraordinaire. Les piliers, qui étaient à pans octogones, dit-on, ont été transformés en grosses colonnes rondes, au moyen d'une épaisse couche de plâtre. Les chapiteaux, historiés, eux-mêmes, ont été recouverts de plâtre et transformés en détestables doriques. On a peine à comprendre comment, sans nécessité, on prend plaisir à dénaturer un monument remarquable. —Comment la dépense de ce replâtrage n'a-t-elle pas arrêté ceux qui en ont eu l'absurde idée?— Aujourd'hui cette église tombe en ruines. Ses tours se sont écroulées, son toit est lézardé de toutes parts, il est probable qu'on sera forcé de la démolir. Dans l'état où on l'a mise, elle ne peut guère inspirer de regrets, c'est comme un malade désespéré, dont la mort doit terminer la douloureuse agonie.

L'église de Saint-Irénée a été si complètement restaurée, qu'elle n'offre plus le moindre vestige de sa haute antiquité. La crypte seule a été conservée : c'est une petite chapelle soutenue par des colonnes très simples, avec un tore au lieu de chapiteau. Les arcades sont en plein cintre, légèrement rentrant, de manière à présenter la forme d'un fer à cheval. Le pavé en mosaïque grossière, composé de carrés et de triangles alternativement noirs et blancs, a été fort détérioré par les protestans du baron des Adrets, qui le bouleversèrent en 1562, pour y chercher les trésors qu'ils y croyaient enfouis (1).

Au milieu de la crypte, on montre l'ouverture d'un trou rond ou d'un puits dans lequel on a recueilli les os des dix-neuf mille martyrs égorgés à Lyon par ordre de Septime Sévère. A ce compte, le puits doit être très profond.

Saint-Jean-Baptiste, la cathédrale de Lyon, a été commencée dans les premières années du XIIIe siècle, ou dans les dernières du XIIe. Elle n'a été terminée que sous Louis XI ; son portail date de son époque, du moins la partie supérieure.

---

(1) La mosaïque de l'église supérieure, dont il restait encore quelques fragmens lors du passage de Millin, vient d'être refaite à neuf.

C'est un édifice gothique, assez noble, où l'on retrouve encore quelques souvenirs du style roman, qui n'a disparu complètement, dans le midi, qu'à l'époque de la renaissance. On remarque autour de l'apside principale, c'est la partie la plus ancienne, une espèce de frise ou de cordon d'incrustation rouge sur fond de marbre blanc, dont les ornemens sont tout-à-fait bysantins. Les arcades de la galerie, qui fait le tour du chœur, portent sur des colonnes et des pilastres très ornés, ou plutôt très tourmentés, appartenant à la dernière période du style roman. Peut-être proviennent-ils de l'ancienne église sur les ruines de laquelle la cathédrale actuelle aurait été bâtie.

Sa façade, autrefois décorée d'un grand nombre de statues, a beaucoup souffert du fanatisme des protestans, qui n'ont pas laissé aux iconoclastes de 93 un seul saint à décapiter. Pourtant les voussures des portes offrent encore un grand nombre de petits bas-reliefs très curieux, surtout par la variété des costumes qu'ils représentent. Ce sont ces costumes qui me font penser que cette partie de la façade remonte plus haut que le xve siècle. En effet, on observera que tous les guerriers sculptés dans les médaillons des entrecolonnemens du portail sont revêtus de cottes de mailles, comme au xiiie siècle, et non d'armures forgées. Il est vrai que par la même raison que nos artistes d'aujourd'hui copient leurs prédécesseurs, ceux d'autrefois ont pu faire la même chose. Toutefois, la grande ressemblance de plusieurs de ces bas-reliefs avec ceux des portes de Notre-Dame de Paris, me persuade qu'ils sont contemporains.

Les Lyonnais montrent avec orgueil aux étrangers la jolie chapelle de Bourbon, bâtie par le cardinal de ce nom et son frère Pierre de Bourbon, gendre de Louis XI. Elle se distingue par des ornemens d'une délicatesse et d'un précieux qui m'ont rappelé les tours de force de Brou. Les chardons, (on écrivait autrefois *cherdons*), qui se reproduisent dans tous les ornemens, sont un jeu de mots en sculpture. On prétend que Pierre de Bourbon voulait exprimer ainsi que le roi lui avait fait un *cherdon* en lui donnant sa fille. Le calembourg est détestable, mais la ciselure est merveilleuse.

A droite de la cathédrale, on voit les restes d'un bâtiment nommé La Manécanterie, dont la façade est ornée d'incrustations rouges et de quelques bas-reliefs d'un style très ancien. Malheureusement des réparations toutes modernes en ont déjà altéré le caractère. Il faisait autrefois partie de l'archevêché. Je le crois contemporain de l'église d'Ainay (1).

L'église de Saint-Nizier, bâtie au xive siècle sur

---

(1) Quelques antiquaires le croient du viiie ou ixe siècle.

l'emplacement d'une basilique romane, est, avec la cathédrale, le plus intéressant monument gothique que j'aie vu à Lyon; son portail est de la renaissance. Il a été construit par Philibert De Lorme. On admire ses proportions élégantes, mais il forme un contraste désagréable pour le style avec le reste de l'édifice. La crypte a été complètement restaurée, ou plutôt refaite au xvi° siècle.

Le musée de Lyon renferme un grand nombre de fragmens antiques de la plus haute importance. Qui ne connaît la harangue de Claude gravée sur des tables de bronze, la course de chars et les autres mosaïques placées dans la galerie des tableaux? C'est aux soins de M. Artaud que la ville doit cette belle collection qui, sous sa direction, s'est formée presque entièrement de morceaux découverts à Lyon même, ou dans les localités voisines.

La galerie de tableaux est extrêmement intéressante par le nombre et la variété des ouvrages qu'elle renferme. L'Ascension du Pérugin, donnée à la ville de Lyon par Pie VII, est l'un des plus estimés (1). Le caractère des figures et les poses sont admirables de naïveté et de noblesse; mais le dessin est sec et dur comme celui des premiers peintres grecs. La Vierge, qui occupe le milieu du tableau, n'est pas une femme. Il me semble qu'à

---

(1) Il a été pendant quelque temps au Musée royal de Paris.

cette époque on ne savait ce que c'était que la composition, ou bien qu'on ne faisait aucun cas de cet art. Les figures sont placées au hasard à côté les unes des autres, et pourraient être déplaplacées sans que le tableau en souffrît.

Un magnifique Rubens m'a frappé davantage. Le sujet est bizarre : c'est saint Dominique et saint François protégeant le monde contre Jésus-Christ qui veut le punir. Jésus-Christ, presque nu, on le prendrait pour un Jupiter furieux, tient le foudre et va réduire la terre en cendres. La Vierge, belle Flamande, fraîche et dodue, intercède et lui montre assez inutilement, comme il paraît, le sein qui l'a nourri. Dans un côté du tableau, le Père, enveloppé dans un grand manteau rouge, paraît garder la neutralité ; un groupe de saints et de saintes s'incline et demande grâce. Mais saint François et saint Dominique ne s'amusent pas à de vaines prières, ils pensent au plus pressé ; ils étendent l'un sa robe, l'autre sa main devant la terre, qui est un beau globe bleu, et ont l'air de dire à Jésus-Christ : Lance, si tu l'oses ! Lorsqu'on a repris son sérieux, qu'on ne peut garder en voyant des saints traiter ainsi le Bon Dieu comme un enfant en colère qu'on tance vertement quand il fait trop de bruit, on admire sans réserve l'ordonnance de la composition, l'harmonie des couleurs, la vérité et la vie de tous les personnages. Rien de plus beau que les têtes de saint François et de saint Dominique : il est impossible de voir un tableau plus splendide, plus riche de tons. Il semble avoir été fait à coups de balai, et cependant les étoffes et les chairs sont admirablement rendues.

Je citerai encore un autre Rubens, l'Adoration des Mages, qui paraît une première pensée du grand tableau du Musée de Madrid; un magnifique saint François d'Assise mort, et les yeux ouverts comme en extase, de Ribeira; un Terburg, un Mirevelt; plusieurs Lucas Giordano, Teniers, etc., etc. Si je pouvais choisir dans cette belle collection, je prendrais un petit portrait représentant, dit-on, la maîtresse du Padouan; c'est la tête la plus ravissante, où l'on ne sait ce qu'on doit le plus admirer, de la beauté des traits ou de l'expression. Il semble que la forme et l'ame sont également rendues. Je ne crois pas que la peinture puisse s'élever plus haut.

La galerie est carrelée en marbre, ce qui entretient une humidité fâcheuse pour les tableaux. En outre, les jours étant mal ménagés, les tableaux reflètent la lumière, et il est impossible de les voir convenablement dans leur ensemble. — Un architecte moderne définissait un musée : « Une galerie *ornée* de tableaux. » Beaucoup de ses collègues semblent avoir pris sa définition au pied de la lettre, et croient que les tableaux ne sont qu'accessoires et destinés à décorer les murailles qu'ils bâtissent. On construit maintenant une nouvelle salle, éclairée par en haut, parquetée, infiniment plus commode. On m'a dit qu'elle était destinée exclusivement aux peintres lyonnais. A la bonne heure; c'est un trait de patriotisme que je respecte; mais ne pourrait-on pas donner une petite place à côté d'eux au Pérugin, aux Rubens, surtout à la jolie maîtresse du Padouan?

Dans le même local se trouve une bibliothèque contenant environ douze mille volumes, une cinquantaine de manuscrits, et un assez grand nombre de portefeuilles de gravures rares. C'est une des plus belles bibliothèques spéciales qu'il y ait en province, car presque tous ces livres sont de ceux qu'un artiste a besoin de consulter.

On s'occupait à former un cabinet d'histoire naturelle; il était encore fort en désordre et fort pauvre. Quelques singes mal empaillés, et quelques peaux puantes et rongées des vers, composaient cette collection. C'est la passion de toutes les villes, d'avoir un musée d'histoire naturelle. Il me semble que l'argent qu'il coûtera serait mieux employé à augmenter la bibliothèque; car on ne peut espérer de composer jamais une collection bien intéressante, à moins de dépenses considérables, et une vingtaine d'animaux empaillés ne sont bons qu'à amuser quelques badauds oisifs.

L'école des beaux-arts de Lyon a produit plusieurs artistes célèbres. Elle a un style à elle, et elle possède un mérite rare dans ce temps, celui de chercher une imitation exacte et consciencieuse. J'ai assisté à la distribution des prix, et j'ai été frappé de la jeunesse de la plupart des élèves que l'on a couronnés.

Le plus grand nombre étaient des fils d'ouvriers qui, au bout d'un an ou deux d'études, deviennent dessinateurs d'ornemens dans une des nombreuses fabriques d'étoffes de Lyon. Plusieurs de ces jeunes gens allaient abandonner leurs études pour se consacrer à cette profession, que l'on dit fort lucrative. J'en ai vu quelques-uns qui annonçaient de telles dispositions, qu'on regrettait de leur voir abandonner une carrière qu'ils auraient parcourue avec distinction. Mais c'est la destinée des arts, dans le temps où nous vivons, de se montrer à la suite et comme auxiliaires de l'industrie. Au xvie siècle un Benvenuto Cellini ciselait un vase qui devait décorer la table d'un prince. Aujourd'hui nous n'avons pas de Benvenuto, mais cent dessinateurs qui travaillent pour autant de fabricans de plaqué, et leurs ouvrages sont sur tous les buffets.

J'ai trouvé chez M. Brun, marchand de curiosités sur la place des Terreaux, le *flabellum* de Tournus, qui est parvenu entre ses mains à la suite de je ne sais quelles aventures : sa conservation est parfaite. C'est une espèce d'éventail en parchemin, de la forme de ces écrans circulaires qui se développent en sortant d'un étui qui les renferme. Le manche en ivoire est d'un travail très précieux et mieux composé qu'on ne peut l'attendre d'un meuble du xie siècle. C'est une suite de petites figures saintes ou grotesques, diversement groupées, dont quelques-unes ont un air antique, que je ne puis m'expliquer qu'en les supposant copiées d'après des dyptiques des premiers temps du christianisme. Le parchemin est orné de miniatures de saints fort inférieures pour l'exécution aux sculptures du manche. Les couleurs ont conservé encore leur éclat ; les verts et les rouges, qui d'ordinaire s'altèrent facilement, n'ont rien perdu de leur vivacité.

VIENNE.

La ville moderne, avec ses rues tortueuses et ses maisons mal bâties, ne mérite plus l'épithète de *Pulchra*, donnée à la Vienne antique. En revanche, sa position est admirable : assise sur le penchant de coteaux qui dominent le cours du Rhône, elle est entourée de montagnes, les unes pelées, les autres couvertes de végétation, dont les profils variés terminent son panorama de la manière la plus pittoresque. Du sommet du mont Salomon, couronné par les ruines d'un château du moyen-âge, la vue se promène sur un ravissant amphithéâtre de collines et de montagnes, qui semblent s'être séparées par une catastrophe violente, pour laisser passage au fleuve qui coule en amont de la ville, comme prisonnier entre de hautes murailles.

Ma première visite fut pour le musée, établi à présent dans un petit temple antique (1), autrefois converti en église, et horriblement défiguré. Les colonnes qui entouraient la *cella* ont été engagées dans une ignoble maçonnerie, et comme si ce n'était pas assez de barbarie, on a rogné les cannelures des colonnes, afin de les faire entrer dans l'alignement de ce mur de clôture.

Dans ce musée sont réunis un grand nombre de fragmens antiques, parmi lesquels on remarque quelques tronçons de colonnes d'un diamètre énorme qui supposent des monumens de proportions gigantesques. Plusieurs morceaux d'une belle frise, des rinceaux gracieux, et des chapiteaux composites d'une belle exécution, sont déposés à côté de débris de statues colossales, malheureuse-

(1) C'est l'opinion de Spon et de Schneider.

ment bien mutilées. En voyant ces prodigieux débris, on est tenté de croire que les Romains étaient une race de géans.

On mène d'abord les étrangers devant un groupe parfaitement conservé, qui représente deux enfans, dont l'un tient un oiseau, l'autre cherche à le lui enlever, et le mord au bras pour l'obliger à le lâcher. Sur les troncs d'arbre obligés, sont sculptés un serpent et un lézard. On a voulu voir dans ce groupe une allégorie morale, le bon et le mauvais génie, ou la lutte du bien et du mal. Il faut supposer, en ce cas, qu'il est bien d'attraper les petits oiseaux, que le lézard est une bonne bête et le serpent une méchante. N'est-il pas plus naturel d'y voir simplement une étude d'artiste (1)? Elle est d'ailleurs un peu maniérée. — Une charmante levrette en marbre blanc, mérite encore d'être citée. On l'a restaurée maladroitement; la tête, qui était détachée du corps, a été replacée de la manière la plus disgracieuse.—Les pattes et le corps sont rendus avec une rare perfection (2).

(1) Peut-être ces animaux sont-ils une *marque* de l'artiste, une manière de rappeler son nom qui aurait eu de l'analogie avec ceux de ces reptiles. Quelques exemples très connus autorisent cette opinion.

(2) La belle tête de faune du Musée de Paris a été trouvée à Vienne.

Sur le penchant de la hauteur du Pipet, dans un jardin particulier, on voit des gradins et des souterrains antiques. On a cru long-temps qu'un amphithéâtre avait existé dans ce lieu. M. Delorme, conservateur du musée, qui avait la bonté de me servir de guide, pense, avec bien plus de raison, que ces gradins ont appartenu à un théâtre. En admettant l'hypothèse d'un amphithéâtre, il faudrait supposer un prodigieux travail pour élever à une hauteur correspondante les gradins opposés, et l'on ne trouve pas de vestiges de cette construction. De plus, du côté de la ville, dans le bas du jardin, on a découvert les substructions d'une muraille qui ferme le demi-cercle formé par les gradins, ce qui ajoute une probabilité de plus à l'opinion de M. Delorme. La seule objection que l'on puisse faire à son système, c'est qu'il existe à peu de distance des ruines, encore très reconnaissables, d'un théâtre, et qu'il paraît peu croyable que Vienne en ait eu deux à la fois. Tout peut se concilier en supposant que ces deux édifices n'ont pas existé simultanément, mais à des époques différentes.

Au-dessus du théâtre, dans la partie la plus élevée de la ville, on trouve une vaste enceinte flanquée de tours de distance en distance, qui suit les contours du plateau du Pipet. Elle paraît avoir servi de camp ou plutôt de citadelle. C'était sans doute là que logeait la garnison romaine avant que le pays des Allobroges eût perdu entièrement sa nationalité. Plus tard, dans le moyen-âge, les murailles ont été exhaussées, mais le système de fortification n'a pas été changé.

Les évêques de Vienne nommaient le gouverneur de ce fort et celui du château Salomon. C'était toujours un chanoine de la cathédrale, qui avait un lieutenant, homme d'épée; ce privilége a duré fort long-temps.

Les aqueducs romains de Vienne sont souterrains. Le plus grand est depuis long-temps abandonné. Les dimensions de la partie que l'on a reconnue (1) sont colossales : c'est une galerie assez large pour que deux personnes y marchent de front. D'ailleurs la forme du canal, son revêtement et la nature du ciment qui le compose, tout cela est absolument semblable à ce que j'ai vu dans les aqueducs de Lyon. — Deux autres aqueducs plus petits ont été découverts depuis quelques années. Au móyen de légères réparations, on les a mis en état de fournir à la ville l'eau nécessaire aux besoins des habitans.

Au-delà du château on rencontre une voie antique, faisant partie de la voie Aurélienne, taillée à mi-côte, et remarquable par son pavé, *sum-*

---

(1) Une portion de cet aqueduc sert de magasin de fagots à un boulanger.

ma crusta, composé de gros blocs de granite irréguliers, mais assemblés avec soin, de manière que les interstices soient aussi étroits que possible. Je ne comprends rien à ce système de pavage, qui me paraît des plus incommodes; outre la difficulté que les chevaux devaient avoir à s'y soutenir, l'opération matérielle du transport et de la pose de ces pierres énormes devait être très pénible et très coûteuse. Il est vrai que la durée de ces matériaux est indéfinie, et le peuple singulier qui les employait semble avoir cherché, avant tout, à transmettre à la postérité le souvenir ineffaçable de sa puissance.

Deux arcades et une portion de voûte, extrêmement ruinées, voilà ce qui reste des portiques qui bordaient le forum de Vienne. On y reconnaît la trace d'une restauration antique. Cet édifice m'a paru lourd et mal exécuté. Ses proportions colossales, comme celles de presque tous les monumens antiques de Vienne, le rendent cependant imposant. Il est probable qu'il date de la décadence des arts dans les derniers temps de l'empire.

Tout auprès s'élèvent les rampes d'un immense escalier. Les pierres en sont encore si bien assemblées, qu'on ne croit pas d'abord voir une ruine, mais le commencement d'une construction moderne. De tous les restes de la grandeur passée de Vienne, c'est cette rampe que j'ai le plus admirée et qui m'a donné la plus haute idée de la splendeur de la ville antique.

En sortant de la ville par la route du Dauphiné, et à peu de distance des dernières maisons du faubourg, on trouve un monument singulier, qu'on appelle l'Aiguille ou la Pyramide. C'est une pyramide à quatre pans, creuse dans une partie de sa hauteur, posée sur une base élevée, carrée, percée de quatre arcades flanquées chacune de deux colonnes engagées. Leurs chapiteaux ne sont qu'ébauchés; ce ne sont que des cônes tronqués et renversés. De là, et de l'absence de moulures à la base de l'une des huit colonnes, on peut conclure que le monument n'a jamais été terminé; car on sait que les Romains ciselaient les détails d'architecture sur place. Le dessous de la pyramide, le plafond de sa base, si l'on peut s'exprimer ainsi, est formé par cinq pierres plates d'une très grande proportion.—Tout le monument est bâti de pierres de taille admirablement appareillées. Nulle part on n'aperçoit de traces de ciment; mais il paraît que les blocs étaient réunis par des crampons de métal; car on voit les trous profonds qu'on a pratiqués autrefois pour les extraire. Beaucoup de constructions romaines ont été ainsi mutilées par le même motif. D'ailleurs, il ne paraît pas que ces crampons fussent bien utiles, puisque la solidité de la construction n'a pas souffert de leur enlèvement (1).

On chercherait en vain une inscription sur ce singulier monument qui m'a rappelé la pierre de Couard, mais en beau. On ne voit pas même de ces trous d'après lesquels l'imagination s'exerce à deviner les lettres de bronze qui s'y incrustaient. La tradition vulgaire en a fait le tombeau ou le cénotaphe de Venerius, fondateur de Vienne, à peu près aussi authentique que Francus, premier roi des Francs. Toutefois, l'impossibilité de trouver une autre destination à cette pyramide donne lieu de penser qu'elle a été élevée, en effet, pour servir de cénotaphe, et l'interruption du travail pourrait s'expliquer, dans cette hypothèse, par une des révolutions si fréquentes dans l'empire, qui faisaient oublier ou poursuivre la mémoire d'un personnage à qui l'on avait rendu les honneurs divins. Quant au nom du personnage, on en peut trouver vingt aussi probables les uns que les autres, ou si l'on veut tout aussi improbables. Celui d'Alexandre Sévère a prévalu.

(1) Il y a quelques années, le propriétaire du champ où se trouve la pyramide voulut l'abattre, et l'œuvre de destruction fut commencée. Il en fut empêché par les magistrats de Vienne. Aujourd'hui ce terrain est une propriété municipale. On devrait s'occuper de donner de l'écoulement aux eaux qui y forment une mare profonde en hiver, et qui pourrissent les fondations. Un fossé et une rigole suffiraient.

J'ai terminé le catalogue des monumens romains que j'ai visités, je passe à ceux du moyen-âge. La plus ancienne église, en apparence, est celle de Saint-Pierre, qui tombe en ruines et qu'on a dépouillée de tous ses ornemens. A l'extérieur, les archivoltes des fenêtres et les claveaux, sont dessinés par des briques entremêlées aux moellons, appareil qu'on observe souvent dans les anciennes constructions romaines. Il m'a semblé que le plan général était celui d'une basilique; mais un charron a établi ses ateliers dans la nef, elle est si encombrée, tellement entourée de masures modernes, que je n'ai pu l'examiner de près. — Dans une rue voisine, on m'a montré deux lions de marbre, fort mutilés. Il décoraient autrefois le portail de Saint-Pierre et servaient, m'a-t-on dit, de bases à des colonnes. Ce sont probablement les mêmes que Millin a décrits. Il paraît les regarder comme un ouvrage antique. J'ai peine à le croire; au reste, ils sont dans un si triste état, qu'on ne peut pas se flatter de reconnaître leur origine par le style de la sculpture. Tels qu'ils sont, ils mériteraient cependant un peu plus d'égards, et j'ai demandé pour eux une place dans le musée.

Saint-André-le-Bas m'a paru à peu près contemporain de l'église d'Ainay à Lyon. Le cloître, qui présentait des détails charmans, sert maintenant de cour dans une maison particulière, et ses charmantes colonnes sont cachées dans une maçonnerie grossière (1). — L'église a été restaurée tout récemment. On sait ce qu'on doit entendre par ce mot *restaurer*. Mais ici on a poussé les choses un peu loin. Ce n'est pas un badigeon ordinaire qui recouvre les murs, mais bien des fresques dans le goût des enseignes de cabarets. Il faut savoir que tous les ans des essaims de barbouilleurs italiens se répandent dans les départemens du midi, et couvrent les murs de nos églises de leurs ignobles compositions. Si l'on ne proscrit ces gens-là, je ne sais où ils s'arrêteront. Ils ont peint à l'huile les pilastres et les colonnes de Saint-André en couleur de marbre, et les chapiteaux historiés, dont plusieurs sont d'un travail curieux et délicat, en couleur de bronze. Ce n'est pas tout, l'inscription du duc Ancemond (2), si remarquable par sa date, est maintenant masquée par une chaire qu'on a plantée devant. Quand donc les curés comprendront-ils qu'il est de l'intérêt de la religion de conserver à ses temples leur caractère antique, si grave, si imposant, si chrétien ? S'ils barbouillent les églises comme les cafés,

---

(1) M. Thierriat, professeur de peinture au Musée de Lyon, a fait un joli tableau de ce cloître avant qu'il fût défiguré. Je crois qu'il existe dans la galerie du Roi.

(2) Hic jacet dux Ancemundus, Nulli virtute secundus. Voir le *fac simile* dans l'ouvrage de M. Rey.

n'est-il pas à craindre que l'extrême ressemblance de lieux d'un usage si différent ne porte les gens à se mettre à leur aise aussi bien dans les uns que dans les autres?

La tour de Saint-André est un chef-d'œuvre de grâce et de légèreté. Elle se compose de quatre étages; les trois premiers, percés de deux fenêtres; le dernier en a quatre. Ils sont séparés par une arcature divisée en trois parties par autant de têtes grimaçantes qui tiennent lieu de consoles. Les fenêtres sont cintrées avec des archivoltes saillantes retombant sur des colonnes à larges chapiteaux. Un toit, extrêmement plat, couronne parfaitement cette tour élégante. C'est une des plus élevées que j'aie vues dans une construction romane. Je ne la crois pas cependant de beaucoup postérieure à 1100; elle a été certainement construite d'un seul jet.

L'église cathédrale, Saint-Maurice, est presque entièrement gothique; mais le défaut d'harmonie que l'on y remarque en entrant, la largeur de ses trois nefs et ses proportions un peu lourdes, attestent que le plan primitif a été modifié à plusieurs reprises. Il y a peu d'églises, en effet, dont la construction ait duré plus long-temps : elle fut commencée en 1052, et ce n'est que vers le milieu du XVIe siècle qu'elle a été terminée. C'est de cette dernière époque que date le portail et la partie de la nef qui y touche. On reconnut alors que la largeur de l'église était hors de proportion avec sa longueur, et on allongea la nef autant que la disposition du terrain en pente pouvait le permettre.

Sa forme est celle d'une basilique terminée par trois apsides. Les huit premiers piliers de chaque côté à partir de l'apside, appartiennent au commencement du xiie siècle, et à l'exception des fondemens, et peut-être d'une crypte dont on soupçonne l'existence, mais qu'on n'a pas reconnue; c'est ce qu'il y a de plus ancien dans la construction.

A l'intérieur de la nef, ces piliers sont décorés de pilastres cannelés et rudentés; des colonnes engagées soutiennent les retombées des arcades; et les chapiteaux des uns et des autres sont historiés et de style bysantin. Les arcades de la nef, en ogive et entourées de billettes, indiquent une époque de transition par l'emploi d'une forme nouvelle, combinée avec des ornemens très anciens. Je crois ces arcades de 1150 à peu près.

Une galerie percée d'arcades ogivales, règne autour de la nef et du chœur. Autour du chœur, elles reposent sur des colonnettes gothiques, mais dans le reste de la galerie les colonnes sont remplacées par des nervures. Ainsi cette portion de la galerie est bien postérieure à la première, qui, elle-même, l'est évidemment à l'érection des piliers à chapiteaux romans dont je viens de parler. Au-dessus et au-dessous de la galerie, mais dans le chœur seulement, on observe un cordon ou frise d'ornemens rouges formant des dessins bizarres, mais assez gracieux, fort semblables à ceux de la cathédrale de Lyon. Des palmettes, des figures d'hommes et d'animaux, une infinité d'arabesques impossibles à décrire, composent cette frise. Le dessin en est grossier, mais l'exécution parfaite. A quelque distance l'effet est excellent.

Les voûtes de l'église n'ont été terminées qu'au XVI° siècle. Elles sont peintes en azur avec des étoiles d'or; mais elles sont maintenant horriblement crevassées, et si l'on ne se hâte de les réparer, elles compromettront bientôt la conservation de l'édifice.

La façade tout entière appartient au gothique fleuri. Les voussures des portes sont remplies par de charmantes statues, dont plusieurs portent encore la trace des mutilations du baron des Adrets. Il est impossible de trouver sur les bords du Rhône une église qui lui ait échappé. — Le fronton ou pinacle qui encadre l'ogive de la porte principale, est interrompu par la première galerie; je ne sais s'il a jamais été terminé. En prolongeant les lignes de ses côtés, on arriverait au-dessus de la croisée qui surmonte la porte.

Le portail de gauche est orné, à l'intérieur, d'un zodiaque disposé sur une seule ligne droite, commençant au verseau, sans addition de figures allégoriques, accessoires presque inséparables des zodiaques. On remarque, des deux côtés de cette porte et de celle qui lui correspond, des colonnes antiques en marbre blanc, enlevées sans doute à des monumens romains. Les chapiteaux sont modernes (1). Le cloître a été abattu. A l'extérieur, quantité d'inscriptions sont incrustées dans les murs, quelques-unes du xiie siècle. On aperçoit aussi des traces d'anciennes peintures, maintenant presque entièrement effacées.

Le parvis, fort élevé au-dessus de la rue, est de la même époque que le portail. Sa balustrade, très élégante, a beaucoup souffert, et la terrasse penche maintenant sur la rue d'une manière menaçante. Des fonds sont alloués pour sa réparation, mais je doute qu'ils soient suffisans.—On peut se convaincre combien autrefois on faisait peu de cas de cette symétrie à laquelle aujourd'hui on attache tant d'importance; non seulement les deux côtés du parvis sont inégaux, mais son alignement n'est pas parallèle à celui du portail.

(1) A côté sont quelques bas-reliefs curieux de la fin du xiie siècle ou du commencement du xiiie. Ils mériteraient d'être conservés avec soin. Des tombeaux avec des inscriptions fort anciennes sont déposés dans la nef. (Voir leur description dans l'ouvrage de M. Rey.)

SAINTE-COLOMBE.

En face de Vienne, de l'autre côté du Rhône, s'élève une tour carrée, arrondie aux angles, qui paraît avoir été bâtie vers le xive siècle pour défendre l'ancien pont. Si j'en juge par des dessins faits il y a plusieurs années, son couronnement a été fort altéré. Telle qu'elle est, elle produit encore un effet magnifique. De son sommet on jouit de de la plus belle vue du monde. C'est maintenant un café dont le maître, devenu une espèce d'antiquaire, sans doute pour être propriétaire de cette tour vénérable, joint à son commerce de bière et de liqueurs, celui de vieilles cruches, d'armes rouillées et de médailles romaines.

J'ai traversé le Rhône aujourd'hui (7 septembre) pour voir le cabinet d'antiquités et d'objets d'art de madame Michoud. Son château est situé dans le village de Sainte-Colombe, qui formait un faubourg de la Vienne antique. Pendant plusieurs années elle a fait faire des fouilles avec persévérance dans une de ses propriétés où l'on trouvait à la surface de la terre une grande quantité de fragmens de marbres antiques. Ce lieu s'appelait *le Miroir* dans le pays, et ce nom et la présence de ces fragmens ont fait penser à madame Michoud qu'un établissement romain avait existé en ce lieu, et que son nom francisé pouvait bien avoir pris son origine du revêtement brillant de ses murailles. Le succès le plus complet a couronné ses recherches; non seulement ses fouilles ont mis à découvert les fondations d'un édifice considérable, qu'on serait tenté de regarder comme des thermes, une immense quantité de marbres précieux, des conduits souterrains, etc., mais encore des tronçons de colonnes, des chapiteaux, des fragmens de corniches, et, ce qui est bien plus précieux, deux statues en marbre blanc de grande proportion et d'un travail très remarquable. L'une représente une femme couverte d'une longue draperie dont les plis tombent avec grâce jusqu'à ses pieds; un serpent roulé autour de son bras indique que c'était une Hygie; la présence d'une image de cette divinité semble confirmer l'opinion que j'ai rapportée sur la destination du monument où elle a été trouvée. Le travail est un peu lâché, mais il a de la grandeur. Je crois que cette statue a été faite pour être vue à distance, car elle n'est point de celles dont on peut dire *castigata ad unguem*. Les plis sont profondément fouillés, mais on ne remarque pas ce fini et ce précieux dans les détails qui distinguent beaucoup d'ouvrages antiques.

Le marbre est d'un blanc tirant sur le bleu, à gros grains et à cassure saccharoïde. Je le crois grec ou des Pyrénées.

L'autre statue est encore plus remarquable. C'est à mon sentiment le morceau antique le plus extraordinaire qu'on puisse voir.

Jusqu'alors j'avais pensé que les anciens avaient toujours subordonné l'imitation de la nature à un certain type idéal du beau absolu, ce qui les a conduits souvent à des résultats extraordinaires par *parti pris*, si l'on veut bien me passer ce terme d'atelier. Nous voyons en effet que les Grecs n'ont jamais représenté les enfans avec leurs membres grêles et leur grosse tête. Ils en ont fait de petits hommes bien proportionnés. Un peu moins scrupuleux que leurs maîtres, les Romains ont cependant toujours idéalisé leurs modèles, et même en figurant des monstres fantastiques, ils ne se sont pas écartés entièrement du *beau*. Leurs Centaures par exemple sont de beaux hommes entés sur de beaux chevaux. Si parfois ils ont voulu exprimer la laideur, ils se sont attachés à la rendre *terrible*, évitant qu'elle parût *dégoûtante*. D'ailleurs, les rares exemples du laid antique se réduisent à l'exagération de quelques traits de la face, et « la face dans une figure nue n'a qu'une importance secondaire » (1).

(1) Voir la description d'un bain de femmes turques dans les

La statue que je vais décrire est faite d'après un tout autre système, car il est évident que l'artiste n'a reculé devant aucun des détails d'une imitation complète et exacte. C'est un démenti éclatant à la règle générale, et qui prouve que, dans tous les temps, il s'est trouvé des hommes qui, à tort ou à raison, ont cherché un moyen de succès dans le contre-pied des opinions reçues. Ce fait suffirait seul pour attirer l'attention sur la statue de madame Michoud; la beauté, la finesse de l'exécution, ce je ne sais quoi de grand qu'un habile statuaire donne à tous ses ouvrages, la rendent encore plus curieuse et remarquable.

C'est une femme agenouillée dont la position rappelle celle de la Vénus à la tortue. La tête, les bras et les pieds, ont été brisés; mais il est facile de juger par le mouvement du col, que la tête était tournée à droite. Le bras droit était dirigé vers la terre du côté opposé. Les seins, dont l'un est déprimé fortement par le bras droit, sont gros, un peu pendans et semblent gonflés de lait; ce sont ceux d'une belle nourrice qui n'en est pas à

Lettres de Lady M. Montague. — En relisant ce qui précède, je me suis rappelé un passage de Lucien (Dialogue du Menteur), où il est question d'une statue difforme. Mais l'exemple n'est pas concluant puisqu'il s'agit d'un portrait, celui de Pélicus, capitaine corinthien, par Démétrius, qui le représenta avec *un gros ventre et des veines enflées.*

son premier enfant; la cuisse gauche est un peu plus relevée que l'autre, et le mouvement général du corps le porte en avant, le centre de gravité passant par la hanche et le genou droit.

Le modèle était une femme de vingt-sept à vingt-huit ans, un peu grasse, avec des formes solides et charnues qui commençaient à perdre de leur élasticité. Par suite du mouvement du corps, les flancs donnent lieu à des plis de graisse, et le ventre, d'ailleurs fort gros, a aussi des plis, accidens malheureusement assez communs dans la nature, mais que la statuaire a toujours négligés. Enfin, je ne saurais donner une meilleure idée de cette statue qu'en priant le lecteur de se représenter en marbre la Syrène de Rubens, qui offre des perles à Marie de Médicis dans le tableau du départ de cette princesse pour la France; même excès d'embonpoint, mêmes formes vraies, mais triviales; ajoutez aussi même talent d'artiste. Le peintre a épuisé les trésors de sa riche palette sur un corps un peu ignoble, s'il faut le dire; le statuaire a fait respirer son marbre; on sent la peau, et l'on s'étonne quand on touche le marbre qu'il ne cède pas sous les doigts, mollement, trop mollement, comme les muscles de son modèle.

Sur le dos de cette statue, au-dessous de l'omoplate droite, on voit une petite main gauche d'enfant, potelée, sous laquelle on ne sent pas d'os

mais des cartilages ; puis par-devant, sur la cuisse
droite, on aperçoit quatre petites cassures en
ligne droite ; là devait se lier à la statue principale une autre statue accessoire. Je suppose que
c'était encore une main et une main d'enfant
qui reposait sur cette cuisse, mais celle-là est
trop éloignée de la première pour qu'on puisse
admettre qu'elle ait appartenu au même individu. Il faut donc supposer un groupe d'une mère
et de deux enfans.

L'attitude suppliante de la figure principale
et la présence des deux enfans peuvent faire présumer que le groupe représentait Latone, implo-
rant la pitié des villageois qui furent changés
en grenouilles pour leurs méchantes plaisanteries.
Cette statue aurait été très convenablement placée
sur le bord d'un bassin, dans les thermes de
Sainte-Colombe. Au reste, je donne mon explication pour ce qu'elle vaut, et je ne prétends pas
qu'elle soit la seule fondée. Si l'on retrouve jamais la tête, les bras, les statues des enfans,
peut-être pourra-t-on tirer une tout autre conclusion. Quoi qu'il en soit, ce qui nous reste de ce
groupe suffit pour intéresser vivement, et pour
modifier sensiblement nos idées sur l'art antique.

AVIGNON.

9 septembre.

En arrivant à Avignon, il me sembla que je venais de quitter la France. Sortant du bateau à vapeur, je n'avais pas été préparé par une transition graduée à la nouveauté du spectacle qui s'offrait à moi : langage, costumes, aspect du pays, tout paraît étrange à qui vient du centre de la France. Je me croyais au milieu d'une ville espagnole. Les murailles crénelées, les tours garnies de machicoulis, la campagne couverte d'oliviers, de roseaux, d'une végétation toute méridionale, me rappelaient Valence et sa magnifique *Huerta*, entourée, comme la plaine d'Avignon, d'un mur de montagnes aux profils déchiquetés, qui se dessinent nettement sur un ciel d'un azur foncé. Puis, en parcourant la ville, je retrouvais avec surprise une foule d'habitudes, d'usages espagnols. Ici, comme en Espagne, les boutiques sont fermées par un rideau, et les enseignes des marchands, peintes sur des toiles, flottent suspendues le long d'une corde comme des pavillons de navire. Les hommes du peuple, basanés, la veste jetée sur l'épaule en guise de manteau, travaillent à l'ombre, ou dorment couchés au milieu de la rue, insoucians des passans; car chacun sur la voie publique se croit chez lui. La rue, pour les Espagnols, c'est le forum antique; c'est là que chacun s'occupe de ses affaires, conclut ses marchés, ou cause avec ses amis. Les Provençaux, comme eux, semblent ne regarder leur maison que comme un lieu d'abri temporaire, où il est ridicule de demeurer lorsqu'il fait beau. Enfin, la physionomie prononcée et un peu dure des Avignonais, leur langage fortement accentué, où les voyelles dominent, et dont la prononciation ne ressemble en rien à la nôtre, complétaient mon illusion et me transportaient si loin de la France, que je me retournais avec surprise en entendant près de moi des soldats du Nord qui parlaient ma langue.

Lorsque je fus un peu habitué à ma résidence nouvelle, je ne m'occupai plus que des antiquités.

Il ne reste presque rien de l'antique *Avenio*, doublement important comme colonie romaine et comme capitale d'une partie de la Gaule, où les arts de la Grèce et de l'Italie avaient pénétré sans doute long-temps avant les aigles de César. — Une suite d'arcades, derrière le théâtre moderne, qui se prolongent dans plusieurs maisons de la rue Petite-Fusterie, porte le caractère bien évident d'une construction romaine à grand appareil: de gros blocs taillés avec une précision inconnue à nos ouvriers et superposés sans ciment. Une colonne cannelée, dans un petit jardin de la rue de la Madeleine, donne une idée de la décoration du monument dont ces arcades faisaient partie. Elles soutenaient sans doute quelque vaste portique ou plutôt ornaient un hippodrome; car on peut suivre, dit-on, les substructions sur une longueur de près de deux cents mètres en ligne droite.

Dans l'atelier d'un serrurier, auprès du château des Papes, on m'a fait remarquer une autre arcade romaine, enclavée dans des constructions modernes; ces ruines avec les restes d'un aqueduc, sur la route de Carpentras, quelques mosaïques et des fragmens de marbre, déposés dans le Musée; voilà tout ce que l'on aperçoit aujourd'hui de la ville antique (1).

L'ancienne église cathédrale, Notre-Dame-des

(1) Il n'est pas douteux que des fouilles bien entendues ne produisissent de grands résultats. On trouva, il y a dix ans, sur la place de l'Hôtel-de-Ville, le soubassement d'un vaste édifice construit à grand appareil, et qui, par sa disposition, paraissait avoir été une maison de bains. Le préfet d'alors, je regrette de ne pouvoir citer son nom, fit combler la fouille sans même donner le temps de lever un plan des substructions.

On m'écrit d'Avignon qu'on vient de trouver, dans la rue des Coffres, une mosaïque antique, quelques substructions intéressantes, et la base d'une colonne en pierre de très grande dimension.

Dons, ou plutôt des Domns, *de Domnis*, est comme une transitition entre l'époque romaine et le moyen-âge. Son porche est l'un des monumens les plus curieux qu'offre la Provence. Au premier aspect, on est tenté de le croire antique; le doute ne vient qu'après un examen sérieux; et lorsqu'il s'agit de lui donner une date, on se trouve jeté dans la plus grande incertitude.

La porte extérieure se compose d'une arcade en plein cintre, entre deux colonnes corinthiennes cannelées, soutenant un fronton triangulaire. La seconde porte, celle qui s'ouvre dans l'église, est semblable, si ce n'est qu'elle est plus basse, et que l'angle supérieur du fronton est plus aigu. Les chapiteaux, les moulures, les ornemens des archivoltes, tous les détails, ont un style antique qui frappe vivement au premier abord.

Cependant on ne retrouve pas les caractères si reconnaissables de l'appareil romain. Celui-ci est plus compliqué, et formé de pierres dont les dimensions sont moindres que celles du grand appareil romain et plus considérables que celles du petit appareil. Les tambours des colonnes engagées sont taillés d'une manière bizarre : chaque demi-cercle porte une espèce de queue, qui entre et fait corps dans la muraille, alternativement à droite et à gauche. Je ne crois pas que cette taille se rencontre dans aucun appareil antique. On observe également la forme moderne du fronton intérieur et l'œil-de-bœuf du fronton extérieur. Enfin, les moulures des impostes de l'arc extérieur présentent entre elles des différences de formes assez sensibles pour indiquer le commencement de cette haine de la symétrie, de ce goût de la variété, des détails, propre à l'architecture du moyen-âge; goût qui, prenant successivement plus d'extension, atteignit son plus grand développement à l'époque gothique (1).

Si je suis parvenu à rendre ma description compréhensible, on remarquera que ce porche ne se distingue d'un monument antique que par des caractères négatifs. Aucun de ces caractères isolés n'est absolument concluant; mais leur ensemble forme une masse de présomptions qui approchent de la certitude. On sent qu'ils ne peuvent servir à indiquer une époque, une date précise; et ici il faut encore procéder par voie de négation. Et d'abord on ne peut supposer que ce porche ait été construit postérieurement au XIe siècle; car,

(1) Il paraît évident que ce porche, dans sa construction primitive, était ouvert sur ses deux faces latérales. On peut s'en convaincre en examinant les arrachemens qui subsistent encore du côté de l'église. — Quelques archéologues pensent que le porche a été détruit en partie par le renversement du clocher, et que les parties supérieures, le fronton à œil-de-bœuf entre autres, peuvent bien être le résultat d'une restauration.

à cette époque, commença en Provence et dans toute l'Europe un style d'architecture tellement caractérisé, que toutes les constructions qui s'y rapportent sont facilement reconnaissables. On pourrait, il est vrai, supposer (l'intention d'imiter l'antique étant patente) que cette imitation a pu avoir lieu aussi bien au onzième siècle qu'aux siècles précédens : c'aurait été une exception, un caprice d'artiste. A la rigueur, la chose serait possible; mais, pour l'admettre comme vraisemblable, il faudrait pouvoir citer quelque exemple à l'appui. Nous voyons bien plusieurs imitations de l'antique, dans le onzième et le douzième siècle, mais toujours incomplètes et très reconnaissables. Les pilastres d'Autun, par exemple, sont copiés sur ceux des portes romaines de cette ville ; mais leurs chapiteaux, mais tous les détails de l'église, à laquelle ils appartiennent, sont romans. A cette époque, on a bien imité des détails, mais je ne sache pas qu'on ait jamais copié le style général de l'architecture antique. D'ailleurs, où étaient les modèles que les architectes de ce temps auraient eus sous les yeux pour les copier? Avignon successivement saccagé par les Francs et les Sarrasins ne devait plus présenter que des ruines informes. Je pense donc qu'il faut se reporter à une date plus éloignée de nous.—Il semble d'abord naturel de chercher une époque de renaissance, où le goût antique, auquel on revient toujours en sortant de la barbarie, a été remis en honneur. Le siècle de Charlemagne m'avait paru probable par ce motif (1). En effet, dans les dernières années de son empire, Charlemagne imprima à l'Europe un mouvement de civilisation prononcé, qui se manifesta par une imitation de l'organisation politique de l'empire romain, par l'étude de la langue et des arts de ces maîtres du monde. Mais rien ne prouve que l'architecture ait suivi ce mouvement. Les constructions, que l'on est fondé à croire carlovingiennes, sont empreintes de barbarie, et rien n'y rappelle les proportions élégantes du portail de Notre-Dame-des-Domns.

Reculant ainsi de siècle en siècle, on est bientôt forcé de s'arrêter à la limite tracée par les invasions des barbares, pendant lesquelles on ne peut guère supposer que l'on ait élevé d'autres constructions que celles qui pouvaient défendre les villes contre les dévastateurs. — Du sixième au septième siècle, la Provence a joui d'une tranquillité *relative*, qui permet de penser qu'on a pu s'occuper alors de bâtir des édifices religieux durables et de grande proportion. Les souvenirs romains n'étaient pas encore effacés, et l'on ne con-

---

(1) Je trouve dans la *Gallia Christiana* que Charlemagne fit réparer Notre-Dame-des-Domns. *Eccl. Aven.*, p. 796.

naissait alors d'autre architecture que celle du bas-empire plus ou moins adroitement reproduite. C'est à cette époque qu'on pourrait supposer que le portail en question a été élevé. Dans cette hypothèse, les limites seront d'un côté le règne du roi bourguignon Gontran; de l'autre, les invasions des Sarrasins (1).

Le tympan du fronton intérieur est orné d'une fresque maintenant presque détruite, mais dont les restes annoncent un beau dessin et une composition simple et grandiose. Je la crois du xive siècle. D'autres fresques, plus modernes

(1) M. Artaud, dont le nom rappelle tant d'intéressans travaux archéologiques, place la construction de ce porche à la fin du ixe ou au xe siècle. Les pierres offrent presque toutes des lettres gravées assez profondément; ce sont les marques que les ouvriers travaillant à la pièce, ont de tout temps employées pour désigner leurs ouvrages. Ces lettres, parmi lesquelles on remarque surtout des P et des R, ont paru à M. Artaud offrir une grande analogie avec les mêmes caractères, tels qu'on les traçait au ixe ou au xe siècle. Cette observation serait concluante si l'on pouvait déterminer rigoureusement les caractères de cette époque. Mais on n'a pour point de comparaison que des lettres tracées avec *la plume ou le pinceau* sur le vélin des manuscrits. Or on sent que la différence des instrumens et de la matière qui reçoit les caractères a dû changer sensiblement leur forme. Il faut ajouter que la date des manuscrits antérieurs au xiie siècle, est presque toujours très contestable; enfin que les habitudes particulières à l'écrivain, et celles de son pays, augmentent encore la difficulté de s'arrêter à de certaines formes, et de les prendre pour types constans d'une époque.

peut-être et moins bien exécutées, se voient encore sur les murs du passage qui conduit du porche à la nef de Notre-Dame. On y montrait, il y a quelques années, les portraits de Laure et de Pétrarque; mais on n'en retrouve plus le moindre vestige aujourd'hui. Le morceau le mieux conservé représente le baptême de Jésus-Christ par saint Jean. Deux anges, dont les têtes sont admirables, planent au-dessus du groupe. A côté on voit un homme avec un enfant, une femme et deux jeunes filles, probablement la famille du donataire. Les costumes sont extrêmement curieux.

L'intérieur de l'église, qui présente l'apparence d'une basilique romaine, plus moderne suivant moi que le portail, bien que son ornementation ait aussi un caractère antique, a été restauré à plusieurs époques. Les chapelles latérales ont été construites au XIVe siècle, ainsi que l'apside que l'on a cherché cependant à raccorder avec le reste de la basilique. Quant au clocher, on sait positivement qu'il a été détruit en partie au commencement du XIVe siècle, soit à la suite du siége que soutint Benoît XIII, soit par l'effet d'un tremblement de terre. Il est constant qu'il a été réparé en 1331. La voûte de la partie la plus ancienne de Notre-Dame-des-Domns est ogivale, en berceau, mais les fenêtres et les arceaux intérieurs et extérieurs des murs latéraux sont en plein cintre.

J'ai parlé du style antique de l'ornementation; la corniche qui soutient la partie *ancienne* du clocher est surtout remarquable à cet égard. M. Renaux, architecte du département de Vaucluse, a vérifié que son profil était copié exactement sur celui de la corniche de l'attique de l'arc antique d'Orange.

Ma première impression, et je crois qu'elle sera partagée par tous ceux qui ne sont pas encore familiarisés avec l'architecture du midi, fut que la partie la plus ancienne du monument, le porche excepté, appartenait à la fin du xii° siècle; et j'attribuai le rapport entre l'ornementation de la nef et celle du porche, à une imitation de bon goût, imitation dont on a un exemple, plus moderne à la vérité, dans la décoration de l'apside. Toutefois mon jugement n'est fondé que sur la présence de cette voûte en ogive, et les conclusions que l'on en peut tirer ont perdu pour moi de leur importance, par suite des observations que j'ai faites dans le courant de mon voyage sur plusieurs églises du midi où l'on voit des ogives certainement fort anciennes (1).

(1) Un de mes amis qui a long-temps étudié, et qui connaît parfaitement l'architecture du midi de la France, n'est point éloigné de croire que le portail de Notre-Dame-des-Domns est contemporain de la nef, et que l'un et l'autre appartiennent à l'époque de Charlemagne. Il fait remarquer que l'ornementation est la même.

Le tombeau de Jean XXII, gothique fleuri, est d'une élégance et d'une légèreté admirables. Dans la même chapelle on conserve un autel en marbre, fort ancien, en forme de table, soutenu par cinq colonnes avec un rebord peu saillant. Autrefois il était dans le chœur, caché sous un autel plus moderne, en forme de tombeau. On l'a découvert lorsqu'on a remplacé ce dernier par l'autel que l'on voit aujourd'hui. Peut-être a-t-il été en usage du temps des papes, qui, comme on sait, disent la messe le visage tourné vers les fidèles; probablement il est même encore plus ancien. Autrefois, cette position était celle de tous les officians, et c'est une question très obscure et très difficile que de préciser l'époque où les autels, en forme de table, ont été remplacés par l'espèce de coffre ou de tombeau qu'on a depuis long-temps adopté dans toutes nos églises.

L'ancien pont d'Avignon, qui réunissait la Provence au Languedoc, est maintenant presque dé-

et qu'entre eux il n'y a de différence que dans l'appareil. Quant à la voûte ogivale, l'arc brisé est très peu prononcé, et il pense que cette forme a pu être adoptée dès le ix° siècle pour obtenir la pente nécessaire à la toiture, dont le dallage repose immédiatement sur la voûte, et pour donner à la construction la solidité qu'elle n'aurait pu avoir si la voûte eût été en plein cintre. L'épaisseur de cette voûte est telle, qu'à la clé elle n'a pas moins de 1 m. 80 cent. — Je crois devoir rapporter cette opinion, que je ne partage pas, mais qui a un côté spécieux.

truit. De vingt-deux arches, il n'en reste plus que quatre qui s'appuient à la rive gauche du Rhône. Ce pont, remarquable d'ailleurs par la légèreté de son architecture, n'était pas construit en ligne droite, et chacune de ses extrémités était terminée par une tour. Entre la deuxième et la troisième arche, s'élève une petite chapelle consacrée à saint Benezet. Elle est presque dépourvue d'ornemens ; quelques détails cependant méritent d'être cités, entre autres les modillons à l'extérieur de l'apside. Un d'eux est le chapiteau d'un pilastre corinthien. S'il n'est pas antique, il atteste une imitation très habile, et la conservation des traditions de l'art antique à une époque où il était absolument oublié dans le nord de la France. La chapelle est sans doute contemporaine du pont, élevé en 1180. Vers le xve siècle on l'a divisée en deux parties par un plancher parallèle à sa base, de manière à faire deux chapelles : l'une de plain-pied avec le pont, l'autre plus basse reposant sur une des piles. L'apside de la chapelle inférieure est cintrée et la nef ogivale ; le contraire a lieu pour l'étage supérieur. Tout s'explique facilement par la restauration dont j'ai parlé.

L'aspect général d'Avignon est celui d'une place de guerre. Le style de tous les grands édifices est militaire, et ses palais comme ses églises semblent autant de forteresses. Des créneaux, des machicoulis couronnent les clochers ; enfin tout annonce des habitudes de révolte et de guerres civiles.

A voir le château des Papes, le plus considérable de tous ces bâtimens, on dirait la citadelle d'un tyran asiatique plutôt que la demeure du vicaire d'un Dieu de paix. Construit sur un rocher escarpé, il élève ses tours massives à une hauteur prodigieuse. Rien dans cet immense édifice ne paraît avoir été donné à l'art; partout l'agrément et même la commodité ont été sacrifiés à la sûreté. Non-seulement l'épaisseur des murs, leur élévation, les fossés qui les bordent, semblent défier les attaques de vive force; mais on a prévu encore le cas d'une surprise. L'intérieur du palais est aussi bien fortifié que l'extérieur. La grande cour est dominée de tous côtés par des tours et de hautes courtines. Maître de la porte et de cette cour, l'assaillant n'a rien fait encore, c'est un nouveau siége qu'il lui faut entreprendre; enfin toutes ces défenses emportées, reste une tour à forcer. La porte se brise, l'ennemi se précipite dans l'escalier, il va pénétrer dans l'appartement que le pape a choisi pour sa retraite. Tout d'un coup l'escalier se perd dans une muraille. Au dessus une espèce de pallier, où l'on ne peut monter que par une échelle, est garni de soldats, qui peuvem assommer un à un ceux qui déjà se croyaient vainqueurs (1).

Ce château, dont la plus grande partie date de la première moitié du xiv° siècle, peut être considéré comme un modèle de l'architecture militaire à cette époque. On est frappé de la rusticité de sa construction, de l'irrégularité choquante de toutes ses parties, irrégularité qui n'est motivée ni par la disposition du terrain, ni par des avantages matériels. Ainsi les tours ne sont pas carrées, les fenêtres n'observent aucun alignement, on ne rencontre pas un seul angle droit, et la communication d'un corps de logis à un autre n'a lieu qu'au moyen de circuits sans nombre (2).

Les machicoulis des courtines ont ici un forme singulière. Ce ne sont point comme d'ordinaire des créneaux en saillie, ouverts en dessous et soutenus par des consoles rapprochées. Qu'on se représente une immense arcature ogivale, derrière

(1) Le château des Papes n'a jamais été pris de vive force. Pierre de Luna, l'anti-pape Benoît XIII; y soutint un long siége contre le maréchal Boucicaut. On montre encore le souterrain, encombré aujourd'hui, et la poterne par où, dit-on, il parvint à s'échapper.

(2) J'oubliais de citer un charmant corridor à colonnettes gothiques, pratiqué dans l'épaisseur des murs, au quatrième étage du palais. C'est un chef-d'œuvre de grâce et de légèreté, qui tranche agréablement avec la rudesse et la lourdeur des constructions voisines.

laquelle s'élève un mur en retraite de deux pieds environ, auquel les piliers des arcades servent de contrefort. L'intervalle entre une arcade et la muraille, est un machicoulis; au lieu de pierres ou de traits, on pouvait jeter par là des poutres énormes qui, tombant horizontalement, devaient balayer dix échelles à la fois, ou bien écraser d'un seul coup une rangée de mineurs, s'il s'en trouvait d'assez hardis pour essayer de saper le pied des remparts.

Dans une des tours, du côté de l'orient, on montre la chambre où siégaient les inquisiteurs; une autre, voisine, où l'on donnait la torture. La voûte de cette dernière salle est très bizarre. C'est une espèce d'entonnoir arrondi à son sommet.—Un four qui a pu servir à faire chauffer des ferremens de torture, est pratiqué dans la muraille; à côté on voit encore les trous où était fixée la machine nommée *Veille*, invention avignonnaise pour obliger l'hérétique le plus endurci à convenir des crimes qu'on lui imputait. C'était une espèce de pal dont l'extrémité obtuse était taillée en pointe de diamant. Le patient était assis sur cette pointe, et suspendu par des cordes qui l'empêchaient seulement de tomber, laissant porter tout le poids de son corps sur l'instrument de supplice. La puissance de cette machine et l'habileté des bourreaux de Sa Sainteté étaient fort renommées dans le dernier siècle. Lors du procès de Damiens, le légat, désireux de se rendre agréable au gouvernement français, expédia à Paris, sur la demande de ce dernier, le bourreau d'Avignon avec sa *veille*, mettant son savoir-faire et son instrument à la disposition de *ses bons voisins*. Heureusement pour le malheureux fou, on n'attendit pas pour l'exécuter l'arrivée de ce renfort de supplices.

Une salle basse, qui sert de cuisine aujourd'hui, est soutenue par un gros pilier cylindrique sur lequel viennent aboutir les nervures de la voûte. Il n'a pas de chapiteau, pas même de moulure. Il est évident d'ailleurs qu'il appartient à la construction primitive qu'on ne peut croire postérieure au commencement du xive siècle. C'est donc un exemple ancien de la suppression du chapiteau, laquelle n'est devenue fréquente qu'après 1400.

Les courtines sont presque aussi épaisses que les tours. L'une d'elles contient deux églises, l'une au-dessus de l'autre. L'église inférieure a deux nefs, l'autre n'en a qu'une. Les chapiteaux des colonnes groupées, qui forment les piliers, ne manquent pas d'élégance; mais les dispositions intérieures qu'on a faites dans ces églises pour les convertir en caserne, ne permettent pas de juger aujourd'hui de l'effet général (1).

(1) De deux étages on en a fait cinq, qui sont divisés en outre par des murs de refend.

Une tour et une partie de l'église ont été peintes à fresque par le Giotto, suivant les uns, par le Giottino, suivant les autres (1). Les peintures de la tour sont fort détériorées, mais ce qui en reste est encore admirable. Quelques têtes, par leur noblesse et leur grâce exquise, approchent de bien près de la manière de Raphael. Les figures sont longues, raides, couvertes de draperies collantes et plissées; on sent encore la sécheresse du style des peintres grecs; mais ce défaut est bien racheté par la naïveté des poses et la vérité des expressions. L'absence de toute convention académique, cette simplicité qui n'est jamais triviale, sont des qualités trop rares et trop éminentes pour ne pas faire excuser bien des incorrections. D'ailleurs, les fautes de dessin et de perspective sont si grossières et si évidentes, il paraît si facile de les corriger, qu'on ose à peine les remarquer. Ce sont des négligences qu'éviterait un écolier et qui ne portent pas atteinte au mérite de l'artiste. Au contraire, elles font ressortir avec plus d'éclat ses belles qualités, que l'art moderne n'a jamais surpassées.

Le mortier enlevé par places laisse voir sur l'appareil du mur le trait des figures esquissées au

---

(1) Ces peintures ornaient une chapelle qui autrefois avait servi de tribunal à l'inquisition, et qui devint ensuite l'arsenal des papes. Elles représentaient le jugement dernier et plusieurs autres sujets.

crayon rouge avant l'application du mortier sur lequel elles sont peintes.

Les couleurs ne me paraissent pas avoir beaucoup changé, à l'exception des verts qui sont devenus noirâtres et presque de la même teinte uniforme, quelle qu'ait été leur valeur primitive.

Au reste, ce n'est pas le temps qui a le plus endommagé ces belles fresques. Depuis la restauration le palais des Papes sert de caserne. En 1816 ou 1817, un régiment corse y était logé. Les soldats, en qualité d'Italiens, avaient le goût des belles choses et savaient les exploiter. Des Français auraient balafré les saints ou leur auraient mis des moustaches. Les Corses les vendirent. Une industrie s'établit dans le corps. Elle consistait à détacher adroitement la couche mince de mortier sur laquelle la fresque est appliquée, de manière à obtenir de petits tableaux qu'on vendait aux amateurs (1). De cette manière un assez grand nombre de têtes ont disparu. Celles qui restent ne sont pas probablement les plus importantes, et cependant il est impossible de les regarder sans admiration. Aujourd'hui la tour est fermée et l'on prend soin que ces dégradations ne puissent se renouveler; mais le bâtiment est vieux et lézardé; on prévoit que le temps viendra où il sera néces-

(1) Ils avaient fabriqué des instrumens pour cette opération.

saire de le démolir. Alors ne pourra-t-on pas faire ce que faisaient les soldats corses, mais avec encore plus de soins et de précaution ?

Des fresques de l'église, il ne reste plus que deux voussures de l'apside, représentant les prophètes de la Bible et la sibylle qui prédit la venue du Christ. Ils sont tous debout, droits comme des soldats sous les armes, et disposés les uns au-dessus des autres, comme les statues dans les voussures des portails gothiques. Chacun a son nom écrit au-dessus de sa tête. Ces peintures sont parfaitement conservées. Les draperies sont d'une grande richesse, et l'artiste paraît avoir voulu imiter les étoffes brochées d'or et de soie qu'on tirait alors de l'Orient. Les têtes, belles et nobles, expriment ce calme religieux si convenable à des personnages bibliques; mais, à tout prendre, je ne retrouve pas là ce caractère de grandeur naïve si frappante dans les peintures de la tour. Je ne reconnais pas la même main, les mêmes couleurs. Les procédés matériels sont perfectionnés, mais non la puissance d'imitation et le talent. Les Corses ont fait preuve d'un goût fin et délicat en donnant la préférence aux fresques noires, sur ces prophètes brillans d'or et d'azur.

La portion de voûte où ils sont représentés sert actuellement de dortoir à quarante chasseurs d'Afrique. Jusqu'à présent ils ont respecté les prophètes, mais je tremblais en pensant qu'au premier jour ils pouvaient se lasser d'avoir un dais orné de saints, et essayer de le retoucher à leur manière. J'ai demandé qu'on fermât cette salle de même que la tour. Le château est si vaste qu'on trouverait facilement le moyen de loger autre part les quarante chasseurs.

Tout auprès du château des Papes on voit une tour carrée, environnée de quelques masures. C'était autrefois le palais de la vice-gérence, et l'un des plus anciens édifices d'Avignon. Peu de jours après mon départ cette tour s'est écroulée. On en a heureusement retiré le seul fragment qui offrît quelque intérêt, un bas-relief représentant un guerrier à cheval, couvert d'une cotte de mailles et portant un casque de forme conique. Il tient un petit pennon, et derrière lui, un autre guerrier à pied semble ficher sa lance en terre. Le travail est barbare, et je suis tenté de regarder ce bas-relief comme très ancien. Le casque conique, absolument semblable à ceux qu'on voit sur la fameuse tapisserie de Bayeux, est le seul indice d'après lequel on puisse lui assigner une date: cette forme paraît avoir été abandonnée vers le xie siècle, ainsi ce monument serait du xe ou peut-être du ixe.

Les églises d'Avignon offrent peu d'intérêt: la plupart appartiennent au xive, surtout au xve siècle (1), et leur architecture, souvent restaurée, n'est point remarquable. Il faut pourtant noter la forme à peu près générale de l'ogive à base fort large et dont les courbes sont plus arrondies que dans l'ogive du nord ; cette forme est caractéristique dans la Provence, et j'aurai bientôt occasion de parler de l'époque reculée à laquelle elle paraît s'être introduite.

J'exempterai du reproche, peut-être trop absolu, que j'ai adressé aux églises d'Avignon, celle de Saint-Pierre dont la façade est d'un gothique fleuri très élégant; les portes, plus modernes, sont parfaitement travaillées et leurs ornemens sont du meilleur goût.

La façade méridionale de l'église de Saint-Martial (2), dont la nef est aujourd'hui presque entièrement détruite, était célèbre autrefois pour une certaine fleur-de-lys en pierre dont les branches contournées d'une manière fantastique, formaient comme les meneaux d'une ogive dans laquelle la fleur-de-lys était encadrée; je n'ai pas trouvé qu'elle méritât sa réputation. Ces formes tourmentées me déplaisent et me fatiguent; c'est comme une énigme qu'on ne se soucie pas de de-

---

(1) Saint-Didier, 1359. — Saint-Pierre, 1458. — Les Célestins, 1406.

(2) Elle fut consacrée en 1303, et considérablement agrandie en 1486.

viner et qui cependant occupe involontairement.

L'église des Dominicains, qui fait partie de la fonderie de Vaucluse, me paraît une des plus anciennes de la ville. Elle est mal orientée, son apside regardant le nord; mais en examinant ses murailles à l'extérieur, j'ai distingué des constructions anciennes et une portion de crypte sous le transept droit. On attribue faussement à saint Dominique la fondation de cette église qui a été bâtie en 1330; mais vraisemblablement on n'a fait que relever alors celle qui existait avant au même lieu, et que les Albigeois peut-être avaient détruite. La direction de l'axe de l'église ancienne aura été changée dans cette restauration, probablement pour conserver quelques bâtimens élevés sur ses ruines. Le cloître, beaucoup plus moderne, est vaste et décoré avec élégance. Les retombées des nervures de la voûte s'appuient sur des consoles et des chapiteaux historiés exécutés avec beaucoup de goût et de délicatesse. Malheureusement les ouvriers de la fonderie, qui passent et repassent continuellement dans ces galeries, en mutilent à plaisir les jolies sculptures; plusieurs chapiteaux portaient les traces toutes fraîches de ces odieuses attaques. — J'ai remarqué trop souvent que toute représentation de la figure humaine excite à la destruction bien plus énergiquement que tout autre objet également beau et fragile. Notre belliqueuse nation se plaît au simulacre des combats; dans notre système d'éducation, on ne s'est point occupé de régler cette disposition naturelle, de manière à en détourner les mauvaises conséquences. Faute d'exercices gymnastiques prescrits administrativement, les enfans s'en créent comme ils peuvent. Un saint de pierre est pour eux un but tout trouvé, but bien plus noble qu'un arbre par exemple; c'est un ennemi qu'ils ont plaisir à démembrer, ils voient les blessures qu'ils font, ils nomment les parties du corps qu'ils visent. Ne pourrait-on pas persuader aux enfans dans les écoles qu'ils auraient plus de mérite à lancer leurs pierres contre un mannequin placé dans un lieu convenable par ordre et aux frais de l'administration municipale?

Il me reste à parler du musée légué à la ville par M. Calvet (1), et depuis considérablement augmenté par des donations. C'est un des plus intéressans de France, tant par le nombre que par la rareté des objets qu'il renferme. Les membres de la commision d'administration s'occupent avec un zèle infatigable à l'enrichir de tous les fragmens antiques découverts dans le Comtat ou dans

---

(1) M. Calvet a légué à la ville ses collections et sa fortune, environ 8,000 fr. de rente, sur lesquels 4,000 seulement peuvent être appliqués à la conservation et à l'accroissement du Musée. La ville fournit le local, paie les employés; mais jusqu'à présent elle n'a pas voté de fonds pour compléter les collections.

les départemens voisins. Ces acquisitions sont dirigées avec goût et discernement. Non seulement le musée recueille les antiquités qu'on trouve en Provence, en effleurant la terre pour ainsi dire; mais il s'ouvre encore pour une infinité de débris importans des arts du moyen-âge, qu'ailleurs de tristes préjugés laissent à l'abandon. Qu'il serait à désirer que toutes les villes de France, même celles qui sont placées dans une position bien moins avantageuse, imitassent l'exemple d'Avignon ! On s'apercevra de l'importance de nos vieux monumens lorsqu'ils seront perdus sans ressource. Que faudrait-il faire pour les conserver? Quelques légers sacrifices : une salle, un hangar à l'abri de la pluie, en voilà assez pour donner asile aux morceaux curieux d'architecture ou de sculpture tirés des édifices démolis par des particuliers. Combien de bas-reliefs précieux, d'inscriptions importantes, de chapiteaux élégans, n'ont pas été jetés pêle-mêle avec des pierres de démolition, ou vendus comme vieux moellons ! Combien de pages intéressantes de notre histoire ont été ainsi déchirées pour jamais !

Le *musée Calvet* comprend à la fois une belle bibliothèque, une collection d'environ 12,000 médailles (1), une galerie de tableaux, un grand

---

(1) La collection en grand bronze des médailles impériales est

nombre de morceaux de sculpture antique ou du moyen-âge, enfin beaucoup d'objets antiques, tels que bronzes, ustensiles divers, vases, statuettes, etc.

La galerie de tableaux est médiocre, je n'y ai rien trouvé de remarquable, si ce n'est un tableau attribué à Luini, deux H. Vernet, et quelques morceaux du xve siècle bien conservés, et intéressans sous le rapport des détails d'ajustement, et quelquefois par le type naïf et gracieux des figures.

La collection d'objets antiques est plus importante. J'y ai admiré plusieurs statuettes d'un travail délicieux, et qui appartiennent sans doute aux plus beaux temps de l'art. — Une petite caricature de Caracalla, représenté en marchand de petits pâtés, est un chef-d'œuvre qui prouve qu'en France on a toujours eu le sentiment exquis du ridicule; c'est la meilleure *charge* que j'ai vue, et M. Dantan devrait l'étudier comme un modèle classique. — Je citerai encore des armes et des ustensiles en bronze de forme tout à fait grecque, trouvés en Provence, et qui remontent, suivant toute apparence, à une époque antérieure à l'invasion romaine. — Un morceau fort curieux, c'est une enseigne romaine en bronze d'une conservation parfaite; elle est formée par deux cercles tan-

remarquable par sa belle conservation. Elle se compose de plus de quinze cents pièces différentes.

gens l'un à l'autre et surmontés par une plaque plus longue que large perpendiculaire à la hampe ; le tout est orné de moulures d'une finesse admirable. Je suppose que l'intérieur des deux cercles était rempli par des médaillons d'un métal plus précieux. Vraisemblablement le portrait d'un empereur, ou bien quelque symbole particulier à un corps militaire remplissait ce vide ; c'était probablement l'enseigne d'une cohorte ou d'une aile de cavalerie.

Parmi les fragmens de sculpture antique, j'ai remarqué un torse en marbre, d'enfant ou de génie, d'un très beau style, plusieurs métopes représentant des Centaures, enfin un assez grand nombre de bas-reliefs recommandables, soit par leur exécution, soit par leurs sujets. — Des fouilles modernes ont amené au musée quelques débris de mosaïques, mais de peu d'intérêt, à l'exception d'une, assez grande, sur laquelle est tracé un plan, ou plutôt une vue oblique d'une ville ou d'un camp fortifié de tours carrées, percées de fenêtres et couronnées de créneaux élevés.

La description de tous ces objets avec l'indication de leur origine n'a pas encore été publiée. Elle existe en partie dans les manuscrits de M. Calvet, que la commission du Musée doit faire imprimer. Il est bien à désirer pour l'histoire de l'art que cette publication ne soit pas retardée ; le saoir profond de M. Calvet et l'étendue de ses recherches donnent un immense intérêt à cet ouvrage, résultat d'une vie entière consacrée à de consciencieuses études.

Au risque de répéter des monumens déjà publiés, je donnerai ici la copie de quelques inscriptions du Musée d'Avignon, qui m'ont paru particulièrement intéressantes, parce qu'elles sont en langue grecque, et que presque tous les noms propres sont romains. Il paraît que, dans beaucoup de provinces de l'empire, les habitans du pays, pour se mêler aux vainqueurs, ont emprunté leurs noms avant d'adopter leur langage.

L'inscription suivante, n° 1, est placée au-dessus d'un bas-relief, représentant un repas funèbre : un homme couché sur un lit, appuyé sur le coude gauche, le haut du corps relevé, tient de la main droite une coupe sans anse ou plutôt un gâteau ; à son chevet, est une table à trois pieds, couverte de fruits ou de gâteaux. Au pied du lit, une femme, dans une attitude pleine de grâce et de noblesse, est assise dans un fauteuil, tenant dans ses bras un enfant nu, qui tourne la tête vers l'homme couché. Deux autres figures d'une proportion beaucoup plus petite sont debout de chaque côté de l'espèce d'estrade, sur laquelle le fauteuil et le lit sont placés ; à droite, du côté de l'homme, est un enfant revêtu d'une simple tunique; derrière la femme, une jeune fille enveloppée d'une longue draperie. Ce sont, je pense, les esclaves des deux personnages principaux.

N° 1.

Λ· ΕΡΕΝΝΙΣ · ΣΕΚΟΥΝΔΟΣ
ΚΑΙ ΛΕΚΡΙΑ ΠΟΜΠΟΝΙΑ · Λ·ΕΡΕΝΝΙΩ ΠΡΑΙΣΕΝΤΙ· ΤΩ ΠΟ
ΚΑΙ ΕαυΤΟΙΣ · ΖΩΝΤΕΣ

On remarquera l'O substitué à l'Ω dans le mot υιοι, ce qui semble indiquer qu'autrefois, comme encore aujourd'hui, ces deux lettres n'étaient pas distinguées dans la prononciation.

L'inscription n° 2 est tracée au-dessous d'un bas-relief, représentant deux bustes de face, une femme et une jeune fille : la première est enveloppée d'un voile ; l'autre porte cette perruque qui se retrouve dans tant de portraits antiques.

N° 2.

ΣΟΥΜΜΟΣ ΚΑΙ ΚΟΥΙΝΤΟΣ	Σουμμος και Κουιντος
ΚΑΙ ΚΕΣΙΑ ΜΑΝΤΩ ΤΗ	Και Κεσια Μαντω τη
ΜΗΤΡΙ ΜΝΗΜΗΣ ΧΑΡΙΝ.	μητρι Μνημης χαριν.

Le Σ est formé par une barre verticale, avec deux traits perpendiculaires à droite, l'un en haut, l'autre en bas, comme le C est souvent figuré dans les monumens du moyen-âge.

Le n° 3 est tracé sur une plaque de marbre brisée. Voici ce qui reste de l'inscription :

N° 3.

ΤΙΡΕΝΟΝ ΚΛΑΥΔΙΟΝ ΔΡΑΚΟΝΤΟΣ ΥΙΟΝ ΚΥ
ΡΕΙΝΑ ΑΝΤΙΠΑΤΡΟΝ ΠΑΛΑΙΟΠΟΛΕΙΤΑΝ
ΚΛΑΥΔΙΑ ΜΝΑΣΑΓΟΡΑ ΘΥΓΑΤΗΡ ΘΕΩΝΙΣ ΦΥ
ΣΚΙΑΤΟΝ⁽¹⁾ ΑΝΔΡΑ ΕΥΝΟΙΑΣ ΕΝΚΑ⁽²⁾ ΚΑΙ ΦΙΛΟΣ....

L'inscription suivante m'a paru curieuse par son orthographe singulière, qui substitue deux I à l'E :

MACIAII SIIVF	Maciæ (Marciæ?) Severini filiæ
SIIVIIRINII M	Severine (æ) M-
IIMORIAII AIIT	-emoriæ aet-
IIRNII AVRIILI	-erne (æ) Aureli-
VS VALIIRIAN	-us Valerian-
VS SII VIVO, CO	-us se vivo, co- (n).
IVGI IIT SIIBII	-jugi et sebe (sibi)
CIVIS VIIRVIIRG	civis ververg- (3)
IILLIISIIS MACI SII	-elleses (is) Maci (Marci?) se-
VIIRINI SOROR T	-verini soror t-
RIIBVNI LIIGION	-rebuni (tribuni) legion-
IS SIICVNDIIS IT	-is secundes (secundæ) it-
ALICIIS	-alices (italicæ).

(1) Sic.
(2) Pour ἕνεκα ?
(3) M. Ch. Lenormant, à qui j'ai communiqué cette inscription, pense qu'elle est de deux époques distinctes. La première partie indique que le tombeau a été élevé à Macia Severina par Aurelianus

L'orthographe vicieuse de cette inscription semble indiquer l'existence d'un patois provincial. Je crois, d'ailleurs, qu'il faut reporter la date de ce monument à une époque postérieure à l'établissement du christianisme.

Le plus curieux specimen de la sculpture du moyen-âge est un bas-relief de grandeur naturelle, exécuté sous la direction du roi Réné; la partie supérieure est au Musée et le reste dans l'église de Saint-Didier : il représente le portement de la croix. Les figures sont remplies d'expression, mais leur caractère est bas et laid. Elles rappellent les tableaux des premiers maîtres allemands. Cependant le fond du bas-relief, où l'on voit une ville, offre des détails d'architecture qui dénotent l'époque de la renaissance et la manière italienne. Les draperies sont rehaussées d'or; mais il ne paraît pas qu'elles aient jamais été peintes. Ce bas-relief a servi de retable d'autel.

Valerianus; puis, le père ou le frère de cette Macia Severina, Macius Severinus, a été inhumé dans le même tombeau par sa sœur, qui aurait ajouté la seconde partie de l'inscription. — *Vervegellesis* se rapporte probablement à Verceil.

VILLENEUVE-LEZ-AVIGNON.

11 septembre.

Je suis allé aujourd'hui à Villeneuve visiter le tombeau gothique d'Innocent VI. La chartreuse où il était renfermé a été vendue par parties, à l'époque de la révolution, et le tombeau compris dans un des lots, se voit aujourd'hui dans une masure appartenant à un pauvre vigneron. Des tonneaux, des troncs d'olivier, des échelles énormes, sont entassés dans le petit réduit où se trouve le mausolée. Je ne comprends pas comment, en déplaçant toutes ces choses, on n'a pas déjà mis en pièces ces clochetons si fragiles, ces colonnettes et ces feuillages si légers et si élégans. Rien de plus svelte, de plus gracieux, de plus riche que ce dais de pierre. Autrefois un grand nombre de statues d'albâtre ornaient le soubassement; elles ont été vendues une à une; de plus, le propriétaire de la masure a défoncé ce soubassement pour s'en faire une armoire. La statue du pape en marbre a été fort mutilée; enfin, il n'est sorte d'outrages qu'on n'ait fait subir à ce magnifique monument. Dégradé comme il est, il offre encore un des plus beaux exemples de l'ornementation gothique au xivᵉ siècle.

Après quarante années d'oubli profond, les habitans de Villeneuve se sont avisés tout d'un coup qu'ils possédaient une espèce de trésor; mais il a fallu, pour le leur révéler, que leurs voisins d'Avignon aient essayé de le leur enlever. La négligence et la barbarie des premiers méritaient bien d'être punies, et je regrette que le musée d'Avignon n'ait pu obtenir l'autorisation de le faire transporter dans une de ses salles, ou mieux encore dans la chapelle de Jean XXII à Notre-Dame-des-Domns. Au reste, l'important, c'est qu'il soit conservé, et des mesures viennent d'être prises pour qu'il soit transféré dans l'église de l'hôpital.

L'église de Villeneuve, gothique lourd du xivᵉ siècle, présente le même caractère militaire qui distingue les édifices d'Avignon: murailles élevées, tours massives, construction solide et pesante, ogive à large base, à sommet un peu émoussé. Dans le bas de la tour placée à la droite du chœur, on remarque une arcade ogivale, bouchée, d'un grand diamètre. On a voulu probablement augmenter ainsi la solidité de la muraille.

J'ai vu dans cette église une fort belle descente de croix d'un maître italien; je serais tenté de l'attribuer au Bellin: la couleur est magnifique, et le dessin, pour être un peu raide, ne manque ni de grandeur ni de vérité; malheureusement on l'a placée dans une chapelle si obscure, qu'on a toutes les peines du monde à l'examiner.

L'hôpital de la même ville possède un autre tableau très remarquable du xve siècle; il représente le jugement dernier. Le Père et le Fils, en longues robes de pourpre, occupent le haut de la composition. Leurs têtes sont de la plus grande beauté. On ne pourrait choisir un meilleur modèle pour rendre la bonté unie à la majesté. Entre eux, le Saint-Esprit plane les ailes étendues, dont les extrémités effleurant les bouches du Père et du Fils, forment ainsi une espèce de trait d'union qui m'a rappelé l'Amour du tableau de Pygmalion, par Girodet. Au-dessous est la Vierge drapée de bleu, et à moitié enveloppée dans les robes des deux personnages principaux de la Trinité. Cette tête est moins belle que les deux autres; elle est grosse et carrée; c'était le type à la mode vers 1500, car il y a des modes pour les figures, comme il y en a pour les habits. Autour de la Trinité se groupent une foule de saints et de prophètes, sans parler d'une armée d'anges et de chérubins rouges, verts, bleus, etc. C'est une ancienne idée empruntée, je crois, au Paradis de Mahomet, que cette variété de couleurs pour les habitans du ciel.—On dit que le peintre a donné à plusieurs de ses saints les traits d'amis du roi Réné, de ceux qui lui restèrent fidèles dans sa mauvaise fortune. En revanche, il a placé dans le bas du tableau, parmi les damnés que les diables emportent, les ennemis de ce pauvre roi, et les seigneurs qui le vendirent à beaux deniers comptans. Je rapporte cette tradition telle qu'on me l'a contée, sans y attacher plus d'importance qu'elle n'en mérite.—On attribue le tableau au roi Réné lui-même, parce qu'il « n'en coûte rien pour appeler les choses par noms honorables; (1) » mais il est impossible que jamais roi, régnât-il plus mal que Réné, ait pu exécuter un semblable ouvrage. Quoique très sec, le dessin en est admirable, et toutes les têtes, même les plus petites, sont étudiées avec une étonnante perfection. Les couleurs ont peu changé, et les laques mêmes n'ont rien perdu de leur éclat. La proportion des figures principales est un peu plus grande que demi-nature; elles sont peintes sur un panneau très lisse, à gouache, à ce qu'il m'a semblé; puis les couleurs ont été fixées au moyen d'un vernis.

Dans la même salle, le parloir de l'hôpital, on voit un buste de femme d'une beauté angélique. Elle est habillée en pénitente, d'une robe de bure, et tient des roses dans son tablier. C'est la célèbre

---

(1) D'Aubigné, Fœneste.

marquise de Ganges, par Mignard. Les yeux ont une indicible expression de douceur et de volupté.

Les ruines d'un château fort, dominé par une petite chapelle du xiie siècle, une très belle tour du xive, dont les pierres sont taillées en pointes de diamant, voilà ce que Villeneuve présente encore de souvenirs du moyen-âge. La tour paraît avoir été destinée à servir de tête de pont, car elle est située positivement en face de celui qui existait autrefois sur le Rhône.

ORANGE.

Septembre.

Je m'étais établi à Avignon comme dans un point central entre les petites villes du Comtat, qui offrent tant d'intéressans sujets d'études. Ma première excursion fut à Orange.

Son théâtre antique s'aperçoit de très loin dominant toute la ville, et le mur de la scène, comme une haute tour, s'élève au-dessus de tous les bâtimens modernes.

Les gradins adossés à la pente d'une colline, suivant l'usage constant des Romains, sont en grande partie détruits, mais pourtant encore très reconnaissables. Le mur de la scène est mieux conservé. Construit de blocs énormes, il a résisté à toutes les attaques des hommes et des élémens. Autrefois il était décoré à l'intérieur de trois rangs de colonnes, l'une au-dessus de l'autre, dont on retrouve encore d'énormes fragmens, quelques-uns à leur place. La plupart sont de granit poli, plusieurs de marbre blanc. — La décoration de la façade est fort simple : la grandeur n'exige pas d'ornemens. Trois portes disposées symétriquement s'ouvraient pour le service du théâtre et peut-être pour recevoir une partie des spectateurs. Au-dessus règne une rangée d'arcades figurées dans l'appareil, surmontées d'une corniche et d'une ligne de corbeaux, dont je ne comprends pas l'usage. Une seconde ligne de corbeaux (1), à une toise du sommet du mur, est séparée de la première par une gouttière qui rejetait sur la place les eaux de la toiture de la scène; enfin une corniche saillante couronne le haut du mur. Les six derniers corbeaux de chaque extrémité de la ligne supérieure, sont percés de trous, destinés sans doute à recevoir les extrémités des mâts auxquels étaient attachées les toiles qui couvraient la scène; mais il paraît qu'un changement ancien dans la

---

(1) Un de ces corbeaux a servi pendant long-temps de but à la compagnie des arbalétriers, puis à celle des arquebusiers de la ville : il est criblé de traits et de balles.

construction les aura rendus inutiles, car la corniche les déborde sensiblement, et il serait impossible de planter les mâts sans l'échancrer. Ce qui rend encore plus probable cette restauration antique, ou ce changement dans le plan, avant sa parfaite exécution, c'est que la scène a été évidemment couverte par un toit en charpente. Si l'on monte au faîte du mur, on aperçoit encore distinctement les trous pratiqués pour recevoir les fermes de ce toit. Retenues dans ces trous, et s'appuyant sur des massifs de maçonnerie dans le tiers de leur longueur, elles pouvaient s'étendre sur toute la partie de la scène où se tenaient les acteurs. D'autres trous dans le même mur, mais un peu plus élevés, ont probablement servi à engager des poutres qui servaient d'arcs-boutans aux fermes. Ce toit ne couvrait que la scène qui, vue des gradins, devait paraître comme un immense hangar.

Des deux côtés de la scène, deux corps de bâtiment avancés contiennent des salles spacieuses, des corridors, des escaliers, en un mot toutes les constructions accessoires d'un théâtre, et nécessaires aux acteurs et aux machinistes. Les escaliers sont remarquables en ce que deux marches sont ordinairement taillées dans la même pierre.

Toutes les parties de l'édifice, mais surtout le haut du mur de la scène, portent les traces d'un violent incendie. Les pierres rougies et fendues les marbres calcinés, une masse énorme de cendres, le démontrent jusqu'à l'évidence. C'est une preuve de plus de l'existence d'une toiture au dessus de la scène, qui seule a pu fournir des matériaux à la flamme qui a fait tant de ravages.

Les princes d'Orange avaient fait de ce théâtre une espèce de bastion avancé du château construit sur la hauteur, à laquelle il est adossé. On voit encore une tourelle, où plutôt une guérite (échauguette), bâtie au sommet de la muraille de la scène, d'où l'on découvre toute la campagne environnante (1).

Depuis peu d'années on a débarrassé l'intérieur du théâtre de la plupart des ignobles maisons qui l'encombraient. Mais en détruisant ces masures, on s'est aperçu de dégradations effrayantes qu'on n'avait pas soupçonnées. Le bas des murs a été entamé en plusieurs endroits par des artisans qui logeaient dans ces ruines. L'un y pratiquait une porte, l'autre une armoire, celui-là pour agrandir sa chambre diminuait des deux tiers l'épaisseur d'une muraille. C'est miracle que tout ne soit pas tombé sur ces misérables. On voit dans quelques endroits des masses énormes suspendues, pour ainsi dire, sur une base minée de deux côtés. Si

---

(1) Elle vient d'être démolie.

l'on ne s'empresse d'y faire de grandes réparations, la France ne possédera pas long-temps encore ce monument presque unique dans son espèce.

Un portique, qui subsiste encore en partie, liait le théâtre à un hippodrome qui lui est contigu, et dont on suit facilement les contours du haut de la colline dont j'ai parlé. De ce côté, les terres coupées à pic sont couvertes d'une épaisse maçonnerie à petit appareil ; mais il paraît que cette première enveloppe n'était pas assez solide, car on en a ajouté une seconde, en sorte que l'on voit distinctement les paremens de deux murailles appliquées l'une sur l'autre. Une partie des murs de l'enceinte existe encore, et se retrouve plus ou moins mutilée dans des maisons modernes. L'étendue de cette enceinte elliptique et son peu de largeur prouvent suffisamment qu'elle a été destinée à des courses de chars ou de chevaux, et non à des combats d'animaux ou de gladiateurs. Le grand diamètre de l'ellipse occupe toute la largeur de la ville moderne.

Du haut des ruines de l'ancien château, l'œil embrasse l'enceinte de la cité antique dont les murailles apparaissent çà et là hors de terre. Elle était sensiblement plus grande que la ville moderne ; mais le calcul le plus libéral ne peut guère supposer qu'une population de quarante mille ames, qui n'est pas en rapport avec les proportions gigantesques du théâtre et de l'hippodrome.

L'arc de triomphe d'Orange a été décrit si souvent, qu'il me suffira de parler des réparations qu'on y a faites en dernier lieu. En général, elles sont bien entendues. Les architectes, MM. Caristie et Renaux, se sont bornés à consolider ce qui existait, à conserver les masses, mais ils ont eu le bon esprit de ne pas chercher à refaire les détails.—Là, comme ailleurs, les hommes avaient avancé l'œuvre de destruction bien plus que les élémens. Les princes d'Orange s'étaient fait un château dans l'intérieur et autour de ce monument. On voit sous ses arcades la trace des planchers et des escaliers qu'ils y avaient fait établir.

Les mots qui se lisaient autrefois sur les boucliers des trophées, sont maintenant frustes et à peine reconnaissables. Le nom de MARIO, sur lequel on a fondé tant de suppositions ridicules, est seul parfaitement lisible. La plupart des boucliers, dont la forme est un lozange alongé, tronqué à ses extrémités, portent des espèces de croissans sculptés sur leur face extérieure et régulièrement disposés. Je n'y puis voir qu'un ornement usité chez quelque peuple barbare, et je n'adopte point l'explication, qui en fait des marques d'honneur, l'insigne de *boucliers d'honneur* accordés aux soldats romains qui s'étaient distingués. Mais en admettant que ces croissans représentent des boucliers, quelle apparence y a-t-il qu'on ait employé les armes des vainqueurs à faire un trophée (1)?

La femme qui met son doigt dans son oreille (sur le côté droit de l'attique), la sibylle de Marius, comme on l'appelle généralement, est bien plus inexplicable encore.

Les trophées maritimes (ou plutôt fluviatiles, car ils rappellent probablement des combats sur le Danube), sont un chef-d'œuvre de composition. Les éperons de navire, les mâts, les antennes, les cordages sont entassés avec une apparence de désordre, mais en réalité de manière à produire l'effet le plus pittoresque.

Je ne sais à quoi tient la belle couleur jaune orangé des édifices antiques. Elle tranche fortement et de la manière la plus harmonieuse avec l'azur foncé du ciel de la Provence.

A la porte d'une maison très pauvre et très sale, j'ai observé une chasse du bas-empire, d'un travail assez remarquable.

(1) La grande analogie de style entre les divers arcs de triomphe de la Provence, Orange, Saint-Remy, Carpentras, rend très probable l'hypothèse qui en place l'érection à la même époque, et pour la même cause, les victoires de Marc-Aurèle en Germanie. La profusion d'ornemens, la forme des armes, le caractère incorrect et prétentieux de ces monumens, conviennent bien à l'architecture du 2ᵉ siècle.

VAISON.

Après un jour passé à Orange, je suis parti pour Vaison.

Son histoire est celle de presque toutes nos anciennes villes. D'abord bâtie dans une plaine fertile et florissante sous la domination romaine, elle fut dévastée à plusieurs reprises par les barbares. Vers la fin du xi° siècle, devenue le siége d'évêques puissans, elle reprit quelque importance; mais les comtes de Toulouse la saccagèrent complètement dans les dernières années du xii°, et de cette époque sa ruine fut consommée. Les habitans, chassés de leurs maisons par le fer et le feu, allèrent chercher un asile sur une hauteur voisine, protégée d'un côté par des ravins escarpés, de l'autre par l'Ouvèse, rivière rapide et encaissée. C'est là qu'ils se bâtirent une ville nouvelle; une position facile à défendre étant une condition d'existence à cette époque de troubles.

La ville actuelle occupe encore la cime et le penchant de la colline, où l'on distingue quelques vestiges de ses anciennes fortifications. Peu à peu elle s'est étendue jusqu'au-delà de la rivière.

Le pont qui sert de communication entre les deux parties de la ville, est romain, et à l'exception du parapet, qui est tout moderne, il ne paraît pas qu'on y ait jamais fait de réparations; au contraire, on a retiré les crampons de métal qui liaient les gros blocs de pierres qui le composent; ils sont d'ailleurs si bien appareillés, que la solidité de la construction n'en semble pas altérée. Cependant l'Ouvèse, comme toutes les rivières de montagnes, devient quelquefois un torrent impétueux; mais il n'y a que l'homme qui puisse venir à bout d'un monument romain.

Au-delà du pont, vers la plaine, au pied d'une petite éminence, on voit deux arcades antiques à grand appareil, et quelques restes de gradins taillés dans le roc. C'était là le theâtre, fort petit à en juger par le diamètre de son hémicycle (1).

On distingue à la gauche du théâtre les restes d'une voie romaine, et çà et là quelques substructions antiques que les travaux d'agriculture ont mises à découvert. Toute la plaine est jonchée de débris de poteries et de briques, de marbres, surtout d'une multitude innombrable de petits cubes

---

(1) Il y avait chez les Romains des principes d'architecture immuables. Par exemple, leurs théâtres n'étaient jamais bâtis en plaine, mais toujours sur le penchant d'une colline, ce qui les dispensait d'élever des massifs pour soutenir les gradins. Je ne connais jusqu'à présent aucune exception à cette règle.

noirs et blancs, provenant de mosaïques détruites. D'autres fragmens plus considérables apparaissent sur divers points de la campagne (1), et à l'aide d'une pioche et de nos mains, mes compagnons de voyage et moi nous écartâmes la terre qui couvrait quelques portions de mosaïques assez grandes, malheureusement sans importance quant au travail. Ce n'étaient que des dessins très simples, des lignes et des carrés alternativement noirs, blancs et rouges. Sur le même point nous observâmes des débris d'hypocaustes, et quelques fragmens de pilastres et de lambris de marbre.

La ville moderne est bâtie en partie de matériaux antiques; des pierres tumulaires servent de seuils; des inscriptions à demi effacées sont encastrées dans les murs, pêle-mêle avec des moellons ou des cailloux roulés de l'Ouvèse.

Souvent les laboureurs trouvent dans la plaine, des médailles, des pierres gravées, des lampes, des urnes, etc. Nul doute que des fouilles bien dirigées ne produisissent des résultats considérables, et je suis persuadé qu'on pourrait les effectuer à peu de frais.—Un pharmacien venait de découvrir dans le même lieu, probablement la boutique d'un marchand de poteries, une grande quantité de

---

(1) Notamment dans la propriété de M. de Montfort. Ce lieu s'appelle Bayes, autrefois *Burgus Balneoli*.

lampes en terre, presque toutes de la même forme, mais avec des empreintes différentes; le plus grand nombre porte un coq en relief; deux avaient des sujets obscènes, d'ailleurs d'un travail élégant et soigné. Je ne sache pas qu'on ait trouvé dans cette localité des moules antiques.

On rapporte, sans aucune preuve, qu'à la fin du xvi⁵ siècle, un Italien, nommé Maraldi (1), vint s'établir à Vaison et se bâtit un château dans la plaine. Les fouilles nécessaires pour les fondations produisirent la découverte de plusieurs bas-reliefs et d'autres fragmens, que le nouveau propriétaire fit servir à la décoration de son château en les encastrant dans les murs. Aujourd'hui, le château est devenu une ferme, et le possesseur actuel, trouvant ces sculptures trop belles pour lui, cherche à s'en défaire (2). Les bas-reliefs, au nombre de trois, sont d'un style qui annonce le commencement de la décadence de l'art; l'un représente un sacrifice; — le second une course de chars. La forme des bornes et celle des chars est la même

---

(1) Le véritable constructeur du château de Maraldi est un membre de la maison de Blégier, qui, en conservant ces fragmens, fait preuve d'un goût d'autant plus estimable qu'il était plus rare à cette époque.

(2) M. le Ministre l'Intérieur, sur ma proposition, vient d'accorder une somme suffisante pour conserver ces fragmens précieux pour l'archéologie. Ils viennent d'être déposés dans le Musée d'Avignon.

que dans la mosaïque de Lyon. Le troisième bas relief est le plus curieux : sur un chariot, espèce de boîte carrée à quatre roues, on voit deux personnages en longues draperies, assis dos à dos sur des siéges fort bas, et conduits par un cocher assis également sur le devant du chariot; quatre chevaux y sont attelés de front. Leurs harnais sont assez semblables à ceux dont on fait encore usage dans quelques provinces de France; les colliers fort élevés se recourbent en avant; les chevaux sont ferrés, circonstance à noter, car on a nié que les anciens ferrassent leurs chevaux (1).

On voit encore, dans les murs du château de Maraldi, une tête de roi barbare assez bien exécutée; — un mouton surmonté d'une étoile dans un fronton triangulaire, en marbre blanc et d'un travail précieux (le poil est parfaitement rendu, et comme on dit *à l'effet*) (2). — Enfin les débris de deux frises, l'une représentant les Travaux d'Hercule, l'autre une Bacchanale. Il est probable que ces sujets sont copiés d'après un modèle de quelque sculpteur célèbre, car on les retrouve dans tous les musées, et la composition est tellement supérieure à l'exécution, qu'on ne peut supposer

(1) Poppæa, conjux Neronis, delicatioribus jumentis suis *soleas* ex auro induere solebat. Plin., lib. 33.

(2) L'antiquité de ce morceau est fort suspecte, d'autant plus qu'il présente les armes des Blégier.

que le même artiste ait pu être l'auteur de l'une et de l'autre. J'oubliais de mentionner des têtes triples aux angles des murs, réunies de manière à faire face de trois côtés. Quelques-unes de ces têtes m'ont inspiré de violens soupçons sur leur origine. Il est probable que le propriétaire du château, à l'exemple de tous les faiseurs de collections, a fait compléter les antiques qui lui manquaient avec des pastiches de sa composition.

Deux églises de la vieille ville de Vaison ont échappé aux dévastations des comtes de Toulouse. Voilà tout ce qui reste debout de cette antique cité, encore n'est-il pas certain que l'une d'elles, la chapelle de Saint-Quinin (*Sanctus-Quinidius* ou *Clinidius*) ait été comprise dans son enceinte.

Elle n'a qu'une nef, des transsepts à peine marqués, et une apside bizarre, triangulaire à l'extérieur, mais à l'intérieur arrondie en demi-cercle, et ornée de cinq arcades bouchées en plein cintre, soutenues par des colonnettes à chapiteaux romans très anciens. Deux petites fenêtres l'éclairent, étroites comme des meurtrières.

Chaque angle extérieur est terminé par une colonne sans base, cannelée et rudentée aux deux cinquièmes de sa hauteur; deux portions de pilastres à chapiteaux corinthiens, cannelés également, engagés sur les faces du triangle, soutiennent une corniche, faisant ainsi l'office de consoles. Une frise, dont la hauteur égale celle des chapiteaux, règne autour de l'apside. Elle est ornée de rinceaux. Cette frise, les chapiteaux des pilastres et la corniche, rappellent fortement l'ornementation du bas-empire. Les chapiteaux des colonnes sont historiés il est vrai ; mais leurs tailloirs sont couverts de palmettes, et les figures d'hommes et d'animaux, sculptées sur les chapiteaux, sont entremêlées de feuilles d'acanthe, et d'autres détails d'un goût purement antique. Il faut remarquer encore que les figures sont exécutées assez grossièrement, en comparaison des feuilles d'acanthe et des moulures appartenant au style antique. Les premières sont inventées dans un temps de barbarie ; les autres sont copiées sur de bons modèles (1). Je ne crois pas que les pilastres qui tiennent lieu de consoles aient été jamais entiers ; du moins rien dans la construction du mur ne peut faire croire que leurs bases aient été tronquées.

Les transsepts à peine indiqués à l'intérieur, sont ornés au dehors d'une frise plus large que celle de l'apside, interrompue, comme elle, par

---

(1) M. Ch. Lenormant pense que le chapiteau placé à l'extrémité du triangle est antique. « Il est composite, orné d'un masque à « moustaches, style du bas-empire. » — Voir : Lettre à M. de Caumont sur l'origine de l'ogive.

des colonnes tronquées, faisant office de consoles. On y distingue des figures d'hommes armés, des chevaux; mais tout cela est si fruste qu'il faut renoncer à y chercher des renseignemens.

Cette portion de l'église, ainsi que l'apside, est évidemment très ancienne; l'extérieur, surtout la nef, est certainement postérieur. Pour la façade, elle est toute moderne, sauf une large pierre encastrée au-dessus de la porte, provenant, suivant toute apparence, d'un tombeau antique. On y voit, sculpté en très bas relief, un vase de forme élégante, surmonté d'une croix grecque et entouré de pampres.

Les voûtes sont en ogive, à pointe obtuse, à côtés très courbés. Cette forme est la même pour la nef et pour les transsepts; mais la nef a été restaurée à plusieurs reprises, tandis que les transsepts paraissent appartenir entièrement à la construction primitive. Une jolie moulure d'oves, qui fait le tour de l'apside, et dont le caractère est tout antique, se prolonge le long des retombées de la voûte des transsepts. C'est un ornement qu'on ne rencontre jamais dans la période gothique, et il est impossible de croire que la forme de la voûte eût été altérée, sans que cette moulure ne s'en fût ressentie.

L'appareil est moyen, généralement fort irrégulier, excepté vers l'apside et les transsepts.—Les

pierres paraissent avoir été recouvertes à l'exté
rieur d'un enduit colorié en rouge.

Je n'ai vu aucune apparence de crypte.

On n'a que des renseignemens historiques im
parfaits sur la fondation de Saint-Quinin (1). D'u
côté, le style antique des ornemens, la forme ex
traordinaire de l'apside, m'engagent à assigner
cette partie de la chapelle une date très reculée
d'un autre côté, la voûte ogivale, et ces chapiteau
historiés dont on ne trouve guère d'exemples avan
le xi⁰ siècle, me jettent dans une grande incertitude
Cependant il faut observer que ces chapiteaux
bien que historiés, n'ont aucun rapport avec ceu
du xi⁰ et du xii⁰ siècle. Quant à ceux des pilastres
ils sont corinthiens, et les autres attestent des sou
venirs du même type, des feuilles d'acanthe cor
rectement modelées ; j'ai déjà dit que les figure
qui les accompagnent, annoncent un travail beau
coup plus grossier. Peut-être la présence de mo
numens antiques, qui malgré les dévastations de
barbares, n'ont pu disparaître que lentement du
territoire de Vaison, suffirait-elle pour expliquer
cette ornementation toute romaine ? Toutefois l'on
n'en peut conclure que la partie la plus ancienne

(1) Le père Anselme Boyer, Histoire de l'église de Vaison, e
place la construction à la fin du vi⁰ siècle ou au commencemen
du vii⁰. Il ajoute que cette église et le couvent de bénédictins
dont elle faisait partie, furent détruits par les Sarrazins.

de Saint-Quinin soit du xi⁰ siècle. A cette époque le caractère de l'architecture se distingue par le caprice des détails, et j'ai peine à croire que, dans un édifice de ce temps, on ne trouvât d'autres exemples du goût dominant que dans deux ou trois chapiteaux, qui enfin ont quelques modèles analogues dans les dernières constructions du Bas-Empire (1). M. Lenormant n'hésite point à reporter l'apside, l'extérieur du moins, au viii⁰ siècle. Il ne serait même pas impossible de supposer que cette partie de l'église eût échappé aux dévastations des Sarrazins, et qu'elle appartînt à la construction primitive dont parle le père Boyer. Quelle que soit l'opinion que l'on adopte, il est difficile de ne pas donner à l'apside de Saint-Quinin une date bien antérieure au xi⁰ siècle. — Les transsepts, ornés à l'extérieur comme l'apside, et dont la frise présente des figures aussi grossièrement sculptées que celles des chapiteaux historiés, me paraissent appartenir à la même époque. Je ne parle que de l'extérieur. — A l'intérieur, une restauration fort ancienne a donné à l'apside sa forme semi-circulaire, ses arcades bouchées, et vraisem-

---

(1) L'église d'Alet (voir plus bas) présente également beaucoup d'ornemens antiques, cependant il est probable qu'elle date du xi⁰ au xii⁰ siècle. Mais il faut remarquer que pêle-mêle avec cette ornementation antique, on retrouve tous les détails romans, tels que damiers, têtes de clous, billettes, etc.

blablement, aux transsepts leur voûte ogivale; car il me paraît probable, vu le faible diamètre de l'église, qu'elle a d'abord été couverte par un toit en charpente. Reste à trouver la date de cette réparation, et les colonnes romanes des arcades bouchées et la moulure d'oves qui soutient les retombées de la voûte, me feraient croire qu'elle n'a été exécutée qu'au commencement du xiie siècle.

L'ancienne église cathédrale de Vaison est aussi fort curieuse. Elle offre, comme Saint-Quinin, un caractère d'ornementation tout antique. C'est une basilique à trois nefs, large pour sa longueur comme presque toutes les églises romanes, terminée par trois apsides, dont la principale est enveloppée dans un massif carré, surmonté d'un fronton, addition évidemment postérieure à la construction primitive, et dont je ne puis m'expliquer le motif. A l'intérieur, cette apside s'arrondit en un demi-cercle, orné de cinq colonnes de cipolin dont je crois les fûts antiques.

Les voûtes (1) et les arcades intérieures sont en ogive à base très large; cette forme est surtout remarquable dans les arcades dont l'ouverture semble tout à fait démesurée. — Les voûtes des bas-côtés ne décrivent pas une ogive parfaite, car la pointe ne s'en trouve pas au milieu de la largeur

---

(1) Elles sont en berceau, sans nervures.

des collatéraux. Elle se rapproche du mur de la nef, et une portion d'arc très courte de ce côté vient s'y engager, formant ainsi une espèce d'arc-boutant. Sauf la substitution de l'ogive au plein cintre, la disposition est la même qu'à Saint-Sauveur de Nevers. Toutefois cette construction est grossièrement exécutée, et porte plutôt le caractère d'une trouvaille due au hasard que d'un calcul raisonné.

Le toit de la nef principale s'élève peu au-dessus de celui des collatéraux. C'est un caractère assez constant dans l'architecture romane.

A quelle époque cette ogive large et lourde qui se retrouve dans beaucoup de monumens du midi, a-t-elle été d'un usage fréquent? D'un côté, le manque de données historiques, de l'autre, l'impossibilité d'établir par analogie des règles communes entre le nord et le midi, rendent bien difficile la solution de ce problème intéressant.

Ici pourtant, dans le cas particulier qui nous occupe, le champ des conjectures est resserré dans des limites assez étroites. C'est de 1160 à 1187 que Vaison a été ruiné, que ses évêques ont perdu leur pouvoir et ont été forcés d'abandonner leur siége. Après cette époque, il n'est guère permis de supposer que l'ancienne cathédrale, isolée dans une plaine inhabitée, assez éloignée de la ville nouvelle, ait reçu des réparations considérables. Il est vraisemblable qu'elle existait long-temps avant la ruine de la ville ancienne, et s'il en faut croire le père A. Boyer, on connaîtrait la date de sa fondation, qui serait l'année 910 (1).

M. de Blégier, d'Avignon, dans une note très intéressante qu'il a bien voulu me communiquer, fait observer combien il est peu probable que cette église de 910 ait été remplacée par une autre église dans cette courte période de deux cent cinquante années qui s'écoula entre sa fondation et la ruine de la ville. Rien n'annonce que dans cet intervalle aucune calamité soit venue fondre sur Vaison et ait amené la destruction d'un monument aussi considérable. Au contraire, après 1160, la cathédrale devint à peu près inutile. Une suite de pillages et de siéges qui se prolongea jusqu'à la fin du XIIe siècle, obligea les habitans à abandonner leur ville en cendres pour chercher un asile sur la hauteur de l'autre côté de l'Ouvèse. A partir de cette époque, le service divin se fit d'ordinaire dans la chapelle du château de la nouvelle ville (2).

(1) « Nous avons un acte qui nous apprend que l'évêque « Humbert Ier (910) fit rebâtir l'église de Vaison en l'honneur de « la sainte Vierge Marie, et c'est celle qu'on voit encore aujour- « d'hui au-delà de la rivière. » — Hist. de l'église de Vaison, p. 75. M. de Saint-Véran, Achard, Millin et M. de Gasparin, se rangent à l'opinion du père Boyer.

(2) C'est pour suppléer à l'insuffisance de cette chapelle que

les chanoines de la cathédrale ne résidaient pas ; l'évêque habitait ses châteaux d'Entrechaux et de Cresset. Il ne paraît pas que la cathédrale ait été ouverte, si ce n'est dans de rares et solennelles occasions. — En 1296, l'évêque Raymond de Beaumont reçut le serment de ses vassaux dans le cimetière de cette église. Le choix de ce lieu, de préférence à la nef, pourrait même faire conclure l'état d'abandon où ce monument se trouvait alors.

Sans contester la date citée par le père Boyer, on peut regarder cependant comme vraisemblable que, depuis le xe siècle, la cathédrale a subi des réparations importantes, bien que l'histoire n'en ait pas conservé le souvenir ; en effet, le revêtement bizarre de l'apside atteste une grande restauration, certainement bien postérieure à la fondation de l'église, mais antérieure à la destruction de la ville. Avant le xie siècle, beaucoup de basiliques n'avaient point de voûtes, mais des plafonds en bois, et des incendies que la négligence rendait fréquens, pouvaient causer les plus grands dommages aux constructions intérieures. Mais quelques concessions que l'on fasse à cet égard, il me semble néanmoins impossible de ne pas ad-

---

l'évêque de Pons-de-Sade construisit, en 1464, la nouvelle cathédrale au sommet du rocher qui domine la ville moderne.

mettre que la cathédrale de Vaison existait dans son état actuel dès le commencement du xiie siècle et probablement assez long-temps auparavant, car je crois que c'est au commencement du xiie siècle qu'il faut attribuer la construction du massif qui entoure l'apside.

Pour ma part, je n'hésite point à croire que dès cette époque l'ogive ait été connue et en usage dans le midi. La facilité de son exécution et la difficulté des constructions en plein cintre tendent à lui assigner une date très ancienne. Au reste, il faut observer que l'ogive, à sa première apparition, n'a été qu'un accident, un détail de construction qui n'a modifié en aucune façon le style lourd et massif des édifices romans où elle figure. Si l'on trouve des voûtes ou des ouvertures ogivales dans le midi de la France, à une époque où le plein cintre était encore exclusivement employé dans le nord, en revanche le style dont l'ogive est le caractère le plus absolu, le style gothique, ne s'y est introduit que fort tard et n'y a jamais pris le grand développement qu'il a atteint dans la France septentrionale. — Il est à remarquer qu'au moment où le plein cintre était entièrement abandonné dans le nord, l'ogive éprouvait dans le midi la même disgrâce; et en effet, la plupart des constructions du commencement du xiiie siècle sont exclusivement en plein cintre; le perfectionnement des procédés matériels d'exécution ayant rendu cette forme d'un usage plus général.

Les piliers de la cathédrale de Vaison sont des massifs qui semblent composés de pilastres de largeur différente, superposés l'un sur l'autre, augmentant de largeur vers le centre du massif. Leurs impostes et la corniche qui règne au-dessus des arcades, sont ornés richement de rinceaux, de palmettes, d'oves, etc. A peine si l'on aperçoit, parmi ces détails copiés de l'antique, quelques-uns de ceux qui sont particuliers à l'ornementation byzantine.

La tour, placée à la droite du chœur, est carrée avec des ouvertures en plein cintre. Le toit très plat repose sur une rangée de modillons assez grossièrement sculptés, qui, avec quelques incrustations de couleur noire aux étages inférieurs, forment toute la décoration de la tour.

La façade occidentale ne présente plus qu'un mur absolument nu, percé de fenêtres cintrées. Elle paraît avoir été très mutilée, et l'on distingue avec peine, à la teinte différente de quelques pierres, la trace d'un fronton triangulaire (rempli probablement par un bas-relief), et de corniches rampantes.

L'autel est, comme à Saint-Quinin, une table de beau marbre blanc, ornée de rinceaux bysantins et soutenue par quatre colonnes composites, imitation assez barbare. Un couvercle de tombeau, également en marbre, avec des cannelures ondulées, forme le devant de l'autel. Les fonts baptismaux m'ont paru un autre emprunt fait à l'antiquité ; c'est, je crois, un autel qu'on a creusé à sa base et qu'on a consacré à cet usage en le renversant sens dessus dessous. Derrière l'autel, au fond de l'apside, on voit l'ancienne chaire des évêques de Vaison ; elle est en pierre, d'un travail grossier ; on y monte par trois marches ; le dossier est extrêmement bas.

A gauche de l'église est un cloître ruiné en partie et qui n'a jamais été terminé. La galerie orientale, la plus ancienne, paraît du milieu du xiie siècle ; les arcades sont cintrées et soutenues par de petites colonnes doublées, quelques-unes en cipolin, d'autres en marbre blanc, à chapiteaux romans fort bien travaillés. A l'ouest et au nord, les colonnes sont en pierre et leurs chapiteaux ne sont qu'ébauchés. Au midi, le mur de l'église ferme ce cloître.

Quatre vers léonins sur une seule ligne, sans intervalles entre les mots, forment comme une longue frise sur le mur extérieur du collatéral de gauche. Les lettres, grandes et bien sculptées, avec très peu d'abréviations, ont été évidemment tracées à l'époque de la construction primitive. En général, chaque pierre de cette frise contient deux lettres seulement, ce qui explique les lacunes et les mots dénaturés de la fin de l'inscription, les pierres déplacées par accident ayant été rétablies par des ouvriers ignorans; quelquefois cependant, on observe sur la même pierre, un ordre vicieux qui atteste une faute commise dans le tracé primitif. Par exemple, VHIC se lit au lieu de HVIC sans qu'il soit possible de croire que cet intervertissement soit une erreur moderne. Voici l'inscription que j'ai copiée avec beaucoup de soin.

OBSECRO VOS FRATRES AQVILONIS VINCITE PARTES
SECTANTES CLAVSTRVM QASI... ETISADAVSTRVM
TRIFIDA QUADRIFIDVMMEMORET SVCCENDERENIDVM
BISSENIS LAPIDVM S|IT V|TA|IS>|TA|DDI|VEN|PA|XV|HIC|DO|MVI|(1)

Le père Anselme Boyer, qui le premier s'est occupé de chercher un sens à ces vers, lisait l'inscription à une époque où elle ne présentait peut-être pas de lacunes et où aucun accident n'avait troublé l'arrangement des lettres. Il remplit ainsi la première lacune : *Quia sic venietis*, etc., et rétablit comme il suit la fin du quatrième vers : *Sic addita venis*. D'autres ont lu : *Sit ut addita*, et je préfère cette leçon, car elle emploie toutes les lettres. Quoi qu'il en soit, le sens ne me paraît guère plus clair après toutes ces corrections. Voici la version du père Anselme : « *Obsecro*, etc. Souffrez
« patiemment mes frères, je vous conjure, les ri-

(1) Les lignes verticales indiquent les joints des pierres.

« gueurs de l'exposition du nord. — *Quia*, dans
« l'espoir que, *sectantes claustrum*, suivant les
« règles du cloître, *sic venietis ad austrum*,
« vous parviendrez aux cellules du midi » (que
les plus anciens chanoines occupaient, tandis que
les nouveaux-venus étaient logés au nord). « *Sic*
« *ignea trifida* » (subaudi : *flamma*), « mais alors
« que les rayons du soleil, *addita venis bissenis*
« *lapidum* qui échauffe vos murs » (il faut supposer qu'il y a douze cellules, douze murs ?) « *me-*
« *moret succendere nidum quadrifidum*, vous
« rappelle d'échauffer vous-mêmes vos cellules par
« une sainte ferveur et vos prières. » On ne peut
nier que cette traduction ne soit fort libre.

Un professeur du collége royal d'Avignon vient
d'en donner une autre, dans une brochure qu'il
a publiée et qu'il a bien voulu m'envoyer. Ses
corrections sont différentes. D'abord il lit : *Quas
invenietis*, au lieu de : *Quia sic venietis*, puis à la
fin : *Lapidum situla addita venis*, au lieu de *sic
addita* ou *sit ut addita*. J'avoue que la vue de l'inscription ne permet guère d'admettre *situla*.
Toutefois voici la nouvelle traduction :

« Ne vous laissez pas abattre, mes frères, à la bise
« qui vous assiége. Il ne tient qu'à vous d'en triom-
« pher ; voulez-vous vous ménager l'exposition du
« midi, armez-vous contre le cloître, de ses propres
« exigences. Vos cellules s'échaufferont, si vous sa-

« vez vous animer du feu qu'on vit descendre en
« flèches pénétrantes sur douze pierres » (c'est-à-
dire apôtres), « et les embraser de ses rayons.
« Paix à cette maison ! »

On voit que ce latin-là ressemble beaucoup au
turc de Covielle, qui dit « beaucoup de choses en
« peu de paroles. »

Je n'ai jamais aimé les énigmes; mais, malgré
moi, celle-ci me tourmenta ainsi que quelques
amis, qui m'accompagnèrent de Vaison à Avignon.
Nous nous demandions, en étouffant de chaleur,
quel si grand mal il y avait à loger au nord dans
la Provence, mais nous ne pûmes venir à bout de
trouver un sens raisonnable. Je désire que mes
lecteurs se contentent des deux traductions que je
leur donne, persuadé que la meilleure explication ne vaudrait pas la peine qu'on aurait prise à
la chercher.

LE THOR.

Le Thor est une jolie petite ville, sur la route
d'Avignon à la fontaine de Vaucluse; son église,
Sainte-Marie-au-Lac, tire son nom d'une statue
de la Vierge, miraculeusement retrouvée dans

un étang, où un taureau la fit découvrir. Ainsi qu'à Vaison, l'ogive et le plein cintre sont mêlés dans son architecture. Le portail occidental, évidemment le plus ancien, rappelle sensiblement celui de Notre-Dame-des-Domns. Un fronton triangulaire, dont l'angle supérieur est aigu, repose sur deux pilastres cannelés, terminés par des chapiteaux bysantins, ornés d'oiseaux et de feuillages. Deux rangs de modillons, de forme presque romaine, soutiennent la corniche rampante. Au-dessous, s'ouvre une porte cintrée, flanquée de deux colonnes engagées, l'une torse, l'autre cannelée. Probablement le tympan, au sommet du cintre, était rempli par un bas-relief; mais aujourd'hui, ce tympan et le bandeau d'imposte sont tellement frustes, qu'il est impossible d'y reconnaître aucune forme. Une colonne mince et grêle, sur une base carrée, divise la porte en deux parties.

Au-dessus du fronton, deux fenêtres fort étroites, entourées d'une archivolte saillante, sont surmontées d'un œil-de-bœuf d'un très petit diamètre, orné de plusieurs moulures concentriques. Trois autres fenêtres, un peu moins étroites que les précédentes, sont percées au sommet du gable. Quelques modillons grossiers supportent un toit obtus comme presque tous ceux de la Provence.

Un autre portail, à l'extrémité orientale de la nef, en avance sur le mur méridional, paraît plus moderne : le plein cintre et l'ogive y sont réunis. La porte extérieure, cintrée, est flanquée de colonnes torses ou imbriquées d'une très grande richesse. Les chapiteaux, les impostes et les archivoltes se distinguent également par un luxe et une variété de motifs, exécutés pour la plupart avec beaucoup de finesse. La voûte intérieure du porche est en ogive avec des arêtes garnies de nervures. La seconde porte, celle qui s'ouvre dans l'église, est cintrée, moins ornée que la précédente, et divisée en deux par un pilier. Il me semble que toute l'ornementation de ce porche annonce une époque de l'art bysantin, plus avancée que celle du portail méridional, et qu'on ne peut croire antérieure à la fin du XIIe siècle.

Rien de remarquable dans la nef unique, si ce n'est sa voûte ogivale, semblable à celle de Vaison, et renforcée de distance en distance par des arcs doubleaux, dont la forme se rapproche de bien près du plein cintre. Nulle trace de réparations dans cette voûte, qu'on ne peut guère s'empêcher de croire contemporaine de la construction primitive. — J'ai vainement cherché des renseignemens historiques sur l'église de Sainte-Marie-au-Lac. Tout annonce qu'elle est au moins de deux époques. Le portail occidental me paraît de la fin du xi° siècle, et si je ne lui donne pas une date trop reculée, il faudra admettre nécessairement que la nef et les voûtes ne lui sont point de beaucoup postérieures. La grande différence entre l'ogive de la nef et celle du portail méridional, qu'on ne peut placer qu'à la fin du xii° siècle, confirme encore, ce me semble, la date que j'ai assignée à la nef.

On remarque sans peine dans les murs extérieurs de l'apside des réparations modernes, attestées d'ailleurs par une inscription ; mais il est probable qu'on se sera conformé, en les exécutant, au plan primitif. Cette apside, exagone à l'extérieur, semi-circulaire à l'intérieur, est décorée de colonnes octogones à chapiteaux romans. Elles sont annelées, ou plutôt composées chacune de deux fûts de même grosseur (l'inférieur plus long que l'autre), superposés sans autre liaison qu'une légère moulure. Voilà la première fois que j'observe cette disposition bizarre. N'est-ce pas là une indication encore bien éloignée du principe qui a fait diviser, par plusieurs moulures, les longues colonnes des nefs gothiques, afin de sauver à l'œil l'exagération de leurs proportions? Toutefois les colonnes du thor ne sont rien moins que gracieuses, et d'ailleurs elles ne sont pas assez élevées pour justifier la division de leurs fûts.

Un clocher octogone et très bas est placé sur

le centre de l'église; il me paraît de la même époque que le porche méridional.

J'oubliais de mentionner l'appareil de Sainte-Marie-au-Lac, l'un des plus réguliers que j'aie encore observés dans une construction romane.

PERNES.

Je désirais visiter cette ville, pour examiner une prétendue porte romaine dont on m'avait vaguement signalé l'existence.

Cette porte, maintenant bouchée, est engagée dans le mur méridional de l'église paroissiale, à peu près au milieu du collatéral de droite. Au premier aspect, je n'ai pas douté qu'elle ne fût un ouvrage des Romains. Elle est construite d'assez grosses pierres. Son archivolte de moyenne largeur, ornée de rinceaux délicats, touche par son sommet une corniche peu saillante, soutenue par deux colonnes cannelées à chapiteaux corinthiens. A gauche, on distingue encore l'angle d'un fronton qui a été détruit. Toutes les parties de ce portail ont beaucoup souffert : les pierres se décomposent à l'air et sont rongées à une grande profondeur, au point que les ornemens de la corniche, ceux de l'archivolte et même les feuilles d'acanthe des chapiteaux, ne sont reconnaissables que sur quelques points. Cette apparence de vétusté, cette destruction à moitié consommée, ne contribuent pas peu à donner à ce fragment l'aspect d'une ruine antique.

En l'examinant de plus près, mon opinion changea; je remarquai que les pierres n'étaient pas très bien taillées, que leurs proportions n'étaient pas celles que les Romains employaient de préférence; enfin, je reconnus une ornementation tellement semblable à celle du portail de Notre-Dame-des-Domns, qu'on pourrait croire que les deux monumens ont eu le même architecte. En effet, la forme générale est la même, les oves, les palmettes, les méandres, ont été employés de la même manière dans les deux portails; leur tournure, si je puis m'exprimer ainsi, est également un peu étrange. Enfin un détail remarquable dans l'appareil se reproduit ici. Je veux parler de la coupe compliquée des tambours des colonnes engagées, à Pernes aussi bien qu'à Avignon; ces tambours sont de deux en deux terminés par une espèce de queue qui déborde, et s'engage dans le mur alternativement à droite et à gauche.

Cette disposition, ce me semble, suffirait seule

pour faire rejeter la tradition du pays, qui veut que cette porte ait été transportée là, après avoir été enlevée aux ruines d'un monument romain; mais on ne peut dire où existait ce monument; à Pernes sans doute ou dans les environs; car on ne peut raisonnablement supposer qu'on ait apporté de bien loin un fragment aussi considérable. —Mais ni à Pernes ni dans tous les environs, on ne découvre pas une pierre, pas une inscription, pas une médaille romaine; c'est un lieu exceptionnel; car il y a peu de villages en Provence où l'on ne trouve de vestiges plus ou moins bien conservés de la domination des Romains.

Tout porte donc à croire que cette porte a été construite à Pernes même, et qu'elle est contemporaine de l'église de Notre-Dame-des-Domns. Je ne pourrais que répéter ici les conjectures qui m'ont engagé à lui assigner une date dans le viie ou le viiie siècle.

L'église a subi de nombreuses réparations, dont quelques-unes sont évidemment très anciennes. En cherchant une crypte, j'ai remarqué, du côté du cimetière qui est au nord, des arcades bouchées, dont le sommet seul, s'élève au-dessus de terre; leurs naissances indiquent un niveau bien inférieur à celui de la porte que je viens de décrire; or, comme je ne puis admettre qu'elle soit un placage relativement moderne, j'en ai conclu qu'il existait sous l'église actuelle, une chapelle souterraine. Cette opinion a été confirmée par le curé, qui m'a assuré que son prédécesseur lui avait parlé d'une église souterraine, bouchée à une époque antérieure à celle où il avait pris possession de sa cure.

L'église est en forme de basilique, régulièrement orientée. Autrefois elle était divisée en trois nefs par quatre arcades en plein cintre de chaque côté; mais les collatéraux sont maintenant occupés par des chapelles, séparées par des murs de refend appuyés sur les piliers.

Le chœur et l'apside sont très modernes. Ils ont été refaits, dit-on, dans le xviiie siècle. — La porte principale s'ouvre par le côté droit de l'église, à l'entrée de la nef; elle est surmontée d'un clocher. Je n'ai pas observé de vestiges d'une porte opposée à l'apside.

La voûte de la nef est ogivale, de forme à peu près semblable à celle de la cathédrale de Vaison. Les retombées de l'ogive s'appuient sur une corniche ornée de palmettes très élégantes. Au-dessous, règne une espèce de frise à rinceaux délicieux, tous variés et tous de très bon goût. Quelques-uns ont la plus grande analogie avec ceux de la porte latérale. Auprès de la porte d'entrée actuelle, cette frise disparaît tout à coup. Je ne serais pas étonné qu'autrefois, en cet endroit, un mur perpendiculaire à l'axe de la nef n'eût formé un vestibule comme on en voit fréquemment dans nos anciennes églises.

La voûte est renforcée par des arcs doubleaux formés de pierres taillées et bien appareillées. Aucune trace de réparation moderne ne s'y fait remarquer, et il est impossible de ne pas croire qu'elle est contemporaine de la corniche et de la frise placée au-dessous. Mais ces ornemens eux-mêmes paraissent être du même temps que ceux de la porte que j'ai attribuée au viie ou viiie siècle.

J'avoue que je suis un peu effrayé d'être mené si loin. J'ajouterai une circonstance qui est de nature à modifier les conclusions que l'on peut tirer de ce qui précède. Les chapiteaux des pilastres sont historiés et ressemblent fortement à ceux du xiie siècle. Il est vrai que couverts d'un épais badigeon, et d'ailleurs fort élevés, on ne peut en examiner le style aussi attentivement qu'il serait nécessaire.

Ou bien ces chapitaux ont été travaillés sur place et très postérieurement à la construction de l'église; ou bien, si l'on admet qu'ils sont du xiie siècle, il faudra regarder aussi la voûte et la frise comme de la même époque.

Quelle que soit l'opinion qu'on adopte, on trouve toujours une difficulté immense à rapporter à la même époque des détails de styles si différens. Quant à la porte, quelle que soit la date que l'on donne à l'intérieur de l'édifice, on ne peut, je crois, la supposer d'un autre temps que celle de Notre-Dame-des-Doms, dont elle est évidemment la copie.

CARPENTRAS. VENASQUE.

L'aspect de Carpentras, comme celui de la plupart des petites villes du Comtat Venaissin, est tout militaire. A l'étendue près, son enceinte est absolument semblable à celle d'Avignon, et doit avoir été élevée, ou du moins restaurée, dans le même temps. A vrai dire, on ne trouve guère de village si petit qu'il n'ait son mur crénelé, flanqué de tours à machicoulis. Dans ces fortifications on pourrait peut-être distinguer deux époques, dont la plus ancienne se dénote par l'irrégularité de l'appareil et l'absence des machicoulis. Probablement ces premières constructions datent des guerres des comtes de Toulouse, au XII° siècle; les murailles à machicoulis, et dont l'appareil est moyen et régulier, auront été bâties peu de temps après la cession du Comtat au Saint-Siége, et l'établissement des Papes à Avignon.

L'arc de triomphe de Carpentras a été longtemps enclavé et comme enfoncé dans les cuisines de l'évêché. Engagée dans une maçonnerie moderne, une de ses faces s'est assez bien conservée; maintenant la démolition récente des bâtimens de l'évêché permet de circuler autour du monument et de le voir de tous les côtés.

Il n'en reste qu'une voûte assez élevée, dont l'archivolte extérieure est soutenue par des pilastres cannelés, et des impostes d'ordre composite, plus riches qu'élégans. Aux quatre angles extérieurs des massifs, on remarque des tronçons de colonnes cannelées dont la base s'élève à peu près à moitié des pilastres et repose sur un soubassement lisse. Les deux faces latérales de l'arc offrent chacune un bas-relief représentant deux captifs attachés les mains derrière le dos à un trophée. Tout l'amortissement de l'arc, à partir du sommet de l'archivolte, est détruit, et pour préserver la voûte, on l'a recouverte d'une espèce de toit en pierre dont l'effet est loin d'être agréable.

Les sculptures d'une saillie très forte, rappellent par leur style et leur composition, celles de l'arc d'Orange, et tout porte à croire qu'effectivement les deux monumens sont contemporains. Quoique incorrects, ces bas-reliefs produisent de l'effet. Il faut en convenir, je ne connais pas un seul ouvrage des Romains qui n'ait un caractère de grandeur qui rachète bien des fautes de goût. La face orientale est la mieux conservée, d'ailleurs les motifs sont les mêmes pour les deux côtés. Non-seulement les figures ont une grande saillie, mais les parties auxquelles, en raison de leur éloignement supposé, on n'a pas donné un fort relief, se détachent cependant du fond d'une manière très puissante, au moyen d'une ligne profondément fouillée qui en cerne les contours. Ce procédé fréquemment employé par les Romains dans la sculpture monumentale, surtout à la décadence de l'art, ne produit pas un mauvais résultat quand le spectateur est placé à une distance convenable. On en trouve aussi des exemples assez nombreux dans la première période romane.

On observe sur chaque face de l'arc de triomphe deux costumes très différens : l'un des captifs, sans barbe, est vêtu d'une tunique courte, à manches, boutonnée par devant et serrée par une ceinture; un grand manteau couvre ses épaules et tombe jusqu'à terre; sa tête est couverte d'un bonnet phrygien, et ses pantalons sont serrés autour des jambes par des courroies croisées. A côté de lui est un homme barbu, les bras et les jambes nues, n'ayant pour tout vêtement qu'une peau à long poil, qui tombe jusqu'aux genoux par derrière et par devant, à peu près comme le *tabard* d'un héraut d'armes. J'ignore si l'artiste a voulu représenter deux nations, ou bien simplement un chef et un simple soldat. Auprès de chaque captif est une arme qui, je le présume, caractérise la tribu barbare à laquelle il appartient; l'une est une hache à deux tranchans, l'autre un poignard courbe dont la poignée très petite et contournée ressemble à celle d'un *cris* malais. Le désir de flatter la vanité des vainqueurs a fait donner aux vaincus l'apparence d'une force extraordinaire, des muscles énormes et une largeur d'épaules surtout, évidemment exagérée.—Parmi les pièces des trophées, des carquois, des javelots, des épées, on distingue deux cors semblables aux oliphants du moyen-âge.

Les travaux de déblaiement opérés dans l'évêché ont dégagé une partie des murs d'une vieille église ruinée, Saint-Siffrin (*sanctus Suffredus*). Une frise ornée de rinceaux, assez mauvaise imitation de l'antique, quelques pilastres à chapiteaux romans, voilà tout ce qui reste de cet édifice que je crois du XIe siècle. Une tour octogone toute délabrée, dépendante de la même église, me paraît postérieure d'un siècle au moins (1).

(1) Elle serait plus ancienne si c'est elle qui est désignée par le passage suivant d'une charte citée dans la *Gallia Ch*[a]*. Ecc. Carp*[s]. : « *Anno* 1226. *Isnardus acquisivit partem quam habebat in turre veteri versus antiquam portam.* » La position convient bien à la tour actuelle de Saint-Siffrin ; mais il est probable qu'elle aura été restaurée complètement sans perdre pour cela son nom de *tour vieille*.

La cathédrale de Carpentras a été bâtie en partie sur les ruines de Saint-Siffrin, au xive siècle, à ce qu'il paraît. Le portail est décoré de plusieurs colonnes en marbre blanc et rose, que l'on dit antiques et enlevées à un temple de Diane à Venasque (1).

Quelques inscriptions remarquables sont conservées au musée de Carpentras, une entre autres en caractères phéniciens. J'y ai remarqué en outre plusieurs bronzes, et des fragmens antiques intéressans, soit pour leur rareté, soit pour le mérite du travail. Le médailler se compose d'environ 6000 pièces; mais c'est la bibliothèque surtout qui renferme des richesses considérables; outre un grand nombre de livres rares, elle possède plus de 700 manuscrits, parmi lesquels on distingue les ouvrages et la correspondance de Peyresc, formant à eux seuls 180 volumes (2).

L'annuaire du département de Vaucluse signale l'existence d'un temple antique à Venasque, commune éloignée de deux à trois lieues de Carpentras.

---

(1) Voir plus bas ce qu'est ce temple prétendu.

(2) En ouvrant un manuscrit du xiie siècle contenant des extraits des Saints-Pères, le hasard m'a fait tomber sur un fragment d'une lettre de l'évêque Foulques de Toulouse, copiée sur la garde du livre. C'est une relation de la bataille de Muret, gagnée en 1213 par Simon de Montfort sur les Albigeois. Je ne crois pas qu'elle ait été publiée. Elle est malheureusement incomplète.

« On ne sait, » dit l'auteur, « si ce temple a été dé-
« dié à Diane, comme on le croit généralement,
« ou bien à Vénus; le nom de de Venasque semble
« confirmer la seconde opinion. » Malheureusement, l'une n'est pas plus fondée que l'autre.

Le prétendu temple, qui sert aujourd'hui de cellier au curé de Venasque, est d'une forme singulière ; c'est une coupole peu élevée inscrite dans un carré, sur les faces duquel sont placés quatre apsides ou culs de four, correspondant aux points cardinaux. L'appareil est petit, irrégulier et très grossier; les voûtes des culs de four sont en blocage et celles de la coupole en moellons. Nulle part je n'ai vu de vestiges d'un enduit quelconque appliqué sur les murs. A l'extérieur, la décoration de l'édifice est nulle, autant que j'en ai pu juger; car un côté surplombe un rocher élevé, et les autres sont en partie engagés dans des maisons modernes. A l'intérieur, cinq grandes colonnes corinthiennes, dont le fût est de marbre rose et blanc, et les chapiteaux de marbre blanc, soutiennent un reste de corniche informe; on voit qu'elles devaient être autrefois au nombre de douze, trois pour chaque angle rentrant, formé par l'intersection de chacun des demi-cercles des apsides avec les faces du carré. Six colonnes beaucoup plus petites en cipolin, granite ou pierre, sont disposées autour de chacune des apsides supportant une arcature cintrée, à claveaux mal taillés, annonçant le travail le plus barbare. Bien que tous variés, leurs chapiteaux indiquent en général une imitation du galbe des chapiteaux corinthiens des grandes colonnes; les ornemens d'ailleurs sont de fantaisie; aucun n'est historié, et leur décoration est surtout empruntée au règne végétal; les feuillages sont très lourds et mal exécutés; quelques-unes des corbeilles, de forme conique, n'ont pour tout ornement que des cannelures. J'en ai dessiné une surmontée de quatre tailloirs, si l'on peut donner ce nom à quatre parallélipipèdes plats empilés l'un sur l'autre. A gauche de la porte d'entrée, percée au milieu de l'apside méridionale, on voit l'ouverture de deux tuyaux qui, probablement, ont servi à une piscine. Quant au pavé, il n'en reste pas le moindre débris; le sol même, très inégal, paraît avoir été bouleversé anciennement. Les ouvertures qui éclairent l'édifice, m'ont semblé modernes, ou du moins très élargies par des réparations plus ou moins récentes.

Il ne me paraît pas douteux que le prétendu temple ne soit une chapelle chrétienne, peut-être un baptistère, probablement du commencement du xie siècle; les cinq grandes colonnes sont antiques assurément. Il se peut que les fûts des petites le soient aussi (1); tout le reste appartient à la période romane.

J'ai cherché dans le village quelques débris de constructions romaines; car il ne me paraissait pas vraisemblable qu'on eût transporté de loin ces lourdes colonnes, pour les percher au sommet d'un rocher que les mulets ne gravissent qu'avec peine. J'ai trouvé, il est vrai, quelques fragmens de bas-reliefs du Bas-Empire, d'un travail très médiocre, mais pas un pan de mur qui me parût de maçonnerie romaine. Les murailles de l'ancien château sont construites en partie d'énormes blocs assez bien taillés, qui peuvent provenir d'un édifice antique; mais cela n'est qu'une supposition, que je ne puis justifier par aucune preuve. — L'église actuelle, très voisine de la chapelle que je viens de décrire, appartient à cette classe de monumens dont la Provence fournit tant d'exemples, et dont la date offre bien de l'incertitude. L'ogive à large base s'y trouve à côté du plein cintre roman, et accompagnée de détails qui paraissent empruntés à l'architecture antique. La voûte ogivale était peinte autrefois; mais elle a été badigeonnée, et l'on n'aperçoit la couleur ancienne que dans quelques places où le badigeon s'est écaillé. Au-dessous

---

(1) La différence très sensible de leurs diamètres me paraît confirmer cette opinion.

d'un clocher carré fort bas, placé au centre de l'église, entre la nef et le chœur (le chalcidique), s'élève une coupole ovoïde avec quatre pendentifs, sur lesquels sont sculptés les attributs symboliques des évangélistes. La porte principale, à l'occident, paraît un peu plus moderne que l'intérieur de l'église; elle est cintrée, avec des archivoltes ornées de rosaces bien travaillées. Des colonnes à chapiteaux historiés se groupent des deux côtés. — Je suppose que cette porte est du milieu du xiie siècle, et que l'église appartient au commencement du même siècle, ou peut-être à la fin du xie.

La forme de basilique, la coupole au-dessus du chalcidique, et le mélange de souvenirs antiques et de caprices du moyen-âge dans l'ornementation, tels sont les caractères les plus constans de l'architecture romane en Provence.

CAVAILLON.

L'arc romain de cette ville était autrefois enclavé dans le palais épiscopal; les évêques de la Provence en voulaient aux monumens antiques.

Aujourd'hui ce palais est démoli, et l'arc, engagé par une de ses faces latérales dans un mur d'enceinte du moyen-âge (1), sépare le jardin de la cure d'un pensionnat de demoiselles. Il est fort mutilé; l'amortissement est détruit et l'arcade même a été bouchée. Son archivolte couverte de rinceaux, et supportée par des piédroits ornés de même, ne manque pas d'élégance; mais il est évident qu'une restauration ancienne et maladroite a beaucoup contribué à altérer le caractère primitif du monument, car les rinceaux ne s'accordent pas, les pierres ayant été changées de place. Peut-être aussi a-t-il été élevé vers la décadence de l'art, avec les débris d'un édifice dont la destination n'est point connue; car c'est depuis un temps immémorial que l'on fait du neuf avec du vieux.

Deux pilastres (un seul existe encore), portant les mêmes ornemens, soutenaient sans doute une corniche, détruite ainsi que les chapiteaux. De chaque côté de l'archivolte, entre son sommet et les pilastres, on voit une Victoire ailée, courte et maigre, tenant une palme et une couronne. Cette sculpture est médiocre, mais les rinceaux ne manquent pas d'élégance. Je viens de décrire ce que l'on voit de l'arc du côté de la cure.

(1) Quelques archéologues le croient antique. L'arc aurait alors été une porte de la ville. Si le mur est véritablement antique, il appartient aux derniers temps de l'empire.

Du côté du pensionnat, la décoration est la même, mais les rinceaux sont tout à fait frustes et on les devine plutôt qu'on ne les voit. On a fait de la voûte une espèce de grotte à prendre le frais. Cette voûte est formée d'une série de cintres parallèles, appliqués l'un à côté de l'autre, comme des tranches de pierre, si l'on peut s'exprimer ainsi. Cette construction bizarre se reproduit fréquemment dans les voûtes romaines de peu d'étendue. Une des tranches intérieures est en blocage, autre preuve d'une restauration ancienne; et la première seulement est ornée de caissons à rosaces assez délicatement refouillées. La seule face latérale qu'on puisse observer, présente à peu près les mêmes ornemens que les deux faces principales, mais jetés pêle-mêle avec des fragmens du même monument ou d'un autre peut-être. Il semble qu'on n'ait fait attention qu'à une seule chose, c'est à présenter les pierres du côté sculpté. Peu importe d'ailleurs comment elles sont appareillées; ainsi l'on voit un claveau d'archivolte enchâssé tant bien que mal avec d'autres fragmens qui peuvent avoir fait partie de pilastres ou de piédroits.

L'église de Cavaillon, autrefois cathédrale, présente plus d'intérêt que cette ruine informe. Son plan est celui d'une basilique régulièrement orientée, terminée par une apside exagone à l'extérieur, mais semi-circulaire à l'intérieur. Autrefois, sans doute, l'église était divisée en trois nefs, mais des chapelles latérales occupent maintenant toute la largeur des bas-côtés. Les murs de la nef s'appuient sur d'énormes piliers qui s'élèvent jusqu'aux retombées de la voûte, séparés par des arcades cintrées, tandis que la voûte est en ogive de la même forme que celles que j'ai eu si souvent occasion de décrire. La partie inférieure des piliers, depuis le sol jusqu'au-dessus des arcades, est décorée de pilastres ; le haut, de colonnes torses ou cannelées, fuselées, engagées dans les angles rentrans formés par l'intersection des piliers et du mur de la nef. Sur le fût de quelques-unes de ces colonnes, on voit des animaux sculptés en relief : tantôt c'est un serpent qui se roule autour du fût et semble s'élancer vers le chapiteau ; tantôt un aigle enlevant un mouton ; quelquefois des animaux fantastiques. Les chapiteaux sont à feuillages, en général très bien exécutés et refouillés profondément, de manière que l'opposition de l'ombre des parties creuses augmente la saillie de celles qui sont détachées. Il me semble voir dans le choix des végétaux que le ciseleur a imités, et surtout dans le galbe du chapiteau, un commencement de transition entre le style roman et le gothique.

Six colonnes terminent les angles extérieurs de l'apside. Une seule a un chapiteau corinthien pur, les autres sont à feuillages plus ou moins bizarres.

Une corniche entoure l'apside au-dessous du toit ; elle est remarquable par l'imitation de quelques motifs antiques, qui contrastent singulièrement avec des espèces de consoles ou de modillons, curieuses fantaisies de l'art roman. J'ai revu là un joli chapiteau (il est employé comme console), formé d'une longue feuille dentelée roulée en boule sur elle-même.

A l'entrée du chœur s'élève une voûte ovoïde, à pans coupés dans le bas, avec les symboles des évangélistes, ornemens presque inévitables de ces pendentifs. Une tour octogone assez basse, flanquée de colonnes romanes, domine tout l'édifice.

Quant à la façade, elle est toute moderne et on ne peut plus laide.

Un cloître petit et sombre communique à l'église du côté méridional. Contre l'usage ordinaire, la cour qu'il renferme est plus basse que les galeries. Ses arcades cintrées n'ont pas plus de quatre pieds de haut. Contre les piliers sont appliquées de petites colonnes cannelées ou torses à chapiteaux romans historiés, mais malheureusement tellement frustes qu'on ne peut guère en apprécier le travail. Le mur, du côté de l'église, présente quelques bas-reliefs également très mutilés, qui m'ont paru appartenir au xive siècle.

La cathédrale de Cavaillon porte encore le nom de Saint-Véran (*Sanctus-Veranus*), bien qu'elle ait été consacrée à la Vierge en 1251, par Innocent IV. Doit-on penser que cette dédicace s'applique à une reconstruction complète ou bien à une restauration? Pour moi, il n'est pas douteux que la plus grande partie de l'église est antérieure au XIIIe siècle, et si la date que je viens de citer n'était attestée par les témoignages les plus authentiques, je n'aurais pu l'admettre. L'apside tout entière est certainement du XIIe siècle au moins, et il est probable qu'elle est encore plus ancienne. J'avoue qu'il m'est difficile de distinguer les portions de l'édifice dont la restauration a causé la dédicace: les voûtes peut-être, la tour octogone, et surtout les longs piliers, premier résultat de l'influence gothique, qui se révèle par des lignes perpendiculaires très prolongées, peuvent appartenir au XIIIe siècle. L'ornementation est restée toute romane. Quant au cloître, il est du XIIe ou plutôt de la fin du XIe siècle.

La date de l'église de Cavaillon avait un peu troublé mes idées sur l'ancienneté de l'ogive dans la Provence. En effet, voilà cette même ogive employée sans progrès sensible dans sa forme au milieu du XIIIe siècle; mais faut-il en conclure qu'elle n'était pas connue auparavant? Les voûtes de Vaison et bien d'autres ont été construites au plus tard au commencement du XIIe siècle. Tout au plus doit-on inférer que l'ogive, dans cette partie de la France, n'a point été mise en œuvre par des architectes habiles, et qu'elle est restée stationnaire. J'ai eu fréquemment occasion de remarquer, dans le cours de mon voyage, qu'elle se rencontre le plus fréquemment dans les églises de moindre importance, et dans celles qui sont plus considérables, seulement à l'intérieur. A mon sentiment, l'usage de l'arc pointu dans le S.-E. de la France n'a été adopté qu'en considération de la facilité et de la solidité de sa construction. Il s'est borné exclusivement et pendant long-temps aux voûtes et aux arcades *intérieures* d'une grande portée, sans que pour cela le caractère général de l'architecture ait changé matériellement : on ne soupçonnait pas de quelle utilité il pouvait être dans l'ornementation, car les façades, les étages supérieurs des tours, les fenêtres ornées de chambranles, étaient cintrées. Dans le nord même, que l'on y songe bien, l'ornementation gothique est sensiblement postérieure à l'adoption de l'ogive, et il a fallu du temps pour que d'accessoire cette forme devînt principale. En résumé, je pense que l'ogive n'a été employée que par nécessité dans la Provence au xiie siècle, et qu'à la même époque, le plein cintre demeurait la forme régulière, classique, réputée la plus belle.

APT. BUOUS.

A deux lieues d'Apt, à gauche de la route de Cavaillon, on voit un pont romain jeté sur un torrent presque toujours à sec; on l'appelle le pont Julien, et on l'attribue à Jules César pour lui donner une illustre origine; il a trois arches, celle du milieu plus large que les autres; en outre, deux ouvertures cintrées assez larges sont pratiquées au-dessus des deux piles principales; elles donnent au pont une apparence de légèreté, et leur objet est, de plus, de faciliter l'écoulement des eaux dans les débordemens. L'arche du milieu et les piles sont construites de gros blocs juxtaposés sans ciment. On a enlevé les crampons qui les liaient l'un à l'autre, sans que l'eau ait produit le moindre dégât dans les trous profonds que cette opération a exigés. Les autres arches sont revêtues à l'intérieur de petites pierres; il n'y a que le parement extérieur qui soit de grand appareil. Le parapet actuel n'a que sept à huit pouces de haut; je ne crois pas qu'il ait été rasé à une époque postérieure à la construction du pont. Il dépasse légèrement l'aplomb du parement des arches. Un fragment de voie romaine, pavée de grosses pierres irrégulières, se montre aux abords du pont, et s'en écarte dans une direction oblique.

Apt et ses environs renferment des ruines romaines, que des fouilles, ou même les simples travaux des champs, mettent tous les jours à découvert. Malheureusement, la ville ne possède pas de musée, et le petit nombre de personnes qui prennent intérêt aux études archéologiques, ne s'occupent guère qu'à recueillir des médailles. Peu de temps avant mon arrivée, un propriétaire d'Apt avait découvert une belle colonne antique et quelques fragmens assez remarquables; pendant quelques jours, l'affluence fut grande pour les examiner; mais bientôt le propriétaire, ennuyé des curieux et des questions sans fin qu'on lui adressait, prit le parti de tout recouvrir de terre. Nul doute que des fouilles bien dirigées n'eussent des résultats importans.—Il y a peu de mois, les travaux de la route nouvelle ont fait trouver plusieurs tombeaux assez remarquables.

L'abbé Boze, dans son Histoire d'Apt, attribue la fondation de la cathédrale (dédiée à sainte Anne) à saint Castor, qui vivait dans les premières années du ve siècle. La tradition porte que, pour la bâtir, il tira ses matériaux d'un amphithéâtre antique, lequel fut ainsi détruit. Vers le milieu du xie siècle, l'évêque Eliphant, Alphand, Oliphant,

(*Eliphantus*) la fit rebâtir à ses frais. Enfin au xiv® et au xv®, elle subit de nouvelles restaurations.

Dans son état actuel, l'église de Sainte-Anne a trois nefs, dont la principale et celle de gauche datent de la dernière époque. L'architecture est gothique, lourde et sans grâce; elle n'offre rien d'intéressant. Le collatéral droit, seul reste de la construction du xi® siècle; sa voûte est cintrée, d'arêtes, sans nervures; les piliers sont des massifs carrés, sans colonnes engagées. Enfin, le seul ornement intérieur qu'on y remarque, c'est une corniche très simple dont les moulures ont un caractère antique.

Sous l'apside est une crypte assez grande pour servir de chapelle, et divisée en trois parties par des piliers disposés en demi-cercle vers l'orient, figurant ainsi un chœur entouré de bas-côtés. Au centre de l'hémicycle intérieur, on voit un autel fort ancien, dont le devant provient d'un tombeau antique. On n'en peut trouver de plus respectable; car le Saint-Esprit en personne y a dit la messe. Les voûtes d'arêtes s'appuient sur des piliers carrés, courts et massifs, plus larges que les retombées.— En architecture, ce qui est contraire à la raison est presque toujours disgracieux. En effet, on ne peut rien voir de plus laid que ces minces arêtes, semblables à des clés pendantes, posant sur cette base, dont la grosseur n'ajoute rien à la solidité de la construction.— Deux tombeaux de flamines, dont l'un paraît avoir servi de fonts baptismaux, sont conservés, je ne sais pourquoi, dans cette crypte. En voici les inscriptions :

N° 1.

T CAMVLLIO	Tito Camullio
T·FIL·VOLT·AEM	Titi filio, Voltiniâ tribû, Æmi-
LIANO·FLAMINI	-liano, flamini,
I^{III}I VIRO·COL·IVL·APT	quatuor viro, coloniæ, Juliæ aptæ,
ORDO A ... NS.I.VS	Ordo...
. . . .	
. . . ONORE CO.	
. . . . . DIVV	
II . . . . . II	

N° 2.

C. ALLIO CF..	Caio ALLIO Caii filio,
VOLT · CELERI	Voltiniâ tribû, Celeri,
I^{III}IVIR · FLAM	quatuorviro, flamini,
AVGVR COL · I	Auguri, coloniæ Juliæ
APT EX V DEC	Aptæ, ex vicanorum decreto
VORDENSES	Vordenses (Gordes?)
PA I	Pagani
PA . . . . O.	Patrono. (*Vid. Orelius*, 197.)

Le long des bas-côtés, d'autres tombeaux sont rangés sur des espèces de bancs; leur forme est celle d'un coffre avec un couvercle élevé. Trop courts pour contenir des corps, ils ont sans doute servi à renfermer des reliques. Leur face principale est ornée de deux arcs en plein cintre, inscrits dans une ogive. Je les crois postérieurs à la construction de la crypte, que sa voûte, semblable à celle du collatéral droit de l'église, me fait regarder comme un ouvrage du xi* siècle.

De cette première crypte on descend dans une seconde, si l'on peut appeler crypte trois couloirs étroits parallèles, correspondant aux divisions de la chapelle supérieure. Au lieu de voûtes, de grandes pierres plates, à peine travaillées, s'appuient par leur extrémité sur des massifs épais. Leur surface est rude, et elles sont d'ailleurs fort enfumées ; car dans ce lieu, aussi bien que dans la première crypte, la lumière du jour ne pénètre jamais. J'ai lu sur une de ces pierres ce nom : ALBOINVS en lettres fort anciennes, mais dont je ne puis déterminer exactement la date. S'il reste quelque chose de l'église de Saint-Castor, ce ne peut être que ce souterrain. On dit, mais sans aucune preuve, qu'il communique avec un ancien aqueduc, et que, durant la persécution des chrétiens, on ammenait par là les enfans qu'on ne pouvait baptiser qu'en secret. Si cette histoire était vraie, il faudrait renoncer à saint Castor, et supposer que saint Auspice, par exemple, le premier martyr d'Apt, a construit cette crypte.

A deux lieues d'Apt environ, dans une vallée étroite et profonde, s'élève le rocher de Buous, qui n'est accessible que d'un seul côté par un sentier étroit, surplombé par d'énormes blocs de pierre, et difficilement praticable pour un homme à cheval. Il est célèbre dans l'histoire d'Apt par le château construit à son sommet, occupé long-temps, durant les guerres civiles, par les protestans qui en sortaient pour rançonner le voisinage. Vers la fin du xvie siècle, il a été entièrement démantelé. Comme type d'une fortification au moyen-âge, ses ruines sont intéressantes à étudier.

Un plateau en pente douce, s'élevant vers l'orient, termine le rocher. La partie inférieure du plateau est défendue par un ouvrage avancé, composé d'un petit réduit carré, faisant face au sentier, et d'une muraille crénelée et garnie de tours à angle droit avec le réduit, en sorte que l'assaillant, pour forcer la porte, devait s'exposer à des décharges en front et en flanc.

On trouve ensuite un second fort, éloigné du premier de quelque cent pas et environné d'un fossé. Derrière est une chapelle gothique du xive siècle, je crois, toute en ruines; puis des magasins, des souterrains, des silos, des citernes, creusés dans le roc. En montant toujours, on arrive à un troisième fort, défendu par un fossé et une muraille crénelée. Enfin un petit réduit carré, bâti plus solidement que les autres, sur le point le plus élevé du rocher, domine l'ensemble des fortifications. C'est là que la garnison pouvait trouver un dernier refuge, lorsque tous les ouvrages extérieurs étaient emportés. Il faut remarquer que chacun de ces forts est ouvert par derrière, à l'orient, afin qu'il ne pût servir à l'ennemi qui s'en serait emparé. Les murailles et les fossés s'étendent perpendiculairement à la longueur du plateau, et chaque extrémité de la ligne vient aboutir aux précipices qui entourent le rocher.

Dans une enceinte fortifiée, où tout a été sacrifié à l'utilité, on ne peut s'attendre à trouver de ces ornemens d'architecture qui caractérisent sûrement une époque. Le château de Buous n'en offre presque aucune trace ; cependant, autant qu'il m'a été possible d'en juger par quelques conjectures tirées de l'examen des meurtrières, des portes dont le chambranle s'est conservé, et des tours dont le diamètre est très petit, je n'ai rien trouvé qui pût être considéré comme antérieur au XIIIe siècle. La plus grande partie des constructions paraissent même dater du XVIe siècle, ou du moins ont été considérablement réparées à cette époque où l'art de la guerre a reçu de si notables modifications. Je ne doute pas cependant que, longtemps avant le XIIIe siècle, les avantages naturels que présente la position de Buous n'eussent été appréciés, et je ne serais pas étonné qu'une station romaine eût existé dans ce lieu : une assez grande quantité de tuiles, qui paraissent antiques, jonchent le plateau entre le second et le troisième fort. Avant l'invention de la poudre à canon, les sites convenables pour la défense ont été les mêmes pour les Gaulois et les Romains, comme pour les châtelains du moyen-âge, et il n'est pas rare de trouver dans le même lieu des traces de son occupation militaire par différens peuples et par des générations successives.

Au bas du rocher, il y avait autrefois une exploitation considérable de pierres de taille. On y fabriquait sur place quantité de tombeaux, et l'on en voit encore un grand nombre ébauchés, qui sont restés dans la carrière. Leur forme a beaucoup de ressemblance avec les cercueils des premiers siècles du christianisme. J'en ai remarqué plusieurs doubles et un seul taillé pour recevoir trois corps. Le grand nombre de tombeaux, qu'on découvre tous les jours dans les environs d'Apt, provient peut-être de la carrière de Buous.

Non loin du château, à l'intersection de la vallée de Buous et de celle de Menerbes, sur le chemin d'Aix, s'élève une tour romane carrée, mais beaucoup plus haute que la plupart des tours de cette époque; elle n'a pourtant que deux étages. Chaque face est percée d'une fenêtre en plein cintre avec deux colonnes engagées, dont les chapiteaux à feuillages ont tout le caractère de la sculpture du xii° siècle. Placée sur un point culminant entre les deux vallées, cette tour semble destinée à servir de point d'observation. Les colonnes et leurs ornemens ne permettent pas de supposer cependant qu'elle ait été construite pour servir de défense; mais, d'un autre côté, il faut expliquer sa hauteur inusitée. Si, comme je le présume, le château de Buous était fortifié dès le xii° siècle, elle a pu lui servir de vigie. Une petite chapelle romane, dépourvue d'ornemens, est adossée à la tour. On appelle ce lieu Saint-Symphorien.

CADENET.

En allant à Aix, je me suis arrêté quelques momens à Cadenet, pour examiner les fonts baptismaux de son église. C'est une moitié de cuve elliptique en marbre blanc, scellée dans la muraille, où elle est engagée perpendiculairement à son axe. L'intérieur représente une bacchanale, dont les figures, d'un fort relief, ont environ deux pieds et demi de haut. A droite, un personnage, Bacchus sans doute, le sceptre à la main, s'avance sur un char traîné par un centaure. Il est suivi de Silène et d'une troupe d'enfans, figurés, suivant la manière antique, comme de *petits hommes.* A gauche, une femme est couchée, le haut du corps nu. Au-dessus d'elle, un gros muffle de lion se détache de la cuve comme un mascaron de fontaine. Comme il n'est pas percé pour recevoir un tuyau, je ne puis m'expliquer son usage. Il nuit d'ailleurs à l'effet général du bas-relief.

Je pense que ce fragment provient d'une vasque de fontaine antique. Je n'ai pu me procurer aucun renseignement sur son origine. La belle conservation, le fini du travail et la grâce de la composition, qui pourtant n'est pas exempte de manière, indiquent qu'il appartient à une époque voisine encore des beaux temps de la sculpture antique.

AIX.

On trouve à Aix un grand nombre de substructions romaines, et même quelques portions de murailles antiques hors de terre. Une des plus considérables, de grand appareil, est, dit-on, un reste de la *cella* d'un temple d'Apollon, sur l'emplacement duquel est bâtie en partie la cathédrale de Saint-Sauveur. Le collatéral de droite est fermé par ce mur. On voit qu'il y a peu d'églises plus anciennes que celle-ci; toutefois, elle comprend bien des époques différentes. La nef du milieu et celle de gauche sont de la fin du xvᵉ siècle. On distingue déjà le commencement du style de la renaissance, qui dans le midi, s'est établi plus tôt que dans le nord. Le collatéral droit, sans parler du mur romain, est beaucoup plus ancien, il a un grand rapport avec celui d'Apt. On sait qu'il a été bâti en 1103. La voûte est ogivale, soutenue de distance en distance par des arcs doubleaux en plein cintre. L'ogive est du même genre que celle de Vaison, Cavaillon, etc., mais pourtant un peu moins pointue. — Le baptistère, qui communique avec cette nef, est plus bas que le pavé de l'église. Il a été restauré récemment, mais d'une manière si barbare, que les dalles du pavé recouvrent des inscriptions antiques et des morceaux de marbre travaillés, débris du monument dont une partie des murs existe encore. Huit colonnes antiques de granit poli soutiennent la coupole du baptistère. Toutes, une seule exceptée, sont monolithes. Une douzaine d'autres colonnes, également en granit, provenant sans doute du même monument, appartiennent à la fabrique de Saint-Sauveur, qui les a remisées dans une ruelle auprès du collége en attendant qu'on leur trouve un emploi.

A gauche du collatéral du xiie siècle, on remarque une petite chapelle placée entre deux arcades et ornée de petites colonnes antiques.

Parmi quelques inscriptions curieuses et fort anciennes, encastrées dans le mur, on en lit une du ive siècle, je crois, qui rappelle une pénitence encourue et accomplie par un prêtre.

L'apside qu'on restaure en ce moment renferme une chapelle dédiée à saint Mître, martyr, qui comme saint Denis, porta sa tête à la main après sa décapitation. Elle est décorée à l'intérieur de bas-reliefs provenant sans doute d'un ancien tombeau chrétien. Ils représentent Jésus-Christ et ses disciples, placés chacun devant une arcade percée dans un mur crénelé. Ces arcades se retrouvent dans presque tous les fonds de bas-reliefs sculptés sur les tombeaux du bas-empire chrétien. Je ne sais si c'est une manière d'exprimer une ville, ou bien s'il y a là-dedans quelque allégorie à la Jérusalem céleste (1). Le travail est assez médiocre. Dans plusieurs parties des draperies et des fonds on voit encore des traces évi-

---

(1) C'est l'opinion de Millin.

dentes de dorures. Je n'ai observé rien de semblable dans aucun bas-relief du même temps.

Un autre bas-relief, mais du xve siècle, ou plutôt une composition de ronde basse placée devant un fond, sert de retable à l'autel de saint Maurice dans la nef de gauche. Le saint est armé de pied en cap, et porte la croix à huit pointes sur sa cotte d'armes. Près de lui, sainte Marthe est montée sur la fameuse Tarasque, espèce de bête fort innocente, qui a plutôt l'air d'un gros têtard que d'un dragon. Ces sculptures ont été entièrement peintes.

La façade n'offre pas plus d'unité de construction que l'intérieur de l'église. La partie la plus moderne correspondant à la nef principale, est d'un gothique lourd et surchargé d'ornemens mal distribués. Il semble qu'on ait eu regret à laisser une seule partie lisse.—La tour octogone qui s'élève à gauche du portail, ne manque pas d'élégance.

Dans la révolution on avait abattu les têtes de tous les saints qui garnissaient les voussures de la grande porte. Récemment on a voulu la restaurer. On a commandé à je ne sais quel tailleur de pierres tant de têtes à tant la pièce, et l'industriel les a fournies comme il a pu. Elles sont hors de proportion avec les corps; elles n'ont pas de cols, probablement on n'en avait pas commandé. Qu'on se figure une centaine de petits monstres, ayant tous un air de famille des plus ridicules. En vérité, vandalisme pour vandalisme, les mutilations des jacobins étaient moins ignobles.

On se console du triste état de cette façade en admirant ses belles portes en bois, qui se sont assez bien conservées grâce à une espèce de volet qui les recouvre, et qu'on n'ouvre que dans les grandes fêtes. Elles sont sculptées avec magnificence et bon goût. C'est en 1503 qu'elles ont été faites, à une époque où le style de la renaissance se mariait encore avec le gothique très orné du siècle précédent. Les quatre Vertus théologales et les douze prophètes y sont sculptés en grand relief. Rien de plus gracieux, de plus élégant que ces petites figures. Elles sont surmontées de dais gothiques garnis de clochetons délicats, et de ces chardons frisés si communs au xve siècle. A côté, des pilastres corinthiens chargés de rinceaux, imités de l'antique, séparent les figures et les isolent les unes des autres.

Le portail du collatéral droit rappelle un peu ceux de Pernes et de Notre-Dame-des-Doms. Il s'en faut cependant qu'il soit aussi intact et d'un goût aussi pur. Son ornementation est d'ailleurs tout antique à l'exception des colonnes romanes, torses et cannelées, engagées dans le mur, lesquelles sont, à mon sentiment, une addition du

XIII᷉ siècle. Le reste de la porte appartient probablement à la première construction de l'église ou, pour parler plus exactement, à la restauration de l'édifice antique qu'il a remplacé, restauration que je placerais vers le VII᷉ ou VIII᷉ siècle. Puis, en 1103, une autre restauration aura eu lieu, et c'est alors qu'on aura retouché cette porte en altérant son caractère par les additions dont j'ai parlé, bien qu'il soit évident que l'on a eu quelque intention d'imiter son ornementation antique.

On conserve à Saint-Sauveur un magnifique tableau à l'huile qu'on attribue au roi Réné. Il est peu probable que ce prince en soit l'auteur; mais jusqu'à présent on n'a pu en nommer un autre peintre qui fût authentique. Albert Durer, à qui quelques personnes l'on attribué, était trop jeune, et Van Eyck, dont le dessin et la manière se retrouvent dans ce tableau, était mort avant le second mariage du roi Réné.

Quoi qu'il en soit, il représente la Vierge et l'enfant Jésus sur la cime d'un arbre au milieu d'une gloire. Un ange appelle un berger qui porte une main devant ses yeux, comme pour n'être pas ébloui par l'apparition qui s'offre à lui. De l'autre main, il met ou ôte son soulier; on sait qu'en peinture, tout geste exprimant une action non terminée, est susceptible de recevoir deux interprétations. Millin y voit le buisson ardent, et Moïse se déchaussant suivant l'ordre du Seigneur. Si tel était le sujet, que ferait la Vierge, dans cette scène? Je crois plutôt que cette composition représente l'ange annonçant à un berger la naissance du Sauveur. Le peintre lui fait mettre sa chaussure, pour exprimer, suivant moi, qu'il va entreprendre un voyage. — A part la sécheresse des contours et le fini trop précieux des moindres détails, ce tableau a presque toutes les qualités qui distinguent l'ouvrage d'un grand maître, correction du dessin, noblesse des figures, vérité d'attitudes et d'expression. Les couleurs, bien qu'un peu trop vives, ne manquent pas d'harmonie. L'auteur doit être, ce me semble, un artiste de la Flandre. Dans cette école, le sentiment de la couleur a toujours existé.

Les volets qui recouvrent ce tableau, sont peints des deux côtés; ils représentent, à l'extérieur, en grisaille, la Vierge et l'ange Gabriel, d'un dessin correct, mais dur; à l'intérieur, le roi Réné et sa seconde femme, Jeanne de Laval. Sur le volet de droite, on voit le roi, donataire du tableau, entouré des saints en qui il avait plus particulièrement de foi: la Madeleine, saint Antoine, saint Maurice; et sur le panneau de gauche, Jeanne de Laval, accompagnée également de ses patrons saint Jean, saint Nicolas et sainte Catherine.

La tête de la sainte Catherine est admirable, et je ne connais pas de type plus beau de cette pureté majestueuse que notre imagination donne à nos saintes. C'est la beauté, mais tellement noble, qu'elle inspire du respect au lieu de désirs. Je préfère cette tête à celle de la Vierge qui me semble un peu maniérée. Les deux portraits du Roi et de sa femme sont d'une vérité frappante. Sur la physionomie du roi Réné, on lit toute son histoire. C'est un bonhomme blasé, plein de finesse, mais paresseux, et qui se fait avant de rien entreprendre cette question qui suffit pour dégoûter de tout: *Cui bono?* Les yeux sont vivans et tous les traits tellement étudiés, qu'on juge que la ressemblance devait être parfaite. Sa tête étant posée en trois quarts perdus, il est impossible de supposer que, du moins ce volet, ait été peint par Réné. — Cela est aussi vrai que les meilleurs Holbeins, aussi finiment rendu et d'ailleurs exécuté avec presque autant de verve. — Jeanne de Laval est remarquablement laide, si j'ose le dire, et d'une laideur qui n'est pas relevée comme celle du roi par une expression d'intelligence. Les détails, surtout les étoffes et les pierreries, sont d'un fini merveilleux, mais qui a l'inconvénient de nuire à l'effet général.

Le roi Réné s'étant marié en 1455, on voit que l'on ne peut fixer avant cette époque la date de ce tableau, car il me semble hors de doute que les volets et l'Annonciation sont de la même main.

A cette époque Albert Durer n'était pas né, et Jean Van Eyck était mort. Ce qu'il y a de plus probable, c'est que ce tableau est d'un élève du dernier.

Le cloître, attenant à l'église de Saint-Sauveur, est remarquable par la variété de ses colonnettes doublées, grêles et minces. On dirait qu'on a voulu épuiser toutes les formes possibles qu'on peut donner à des fûts. On en voit d'octogones, de cannelés, quelques-uns tors, nattés ou couverts d'ornemens de toute espèce ; enfin l'envie d'innover a été si loin qu'on s'est écarté de la ligne verticale qui semble un principe essentiel. Deux de ces colonnes se croisent de manière à présenter une espèce d'X. La voûte et les arcades sont en plein cintre, et les chapiteaux ont tous les caractères du xiie siècle, époque d'innovation s'il en fut.

La différence frappante de style entre ce cloître bizarre et le portail du collatéral de droite, est une raison de plus pour penser que ce dernier lui est bien antérieur.

Les autres églises d'Aix offrent peu d'intérêt. Celle de Saint-Jean a une jolie flèche en pierre. Son architecture est gothique, et ses longues lancettes ne sont pas dépourvues de grâce ; mais elle est pauvre d'ornemens, et le portail surtout est d'une simplicité par trop mesquine.

L'église de la Madeleine est toute moderne. On y voit quelques bons tableaux. Dans la sacristie, on conserve une Annonciation qu'on attribue à Albert Durer. Le Père souffle un petit enfant dans l'oreille de la Vierge, conformément aux idées d'Agnès. Ce tableau, d'un assez beau style, mériterait d'être mieux placé. La sacristie est si mal éclairée qu'il est très difficile de le voir.

Une tour située derrière le cours, et que l'on appelle, je ne sais pourquoi, la tour de César ou de la Caïrie, mérite d'être citée pour la manière assez heureuse dont on a lié l'étage supérieur qui est octogone avec l'étage inférieur qui est carré. Le haut paraît être du xve siècle; le bas est vraisemblablement beaucoup plus ancien.

Le musée d'Aix est tel qu'on peut l'attendre d'une ville qui renferme tant de ruines antiques. Un grand nombre d'inscriptions très curieuses y sont réunies (1), ainsi que beaucoup de fragmens intéressans, tels que des mosaïques, des vases, des masques de théâtre, des tessères, des bronzes, etc. — J'ai remarqué un torse de jeune homme d'un beau travail. Le marbre est grec, et l'exécution en est facile et à l'effet. J'ai pensé que ce pouvait être un Hylas; un reste de cruche peut justifier ma dénomination. Peut-être cette statue décorait-elle une fontaine. —Un trépied en marbre, orné de bas-reliefs, montre une danseuse

(1) Millin les a publiées pour la plupart.

qui se penche en arrière, dont la pose est remplie de grâce. — Depuis quelque temps on a placé dans le Musée une petite statue, étiquetée *Hercule gaulois, caricature théâtrale.* Rien ne prouve qu'on ait jamais tourné en ridicule l'Hercule gaulois; d'ailleurs, ses attributs sont parfaitement connus, et rien dans cette caricature ne s'y rapporte. Celui-ci est un gros manant, dont le bras et la jambe droite sont couverts d'un tissu de mailles, ou bien de poils suivant quelques-uns. La jambe gauche et le bras du même côté sont revêtus d'une armure de plaques. Il tient une grosse massue. Cette statue était appliquée autrefois contre une muraille, dans la rue. Je ne l'aurais pu croire antique, si je n'avais vu à la bibliothèque royale un bronze à peu près semblable.

On conserve dans la bibliothèque d'Aix un vase certainement antique, que sa forme tourmentée et de mauvais goût ferait prendre pour un ouvrage du temps de Louis XV. Je n'ai jamais rien vu qui prouvât plus évidemment combien on se trompe en assignant absolument à une époque donnée un style constant. Toujours il se rencontre des artistes qui, voulant innover, tombent dans tous les excès où peuvent jeter le mauvais goût et la bizarrerie.

Je recommande à tous les voyageurs de ne pas oublier d'aller voir une charmante porte de la renaissance, au fond d'un cul-de-sac horriblement sale, près de la cathédrale. En marchant avec précaution, on peut admirer de près des rinceaux, des moulures de la plus grande délicatesse et d'un travail merveilleux. On devrait bien transporter ailleurs cette porte qui mérite d'être conservée.

J'ai visité les restes d'un barrage et d'un aqueduc romain au Tholonet, petit village situé à trois quarts de lieue d'Aix. Ces constructions sont revêtues d'un parement de petites pierres assemblées avec beaucoup de régularité. L'*opus incertum* est d'une solidité extraordinaire, et le ciment qui lie les pierres brutes qui le composent est maintenant plus dur que ces pierres mêmes. —Des carrières de marbre, situées à peu de distance, étaient exploitées par les Romains. On trouve des traces de leurs travaux.

Très près d'Aix, sur la colline d'Entremont, était, dit-on, autrefois la ville des Salyens, détruite par Sextius Calvinus. On montre au Musée quelques pierres sculptées d'un travail très grossier, découvertes dans ce lieu. Des cavaliers armés de lances sont représentés sur la moins fruste de ces pierres; sur une autre, des têtes avec les yeux fermés, c'est je crois une espèce de trophée. Toutes ces sculptures portent le caractère de la plus grande barbarie. On pense qu'elles peuvent être attribuées aux Salyens, et en effet je ne vois qu'eux qui aient pu faire si mal.

L'emplacement de cette ancienne ville que j'ai visité avec M. Giraud, professeur de droit, et M. Roard, bibliothécaire, occupe presque toute la surface d'un plateau, de forme à peu près carrée, dominant la vallée d'Aix et celle de Puyricard. Le côté qui regarde Aix est d'un accès très difficile, tandis que le côté opposé s'abaisse, au contraire, en pente fort douce. C'est là qu'on voit encore quelques restes d'une enceinte qui a pu avoir une demi-lieue de tour. Les débris de murs qui s'élèvent de quelques pieds au-dessus du sol, se composent de pierres très grosses à peine taillées, superposées les unes aux autres, par assises irrégulières, sans ciment qui les lie. Derrière, est une espèce d'*agger* épais, formé de pierres de moindre dimension et de terre. Quelques parties, dans la ligne de cette enceinte, font présumer qu'elle était autrefois flanquée de distance en distance de tours carrées, d'un diamètre considérable. A l'intérieur des murs, on observe une grande quantité de pierres semblables au parement que je viens de décrire, amoncelées par les habitans du voisinage lorsque ce terrain a été défriché. Parmi ces pierres et à la surface du sol, on trouve aussi une immense quantité de débris de poteries, quelques-uns assez grands pour qu'on puisse juger de la forme des vases dont ils proviennent. Ils devaient être fort grands (quelques-uns pouvaient avoir plus de trois pieds de haut), assez semblables aux grandes jarres de Provence, c'est-à-dire de forme ellipsoïde, tronqués à chaque extrémité par un plan perpendiculaire à l'axe. On reconnaît facilement qu'ils n'ont pas été travaillés au tour, mais à la main. Les seuls ornemens qu'ils présentent sont quelques moulures grossières, tracées, soit avec le doigt sur la terre encore humide, soit avec un style de bois ou de métal. Nous n'avons trouvé aucune trace de peinture sur une centaine de ces fragmens que nous avons examinés. L'épaisseur des parois est très considérable, douze à quatorze lignes. La couleur varie du rouge brun à un rose foncé. Tous les morceaux présentent à l'intérieur une grande quantité de cristaux calcaires, quelquefois du sable : la surface seulement a été cuite; l'intérieur est encore noir. Malgré leur épaisseur, le moindre choc les brise facilement.

Mes deux compagnons, qui avaient déjà exploré les mêmes lieux, me dirent qu'ils n'y avaient jamais vu de fragmens de poteries fines. Le hasard nous servit mieux cette fois. Nous trouvâmes un morceau d'un vase plat portant quelques restes de peintures et une petite rosace moulée à l'intérieur. Nous ramassâmes encore un autre fragment d'un vase de terre noire. La pâte de l'un et de l'autre était très fine. M. Artaud, à qui je les envoyai, a reconnu dans le premier tous les caractères de la poterie étrusque.— Pas une seule tuile, pas une seule brique ne s'offrit à nous pendant notre exploration.— Plusieurs masses de fer oxidé pesant de deux à cinq livres étaient éparses au milieu des décombres. Sont-ce des scories, ou bien proviennent-elles d'instrumens de fer rongés et déformés par la rouille? Depuis que des recherches ont été dirigées dans ce lieu, on n'a pu y découvrir une seule médaille ni aucun instrument de bronze, seulement quelques couteaux et des pointes de lances ou de flèches en silex (1).

La seule pierre travaillée que nous ayons observée était ronde, plate, d'environ trois pieds de diamètre; au dire du paysan qui nous la montra, elle servait aux Romains à faire la lessive. Une rainure circulaire peu profonde a été pratiquée dans l'intérieur; un trou auquel elle vient aboutir servait sans doute à faire écouler les liquides versés sur le centre de la pierre: l'employait-on à des sacrifices, ou simplement à quelques usages domestiques? je ne puis le deviner.

L'absence de médailles, d'instrumens de bronze, de tuiles et de substructions intérieures, la grossièreté des poteries et la maladresse des sculp-

(1) Je n'ai pu les voir, et je ne sais s'il en existe à Aix. Un paysan que nous interrogeâmes, affirma qu'il en avait vu vendre à des Anglais.

tures, tout dénote, ce me semble, une époque de barbarie et un peuple voisin de l'état sauvage.

Certes, on ne peut croire que ces murs ruinés aient été l'enceinte d'un camp romain. Le parement grossier et presque cyclopéen ne convient qu'à un peuple barbare. — Ce que César dit des maisons des Gaulois, creusées dans la terre, et recouvertes de chaume, expliquerait fort bien pourquoi, à l'exception des murs d'enceinte, on ne retrouve ni substructions ni fragments de tuiles ou de briques. — Le nombre prodigieux de ces grands vases, dont les débris couvrent le sol, porte à croire que les habitans de cette ville s'en servaient pour y renfermer des grains, et probablement même une provision d'eau, car il n'y a pas de source aux environs.

Doit-on considérer cette ville comme l'*oppidum* des Salyens, que vainquit et détruisit Sextius Calvinus? Il paraît incroyable que voisins de Marseille, où les arts de la Grèce pénétrèrent de bonne heure, les Salyens, peuple puissant, puisqu'ils menacèrent cette dernière ville, n'aient eu qu'un retranchement de sauvages comme la colline d'Entremont. Cette enceinte serait-elle l'ouvrage d'un peuple vaincu par eux, de ces Celtes dont les colonies grecques commencèrent la civilisation? Peut-être expliquera-t-on la rudesse de ces constructions, en supposant que le plateau d'Entremont a été un *oppidum* temporaire, un camp retranché, une fortification improvisée, où les Salyens se retirèrent à l'approche des Romains. Aux environs d'Aix, on trouverait difficilement une position plus favorable. Le plateau domine deux vallées, et son escarpement le rend inattaquable de deux côtés. — Un grand nombre d'antiquaires pensent que les Gaulois n'avaient point de villes, dans l'acception moderne de ce mot, et que ce n'était qu'à l'approche d'un grand danger, que les populations s'enfermaient dans de vastes enceintes, fortifiées à la hâte, qu'on abandonnait ensuite lorsque la cause qui les avait fait élever avait disparu. Les détails qu'on lit dans les *Commentaires* de César, sur l'*oppidum* des Sotiates et sur celui des Vocates et des autres peuples que soumit Crassus, son lieutenant, se rapportent assez bien à l'enceinte d'Entremont. Comme cette dernière, celles-là paraîtraient avoir été munies d'un rempart du côté opposé à l'ennemi, et négligemment fortifiées de l'autre. C'est en effet par les derrières du camp, ou de l'*oppidum* des Vocates, que les Romains pénétrèrent dans l'intérieur, pendant qu'une fausse attaque était dirigée sur le front de leurs retranchemens.

SAINT-MAXIMIN.

L'église de Saint-Maximin a une certaine célébrité en Provence, où les édifices gothiques sont très rares. Elle la mérite en partie par la grandeur et la hauteur de ses trois nefs, et l'élégance de son apside. D'ailleurs, elle n'a point de façade, et l'on sait que cette partie de l'église est celle, en général, dont l'importance architecturale est la plus grande. Sa forme est celle d'une basilique sans transsepts, terminée par trois apsides. Une inscription en caractères gothiques du XVI° siècle donne les dates suivantes, pour les différentes parties de l'église :

1279.	Carolus astrifero nobis demissus olympo
	Floriger (?) erexit tecta Tonantis ope.
1480.	Andagavus pastor nostris Renatus in oris
	Hoc simul incœptum, continuavit opus.
1515.	Franciscus sublime decus radiantia pegit (?) *(Sic)*
	Templa quidem, cujus nomen ad astra volat.
1510.	Quippe Renatus........ clarâ de stirpe sabaudus
	Has ædes vitreas nunc rutilanter agit.

Les tournures poétiques et la mauvaise latinité rendent cette inscription un peu obscure. Je crois y voir cependant que la voûte (tecta), date de

1279; que la construction, suspendue vraisemblablement, a été reprise en 1480; que les vitraux (dont il ne reste pas un seul morceau) ont été faits en 1510. Je ne comprends pas trop ce que l'on a peint en 1515; ce ne peut être l'intérieur de l'église même, qui n'a jamais été badigeonnée. Peut-être s'agit-il de quelques tableaux donnés à la fabrique.

Autrefois toute l'église était pour ainsi dire à jour, les murs des bas-côtés étant percés de fenêtres qui descendaient jusqu'au pavé. Elles ont été bouchées pour faire des chapelles latérales Avant cette époque l'aspect intérieur devait être fort remarquable par la légèreté extraordinaire de la construction. Les fenêtres de la nef, et surtout celles de l'apside, sont d'une grande hardiesse. Elles sont divisées en deux par un meneau horizontal qui sans doute a pour but de reposer l'œil qui se fatiguerait à suivre l'immense ligne verticale des ouvertures. L'ogive des fenêtres comme celle des voûtes est en tiers-point. Les colonnes des piliers et les piliers eux-mêmes n'ont point de chapiteaux, mais une simple moulure, ce qui est à noter, comme une anomalie pour le temps, si la date de 1279 est exacte.

L'autel situé au bout du collatéral de gauche est dans le style de la renaissance, doré, mais d'assez mauvais goût. Quelques petits tableaux assez bons le décorent. Il porte la date de 1520.

Le curé de Saint-Maximin est un ecclésiastique instruit et un homme d'esprit. Je le félicitais de la belle teinte sombre des pierres de son église. Il sourit et me dit qu'il avait eu bien de la peine à leur conserver le noble vernis dont le temps les a recouvertes. Le conseil municipal de Saint-Maximin avait arrêté dans sa sagesse que l'église serait badigeonnée. En vain le curé avait protesté, on ne tint compte de son opposition. Le jour fixé pour l'exécution, les badigeonneurs, avec leurs brosses et leurs échelles se présentèrent à la porte de l'église, mais elle était fermée. On demande les clefs, mais le curé qui les avait, n'était pas chez lui. Il fallut se résigner à faire retraite; cependant les badigeonneurs ne se tinrent pas pour battus. Désespérant d'entrer dans l'église avec la permission du curé, ils complotèrent de s'y introduire le dimanche suivant, pendant la messe, et aussitôt après le service de se mettre à l'ouvrage. Heureusement, le digne curé avait deviné la ruse. Persuadé qu'il valait mieux pour ses paroissiens de se passer d'une messe que de voir salir leur église, il ne parut pas à l'autel, et me dit-il, « Je serais resté, s'il eût fallu, pendant un mois sans y entrer. » Les habitans de Saint-Maximin, ainsi traités en excommuniés, s'en prirent au conseil municipal qui fut obligé de lever honteusement le siége, et de renvoyer définitivement les badigeonneurs. Qu'il serait à désirer que la France eût beaucoup de curés comme celui de Saint-Maximin! — Le chœur de cette église est lambrissé de boiseries assez belles qui portent le date de 1692. La chaire et la sacristie ont également des boiseries bien travaillées et d'une propreté admirable. J'en fis compliment au curé et je lui demandai comment il avait pu obtenir les soins convenables des bedeaux et des gens de service. « C'est moi-même qui les brosse et les vernis, » me dit-il; « croyez-vous que je m'en rapporte à des ignorans pour conserver ces belles choses? »

En sortant de son église, j'ai écrit à M. le ministre de l'intérieur pour le prier de donner un tableau à Saint-Maximin. Il n'y a pas une église en France qui soit plus digne de recevoir des objets d'arts.

MARSEILLE.

20 septembre.

Il est surprenant que, dans une ville aussi ancienne que Marseille, on trouve à peine quelques vestiges de la domination grecque ou romaine. Des médailles, quelques tombeaux conservés dans le musée, un souterrain, quelques fragmens de murs et une porte, voilà tout ce qui reste de son ancienne splendeur.

La porte par laquelle César entra, dit-on, dans Marseille, est très probablement de beaucoup postérieure à la conquête qu'il fit de cette ville. En effet, elle a tout le caractère d'une construction romaine, et avant la guerre civile, il est probable que les Marseillais n'avaient d'autre architecture que celle de leurs ancêtres, les Grecs.

Les souterrains de Saint-Sauveur sont plus curieux. Ils se composent de six voûtes à grand appareil, creusées dans le flanc d'une hauteur à la droite du port, et communiquant entre elles au moyen d'un corridor perpendiculaire auquel elles viennent toutes aboutir. On pense qu'elles ont servi de corps-de-garde, ou de caserne, mais le lieu, malgré la solidité de la bâtisse, est humide, obscur, et il est impossible d'admettre que des soldats y aient été logés en permanence.

Il me paraît plus probable qu'il a servi de magasin, et cette conjecture est fortifiée par des trous pratiqués de chaque côté des murs à une certaine hauteur et médiocrement espacés. Leur forme et leur dimension prouvent qu'ils ont reçu les extrémités de grosses poutres formant un plancher destiné à supporter un poids considérable. Ces souterrains sont maintenant loués à des tonneliers à qui ils servent d'ateliers et de magasins.

Sur la place de Lynch, au-dessous de laquelle ces caves ont été pratiquées, on voit encastré dans le mur d'une maison de peu d'apparence, un bas-relief antique très fruste, sur lequel est figurée une barque, puis au-dessus, dans un encadrement séparé, deux personnages, dont l'un revêtu d'une tunique courte, présente la main à un autre recouvert d'une longue draperie. Un chien est entre deux. Au bas est un fragment d'inscription presque illisible.

La cathédrale, la Major, restaurée à plusieurs reprises, n'offre presque aucun intérêt dans son état actuel. Les murs seuls de l'apside ont échappé aux restaurations qui ont défiguré l'édifice. — L'église de Saint-Victor est probablement la plus ancienne de Marseille. Fondée par Cassien en 410, sur les catacombes de Saint-Victor, elle a été successivement détruite par les Goths et les Sarrasins. Rebâtie de nouveau, elle a été consacrée en 1040 (C), mais il ne reste presque rien de cette construction. C'est en 1200 qu'on l'a réédifiée sur un plan nouveau, roman par l'ensemble, et gothique par quelques-uns de ses détails. En 1350, le pape Urbain v, qui avait été abbé de Saint-Victor, fit élever les hautes tours carrées qui lui donnent l'aspect d'une forteresse.

Les pierres de l'enceinte, par leur forme et la solidité de leur appareil, rappellent les constructions romaines, et au premier abord on serait tenté de les croire antiques.

Sous le porche septentrional, une arcade bouchée présente une ogive entourée d'une archivolte ornée d'étoiles. Les deux piliers, gros et courts, qui flanquent la porte latérale, sont également romans. Leurs chapiteaux sont à feuillages, d'ailleurs assez mal exécutés. L'ogive de la voûte a le caractère de l'ogive du midi, largeur de la base et courbure des côtés. Quant à la décoration intérieure de l'église, elle a été si souvent retouchée, qu'elle a perdu tout intérêt. — La crypte, ou plutôt l'église souterraine, est en partie creusée dans le roc, en partie bâtie en moyen appareil avec des voûtes en plein cintre, soutenues par de gros piliers ronds. Il m'a semblé qu'il y avait eu autrefois, du moins dans quelques parties, deux étages comme à Apt; mais le plancher qui formait la séparation est maintenant détruit. Cette église communique à des galeries étroites et à plusieurs petites chapelles taillées dans le roc. Beaucoup de fragmens antiques et quelques restes d'inscriptions ont été employés dans les matériaux. D'ailleurs on n'observe aucune ornementation dans les souterrains, qui n'offrent pas de plan régulier. J'ai pourtant remarqué dans une chapelle une archivolte avec des rinceaux de pampres, un chapiteau à feuillages et un masque grimaçant. Tout cela est d'un travail très grossier et sans doute antérieur à la grande restauration de 1040.

Une des galeries est entièrement bouchée avec des tombeaux vides dont on s'est servi comme de gravois pour la combler.

On fait sur Saint-Victor le même conte qui se débite en vingt endroits différens, savoir: que ses souterrains communiquent avec la cathédrale en passant sous le port. L'idée d'un *tunnel* n'est certainement pas nouvelle, mais je doute fort qu'elle ait été jamais mise à exécution. — Autrefois plusieurs tombeaux chrétiens des premiers siècles et des inscriptions curieuses étaient conservés dans ces catacombes, mais depuis peu d'années on les a transportés au musée. La Statistique des Bouches-du-Rhône en donne la description.

Ce musée renferme en outre quelques bons tableaux. En première ligne, il faut placer une Chasse au sanglier de Rubens. C'est un de ses meilleurs ouvrages, moins lâché que ceux de sa dernière manière et non moins beau de couleur. Un des chasseurs a brisé son épieu; pâle et tremblant, tenant machinalement à la main le tronçon inutile de son arme, il attend le sanglier en hurlant d'effroi. Il est impossible de rendre plus énergiquement l'expression de la peur. Un cavalier, qui paraît le chef des chasseurs, essaie de percer l'animal de son épée; mais la pointe a rencontré le crâne épais du monstre, et la lame plie au lieu de pénétrer. Les chiens qui environnent le sanglier, les uns prêts à le coiffer, les autres renversés, sont d'une vérité de mouvement extraordinaire. Jamais on n'a mieux exprimé la confusion et le mouvement d'une chasse dangereuse.

D'autres Rubens, suivant le livret, entre autres un portrait de la famille du prince d'Orange, sont bien moins authentiques et certainement bien inférieurs à cette Chasse. Dans une école tout opposée, on admire encore une sainte famille du Pérugin. Si l'on examine chaque figure isolément, il est impossible de n'être pas séduit par la grâce et la naïveté des attitudes, la noblesse et la beauté des têtes. Quant à la composition, il en faut faire abstraction. On ne connaissait pas encore ou l'on faisait peu de cas de l'art de grouper ensemble plusieurs figures, et ce tableau-ci ne perdrait rien et gagnerait peut-être si l'on en découpait tous les personnages pour les reporter chacun dans un cadre séparé.

Les Marseillais estiment peu leur musée, du moins ils le traitent assez cavalièrement. Dernièrement on avait permis à je ne sais quel physicien de carrefour, d'y placer un ballon énorme. Si quelque accident lui fût survenu, je ne sais comment les Rubens et les Perugin s'en seraient trouvés.

Je quittai Marseille le 1ᵉʳ octobre pour me rendre aux îles de Lérins.

LE LUC.

Je me suis arrêté quelques heures au Luc sur la route de Fréjus à Marseille. On y voit les ruines d'un château dont il ne reste plus que quelques pans de murs et des souterrains. — Sur la façade d'une église ruinée, qui paraît être du xiiiᵉ siècle, j'ai observé un bas-relief en marbre, très fruste, qui peut-être provient d'un tombeau antique. Il représente un homme perçant un sanglier de sa lance; deux chasseurs, armés comme lui, semblent admirer sa prouesse, tandis qu'un troisième, grimpé sur un arbre, rappelle Sancho qui n'aimait à voir les taureaux que du haut de la galerie. L'inscription, à moitié effacée, n'offre plus que les lettres suivantes:

ACONIVS IN........VI....ANESE.

Sur un autre fragment de marbre incrusté dans la même façade, on lit:

QVEM DEDERAT CVRSVM FOR..

FRÉJUS.

L'amphithéâtre de Fréjus est encore assez bien conservé; il est construit à petit appareil, de forme elliptique, avec quatre entrées principales sur ses deux diamètres. Les gradins, dont la plus grande partie est détruite, sont soutenus par trois massifs, séparés par deux voûtes, qui règnent tout autour de l'amphithéâtre. A l'est, il s'appuie à une hauteur; du côté de la plaine, on ne voit pas de traces de mur d'enveloppe semblable aux portiques des arènes d'Arles ou de Nîmes; seulement, d'épais contreforts soutiennent les galeries et les gradins. On remarque les arrachemens des escaliers qui menaient aux étages supérieurs. Ce cirque d'un petit diamètre a été déblayé depuis peu de temps par les soins de M. Texier. Quelques pierres du podium, et quelques escaliers qui traversent les trois principales précinctions subsistent encore, mais les voûtes sont fort endommagées et menacent ruine.

Au nord de la ville et à peu de distance du cirque, j'ai reconnu l'emplacement d'un théâtre : les fondations des murs de la scène et des gradins sont encore visibles. Le propriétaire du sol le faisait défoncer pour y planter un verger. Auprès on aperçoit beaucoup de substructions qui paraissent avoir appartenu à des maisons particulières. Plusieurs pavés, en mosaïque commune, étaient à peine couverts de terre, il suffisait de l'écarter avec le pied pour en apercevoir les dessins.

En allant vers la route de Cannes on découvre les restes d'une porte antique, construite à grand appareil; tout auprès, un aqueduc, dont un grand nombre de piliers encore debout indiquent la direction, longe la porte dont j'ai parlé, puis, faisant un coude, vient aboutir à la partie la plus élevée de la ville; la route de Cannes le traverse. Les ruines de cette immense construction ont été reconnues sur une étendue de plus de huit lieues; c'est dans les montagnes du côté de Monts qu'il allait prendre l'eau qu'il portait à Fréjus. Aux abords de la ville et sur un terrain uni, il fait plusieurs détours que je ne puis m'expliquer qu'en supposant qu'à l'époque où il a été construit, il existait en ces lieux des bâtimens importans qu'on n'a pas voulu détruire pour lui donner un alignement régulier.

Cet aqueduc d'ailleurs est inférieur, sous le rapport de la construction, à celui de Lyon. L'intervalle entre les arches n'est presque jamais uniforme, et il n'a jamais eu d'ornemens. Les arches sont toutes à petit appareil sans mélange de briques, si ce n'est sur quelques points qui ont été probablement restaurés. Près de la porte antique, au point où l'aqueduc tourne vers le nord, on observe dans un des massifs une voûte courbe qui suit la flexion du canal. Elle est peu élevée et remplie de dépôts aqueux. Etait-ce un égout ou bien une conserve d'eau?

En quittant le chemin de Cannes, si l'on se dirige vers la mer, on rencontre une enceinte à peu près carrée qui a pu servir de citadelle. Au centre, est un vaste souterrain soutenu par des piliers. Il est revêtu d'une couche épaisse de mortier mélangé de charbon pilé. C'était, suivant toute apparence, un réservoir pour les eaux. Quelques grands souterrains voûtés, tombant en ruine, sont attenans à la même enceinte. Sans doute c'étaient des dépendances du port Fréjus, des magasins, des arsenaux ou des ateliers.

Le périmètre de la ville antique est visible presque partout, et dans quelques endroits on peut encore juger de la hauteur des murs. Ils étaient flanqués de distance en distance de tours rondes, d'un médiocre diamètre, construites comme les remparts, à petit appareil composé de parallélogrammes rectangles en assises horizontales. Ce n'est que dans une partie de l'enceinte de la citadelle que l'on voit des fragmens d'appareil réticulé, encore semblent-ils le résultat d'une réparation antique. — Maintenant, le port est ensablé par les attérissemens de la rivière d'Argent, et son emplacement est difficilement reconnaissable. On montre du côté de la mer une espèce de pyramide assez basse, posée sur une base carrée que l'on nomme le *Phare*. Son peu d'élévation et la difficulté de monter au sommet pour y installer un feu (car c'est une masse solide), rendent peu probable cette destination. Elle ressemble en petit à la pierre de Couard d'Autun, et je suis aussi embarrassé pour lui trouver un usage vraisemblable.

Une porte élevée, faisant face à la mer, et nommée *la Porte dorée*, paraît avoir servi à la communication entre le port et la ville. Elle est construite de petites pierres formant des masses considérables séparées par des assises de briques. Le parement en est détruit presque partout. — Tout près de cette porte, en se dirigeant vers l'intérieur de la ville, on rencontre les fondations de bains antiques que des fouilles récentes, dirigées par M. Texier, ont mises à découvert. Le pavé est détruit, mais plusieurs colonnes de beau marbre, plus ou moins mutilées, ont été déterrées dans ce lieu. On en a tiré également quelques fragmens de statues parmi lesquelles je n'ai distingué qu'une tête de Jupiter d'un assez beau style, sculptée à l'effet, comme un ouvrage destiné à la décoration.

L'église de Saint-Étienne, malgré de nombreuses restaurations plus ou moins récentes, porte le caractère d'un édifice du xie ou xiie siècle. Ses murs, bâtis à grand appareil, imitent de loin l'aspect d'une construction romaine. Ils sont probablement plus anciens que l'intérieur de l'église. La tour placée sur le côté droit de la nef, carrée à sa base, devient octogone au deuxième étage, qui me paraît une addition du xiiie siècle. Il est surmonté lui-même d'une lourde flèche sans élégance comme le gothique de la Provence. On remarque le baptistère séparé de l'église par un porche, et soutenu par huit colonnes antiques en granit gris, surmontées de chapiteaux corinthiens en marbre blanc.

ÎLES DE LERINS

ou

DE SAINTE-MARGUERITE.

Elles forment un groupe composé de deux îles, toutes deux de forme alongée, dont le plus grand diamètre s'étend de l'est à l'ouest; sur la plus grande, et la plus voisine du continent, est bâti le fort qui pendant long-temps a servi de prison d'Etat; l'autre, infiniment plus petite, en est séparée par un canal étroit; elle possède une source qui ne tarit jamais, tandis que la première n'a que de l'eau de citerne; cette circonstance fit sans doute donner la préférence à la petite île par les Grecs qui furent ses premiers habitans, et qui donnèrent au groupe le nom de leur chef Leros, héros ou pirate, professions assez analogues autrefois (1). Au commencement du ve siècle, saint Honorat y fonda un monastère, ou plutôt une espèce de Thébaïde, qui bientôt devint un couvent nombreux; l'île changea alors de nom et prit celui du saint. Les Sarrasins la dévastèrent à plusieurs reprises, et obligèrent les religieux à chercher un asile temporaire sur le continent. Ce n'est que dans les dernières années du xviiie siècle que la conduite scandaleuse des moines de Lérins amena la suppression de l'abbaye. Depuis cette époque, Saint-Honorat fut à peu près abandonné. Devenue propriété nationale, l'île avait été vendue à mademoiselle Sainval, de la Comédie-Française; tout récemment un boucher de Cannes en a fait l'acquisition pour la somme de 30,000 francs.

M. Fauriel, que j'avais rencontré à Fréjus,

---

(1) La plus grande s'appelait *Lero*, la seconde *Lerina*.

avait bien voulu m'accompagner dans cette excursion; nous débarquâmes d'abord à la grande île, l'ancienne Lero. Le commandant du fort, vétéran de la grande armée, nous reçut avec la plus grande politesse et nous fit de la meilleure grâce du monde les honneurs de son petit gouvernement. On montre encore la chambre où le Masque de Fer fut détenu pendant dix-sept ans; elle est grande, voûtée, et éclairée par une seule fenêtre. C'est peut-être le seul endroit de l'île qui soit sombre et frais; à l'époque où nous la visitions nous pouvions apprécier cet avantage; mais le contraste de cette obscurité avec l'éclatante lumière qui inonde la baie et le magnifique amphithéâtre des montagnes du Var, devait aggraver encore la tristesse du pauvre prisonnier. Le mur est d'une solidité extraordinaire, ayant près de douze pieds d'épaisseur; en outre trois fortes grilles de fer garnissent la fenêtre et rendent impossible toute communication avec l'extérieur. Deux portes couvertes de clous et d'énormes barres de fer ne s'ouvraient que devant le gouverneur du château, et ce n'était que par les appartemens de cet officier que l'on pouvait parvenir à la chambre du prisonnier. Un corridor étroit, muré à chaque extrémité, lui servait de promenade, au fond on avait accommodé un petit autel où quelquefois un prêtre lui disait la messe. A côté de sa cellule, une autre renfermait son domestique qui, plus heureux que lui, mourut dans l'île après quelques années de détention. L'imagination a peine à comprendre le bizarre mélange de cruauté et de faiblesse dans les geôliers du Masque de Fer; j'entends par geôliers, non les automates qui le gardaient, mais les hommes qui avaient ordonné sa réclusion. Comment, capables de garder pendant vingt ans un malheureux dans cette dure prison, n'avaient-ils pas le courage d'abréger ses souffrances par un coup de poignard!

Le fort est situé à la pointe ouest de l'île; tout le reste est couvert de myrtes au-dessus desquels s'élèvent des pins qui forment un assez grand bois percé de jolies allées. A la lisière de ce bois, du côté du midi, est un enclos, nommé le Grand-Jardin, c'est la seule propriété particulière qui soit dans l'île; il passe pour le lieu le plus chaud de toute la Provence, et en effet on y cultive en pleine terre quelques plantes que partout ailleurs on n'élève qu'avec des soins infinis. Au milieu de cet enclos paraît un édifice fort bizarre: sa forme est un carré orienté sur ses faces, construit de moellons grossièrement taillés; sur chaque côté s'ouvre une porte cintrée avec un bandeau au-dessous du cintre. Les murs dans lesquels on a pratiqué les portes, sont légèrement en retraite sur l'alignement de la façade. Deux arcades surbaissées, saillantes, séparées par une console, sont appliquées sur ce mur, et forment une espèce de balcon qui vient s'aligner sur la façade, de sorte que le plan à terre formerait un carré, sur les angles duquel se trouveraient des parallélogrammes dont les faces principales seraient parallèles à celles du carré; au contraire, le plan pris immédiatement au-dessus des arcades serait un carré parfait.

Au-dessus de ce que j'ai appelé balcon, faute de trouver un terme plus convenable, la disposition inférieure se reproduit, sauf que le carré du milieu est beaucoup plus en retraite sur les parallélogrammes des angles qu'au rez-de-chaussée, laissant ainsi une espèce de terrasse assez étroite au-dessus de la porte. A cet étage on dirait un corps de bâtiment flanqué de quatre tours carrées. Une terrasse ruinée, sans balustrade, couvre le tout. La hauteur des murs, depuis le sol jusqu'à la terrasse, est d'environ trente-cinq pieds; la largeur de chaque façade un peu moindre.

Du côté du nord, un escalier mène aux chambres de l'attique et à la terrasse ou plate-forme supérieure. Un trou carré, d'environ trois pieds de diamètre, profond de cinq pieds, s'ouvre perpendiculairement sur cette plate-forme, puis prend une direction oblique au sud. Lorsque je visitai ce bâtiment, le trou était rempli de décombres qui le rendaient inaccessible : on appelle cela des oubliettes. D'ailleurs, aucune tradition ne s'y rattache.

Les chambres ne présentent rien de remarquable une porte s'ouvre sur chaque terrasse, et chaque tour est percée dans le haut d'une ouverture carrée.

Au rez-de-chaussée est une salle couverte par un coupole dont la voûte ne s'élève qu'à la hauteur du balcon. Dans les angles, à quelques pieds de terre on voit quatre niches cintrées. Elles sont vides; au bas de chacune on remarque un trou d'un pouce de diamètre environ, qui communique à l'extérieur. La voûte et les murailles n'offrent aucune moulure aucun ornement; elles sont seulement grossièrement recrépies à l'intérieur. Quant à ces niches et aux trous qui y correspondent, on prétend y voir un appareil inventé par des prêtres rusés pour faire parler des statues alors placées dans les niches. Personne d'ailleurs n'a pu me donner le moindre détail sur l'origine de ce bâtiment ni sur son usage; le propriétaire même ignorait le nom des premiers possesseurs.

Le peu d'épaisseur des murs et le nombre des portes ne permet guère de supposer qu'il ait jamais été destiné à servir de défense; d'un autre côté, rien de plus incommode comme maison d'habitation; les chambres de l'attique sont si basses qu'on a peine à s'y tenir debout, et pendant les chaleurs de l'été, elles doivent être aussi brûlantes que les plombs de Venise. La forme ne convient pas à un édifice religieux; si c'eût été un magasin, à quoi bon les niches? A quoi a pu servir cette espèce de couloir qu'on appelle des oubliettes?

S'il s'agit d'assigner une date à ce bâtiment, je suis aussi embarrassé que pour lui trouver une destination probable. La forme des portes, la construction de la voûte, et jusqu'à un certain point l'appareil des murs, pourraient se rapporter au xiie siècle; mais les arcades surbaissées (1), et la forme carrée des ouvertures supérieures, semblent porter plutôt le caractère de l'architecture du xvie siècle. C'est l'ornementation qui fournit les caractères les plus probables : ici elle manque absolument.

En abordant l'île Saint-Honorat, on observe, dès qu'on a mis pied à terre, des amas de décombres et des fragmens de briques et de pierres taillées, épars sur le sol; un grand nombre de ces briques sont de fabrique romaine.

Une allée d'arbres conduit de la crique où l'on débarque, à un château considérable, sur la rive opposée de l'île, dont la masse se distingue de loin. Ce n'est, à proprement parler, qu'un donjon de forme irrégulière, couronné de machicoulis, et entouré, du côté de la terre, d'un fossé et d'une

---

(1) Dans la suite de mon voyage, j'ai eu occasion de remarquer que l'arc surbaissé n'était pas inconnu au xiie siècle; le cloître de Montmajour en fait foi. *Voir* plus bas.

muraille crénelée, séparée du fossé par un chemin de ronde. Quelques bâtimens, entre autres une église gothique en ruines, se groupent dans cette enceinte et s'appuient au donjon. Les murs sont construits de belles pierres de taille, bien appareillées et d'une teinte jaunâtre qui se détache admirablement sur le bleu foncé de la Méditerranée et du ciel de la Provence. Il paraît que ce château a été occupé militairement à une époque récente; car on voit, dans le côté qui fait face à la mer, deux boulets encore ensabotés, incrustés dans la pierre. Probablement ils auront été lancés par quelque bâtiment anglais, pendant les guerres de l'empire.

Après avoir passé le fossé, on entre dans un vestibule, ou dans un cloître placé au centre du donjon. Quatre galeries avec des arcades ogivales entourent une petite cour carrée à ciel ouvert, au milieu de laquelle est un grand puits de construction très ancienne, dont l'eau est de bonne qualité. Les colonnes qui soutiennent les arcades sont, les unes en marbre rouge et blanc, les autres en granit, la plupart grossièrement réparées avec de la pierre; presque toutes sont antiques, du moins les fragmens de marbre et de granit le sont. Sur une des colonnes, nous lûmes le commencement d'une inscription : CONSTANTINO AUGUSTO DIV..... Le reste était tellement fruste, que nous ne pûmes en rien déchiffrer. D'ailleurs, en raison de la hauteur des murs du donjon, ce cloître est très sombre, ce qui rendait notre recherche encore plus difficile. De là on passe à plusieurs salles basses, quelques-unes assez vastes, et à l'église dont j'ai parlé : sa voûte s'est écroulée en grande partie.

L'ogive et le plein cintre se trouvent mêlés partout dans les différentes parties des constructions les plus anciennes. Dans les étages supérieurs, un grand nombre de chambres, quelques-unes ornées dans le goût de la renaissance, d'autres encore plus modernes, prouvent que les habitans de ce lieu y ont fait travailler pendant un long laps de temps. Partout, une multitude d'escaliers dérobés, de corridors qui se croisent d'une manière bizarre, des souterrains communiquant aux étages supérieurs, donnent l'idée des châteaux d'Anne Ratcliffe, ou d'un édifice qu'on aurait élevé exprès pour jouer à cache-cache.

Il est probable que ce monastère, car, malgré son apparence toute militaire, il a été bâti et habité par des religieux, ne remonte pas plus loin que la fin du XIIIe siècle ou le commencement du XIVe.

Les descentes fréquentes des pirates obligèrent les moines à se renfermer dans une espèce de forteresse. Successivement les travaux intérieurs ont dénaturé la construction primitive, du moins quant à la distribution des appartemens intérieurs. Un grand nombre de murs de refend, construits de plâtras, où de cloisons légères, quelques-unes en bois, prouvent que, peu avant la suppression du monastère, on s'est occupé d'arrangemens intérieurs. Quelques chambres sont encore lambrissées dans le goût du xviiie siècle, et plusieurs dessus de porte peints offrent des bergers et des bergères dans le style de Vanloo, décoration qu'on ne s'attend guère à trouver chez des moines.

Pour entrer dans le château, il faut passer devant une jolie maison moderne, celle du propriétaire actuel de l'île, et devant une église en ruines, à laquelle cette maison est adossée. Du côté de l'avenue qui mène au château, on voit un mur, réparé en partie, et une porte moderne, flanquée d'une colonne de marbre rouge, avec la base et le chapiteau de marbre blanc; en regard est une autre base de marbre blanc. Le fût de la colonne est peut-être antique; quant au chapiteau, je le crois roman, mais de la première époque. Au fronton du mur, paraît un œil-de-bœuf. En examinant avec attention cette partie de l'église, on reconnaît bientôt que ce n'est pas la façade, mais bien le mur oriental de la nef, et que l'apside a été détruite, vraisemblablement lorsqu'on a pratiqué l'avenue; cette apside était régulièrement orientée. A l'intérieur, des colonnes semblables à celle qui existe encore garnissaient son hémicycle. Le long de l'avenue, d'autres fragmens de colonnes, à demi enterrés, servent de bornes.

On voit à l'opposite la véritable façade, du moins en partie, car un énorme lierre en couvre un côté, et, vers le nord, le mur de la nef se confond avec la maison du propriétaire de l'île.

L'appareil semble une imitation de l'appareil romain ; mais les assises, quoique bien parallèles, sont d'inégale épaisseur, et les pierres, quoique taillées carrément avec soin, ne sont pas unies avec cette perfection qui se conserva jusques dans les constructions du IVe siècle

Le même appareil se remarque dans le haut du mur qui fait face à l'avenue. On en peut conclure que la nef se terminait carrément, et que l'apside était beaucoup plus basse qu'elle.—Suivant toute apparence, il n'existait pas de clocher sur ce point, et cette conjecture est justifiée par l'aspect des décombres qui couvrent l'intérieur.

Revenons à la façade. Au-dessus de la porte principale, qui a été bouchée, est un bas-relief en marbre blanc dont le travail et la composition dénotent un ouvrage contemporain des premiers siècles du christianisme ; probablement c'était le devant d'un tombeau. Il est divisé, suivant un usage très général, en sept compartimens, par autant d'arcades; celle du milieu contient un personnage vêtu d'une longue robe, la tête tournée à droite et tenant à la main quelque chose que je suis tenté de prendre pour une couronne; sa main droite est élevée pour bénir. Dans chaque arcade sont deux hommes habillés de même, tenant aussi des couronnes et se dirigeant vers la figure principale. Je ne doute pas qu'on n'ait voulu représenter J.-C. et ses disciples. Au-dessus on observe encore deux autres fragmens de sculpture, mais d'un style bien différent. Le premier représente un petit Génie nu avec une portion de rinceau, l'autre est tout-à-fait méconnaissable. Il me paraît évident que le Génie n'appartient pas à un tombeau ni à aucun monument chrétien. C'est quelque débris antique qu'on a scellé dans la muraille en considération du marbre et des restes de sculpture dont il est couvert; dans les temps de barbarie, rien de plus commun que cet emploi des fragmens antiques.

Sur le côté droit de la façade, on distingue une croix en creux assez grande; sans doute le creux avait été rempli autrefois par des incrustations, mais aujourd'hui il n'en reste aucune trace. Je ne doute pas qu'une croix correspondante ne soit cachée par le grand lierre dont j'ai parlé. Au-dessus du bas-relief est une losange formée de pierres rouges, blanches et noires, enchâssées dans la muraille; quelques autres creux, qu'on aperçoit encore, peuvent avoir servi à une ornementation du même genre.

Un gâble triangulaire termine la façade. Le haut présente une fenêtre cintrée ou plutôt trilobée, car deux autres ouvertures décrites par un quart de cercle se réunissent à une principale. Au-dessous, une moulure de palmettes délicatement travaillées se prolonge obliquement, suivant la crête de la partie des murs de la façade qui répond aux collatéraux.— L'intérieur de l'église est partagé en trois nefs par deux rangées de six piliers chacune qui soutiennent une voûte ogivale en arc de cloître et des collatéraux en plein cintre. Cette voûte, dont la plus grande partie s'est écroulée, paraît postérieure au reste de l'édifice, et l'exhaussement évident des gros murs n'a pu avoir lieu que pour la construction de cette voûte. Les piliers, qui n'ont pas de chapiteaux, et des impostes à peine indiqués, soutiennent les retombées des arcs.

Je présume que, dans la construction primitive, le plan de l'église représentait une croix latine. Du moins je vois un bras des transsepts dans un renfoncement, assez considérable, à l'extrémité du collatéral droit, qui communique avec un cloître voisin. Dans le collatéral de gauche, des chambres, je n'ose les appeler chapelles, sont séparées de l'église par un mur et communiquent immédiatement ou indirectement avec elle. Le seuil de l'une des portes est formé d'une grosse pierre sur laquelle est gravé un reste d'inscription antique en très belles lettres profondément entaillées et certainement du haut empire : .... S FEROX SIBI ET........—D'autres fragmens antiques, reconnaissables par des moulures, quelques-uns par des mots à demi effacés, ont été employés dans les constructions de diverses parties de l'église et surtout des chambres latérales. Quelle était la destination de ces chambres? Aucune ne contient d'autel. Peut-être servaient-elles de sacristie, de bibliothèque ou de dépôt pour les vases sacrés. Je les crois très anciennes, et sous ce rapport le plan général de l'église mérite d'être étudié. Toute la nef principale est jonchée des débris de la voûte, et ce qui en reste menace ruine.—Nulle part je n'ai vu de vestiges de peinture, sinon de l'ignoble badigeon blanc qu'on retrouve partout.

J'ai dit que le cloître communiquait à l'église par le transsept droit. Il est bas, très sombre; voûte de cave cintrée, sans nervures ni arêtes, grossièrement crépie. Lorsque je le visitai, il était encombré de fumier et de quelques fûts de colonnes antiques gisant au milieu de l'ordure. Il n'a pas de colonnes, mais de lourds piliers très bas, ou pour mieux dire, ces piliers étant très larges, on peut les prendre pour des murs dans lesquels on a pratiqué des fenêtres étroites mais à des intervalles assez rapprochés. Rien de plus grossier que la construction de ce cloître; les impostes ne sont jamais à la même hauteur; la largeur des fenêtres varie continuellement; enfin, pour comble de barbarie, une imposte de l'une des arcades était formée par une pierre couverte de lettres et renversée. L'obscurité du lieu ne m'a pas permis de copier l'inscription, que j'ai tout lieu de croire antique. Une autre inscription placée près de la porte et d'ailleurs sans intérêt, portait la date de 1300. Le reste des bâtimens qui ont pu faire partie des dépendances de l'église est tellement ruiné et leur aspect tellement modifié par des constructions modernes, qu'il faut renoncer, je crois, à en tirer quelques renseignemens.

De ce qui précède, on est fondé, ce me semble, à penser 1° que l'enceinte de l'église, c'est-à-dire les gros murs et le cloître, remontent à une époque très reculée; 2° que l'emploi de matériaux antiques et particulièrement de pierres tumulaires, annonce à la fois un temps de barbarie, et une époque où les souvenirs religieux et le respect qui s'attachait aux sépultures antiques avaient entièrement disparu; 3° que cette église a été ruinée et probablement incendiée, d'où est résulté la destruction de la nef principale et sa reconstruction ogivale. Je serais tenté de placer cette restauration vers le milieu du xiv° siècle.

Quant à l'époque de la construction primitive,

la forme de l'église, les incrustations de pierres coloriées, les moulures de style antique, l'absence de clocher et les piliers barbares du cloître, me font présumer qu'elle est fort ancienne. Je ne crois pas cependant qu'il faille l'attribuer à saint Honorat, c'est-à-dire au commencement du ve siècle ; la reporter au viiie ou au viie, serait, je crois, rester plutôt en deçà qu'au-delà des limites probables. Le manque de monumens qui puissent servir de terme de comparaison, rend toutes les conjectures qu'on peut former à cet égard extrêmement incertaines. Il serait à désirer que quelques fouilles fussent faites aux environs. Les colonnes antiques du château, celles du cloître et de l'église, la grande quantité de tuiles romaines et les inscriptions, prouvent que l'île Lérins a possédé autrefois un établissement romain assez considérable. Quant à la légende, qui porte que saint Honorat trouva cette île déserte, on peut supposer qu'elle avait été abandonnée par ses habitans à l'époque où il s'y établit. Exposés aux débarquemens des pirates qui devaient s'y rendre pour y faire de l'eau à la source, il est probable que dès les premières invasions des barbares, ils durent chercher un asile sur le continent. Ce qu'on dit des serpens qui infestaient l'île à l'arrivée de saint Honorat, paraît encore vérifié par les témoignages des habitans. Un d'eux nous dit qu'il avait vainement essayé de former une garenne, et que les lapins qu'il avait lâchés avaient été promptement détruits par les reptiles.

Pour en finir avec l'île de Saint-Honorat, il ne me reste plus qu'à parler d'un petit bâtiment situé à une portée de fusil de l'église que je viens de décrire, vers la partie occidentale de l'île et non loin du rivage opposé au continent. Je pense qu'il a servi dans le principe de baptistère, car dans les églises primitives, les baptistères formaient ordinairement un édifice à part; celui-ci pourtant est bien éloigné de l'église, mais une grande quantité de décombres, amoncelés dans le voisinage, peuvent faire supposer que quelques bâtimens ont existé qui occupaient cet intervalle.

Sa forme est octogone, avec une apside très basse et semi-circulaire à l'orient. La porte est en face; les six autres côtés présentent à l'intérieur chacun une espèce de niche cintrée. La voûte est un dôme peu élevé, construit en blocage, avec des arêtes correspondant et s'appuyant à chaque angle de l'octogone. Il en résulte une espèce d'étoile dont l'effet est assez agréable; le diamètre du bâtiment est d'environ une vingtaine de pieds, sa hauteur de douze. L'appareil est de moellons à peine taillés, noyés dans une épaisse couche de ciment; d'ailleurs pas une moulure, pas un seul ornement. — La porte d'entré est basse et cintrée;

les claveaux inégaux et assez mal joints sont en nombre pair, en sorte qu'il y a un joint au sommet de l'archivolte. De cette disposition résulte une forme indécise qui tient un peu de l'ogive. —Parmi le grand nombre de causes naturelles qui ont pu donner l'idée de l'ogive, on peut penser, avec quelque probabilité, que des claveaux en nombre pair entraînent une pointe au sommet de l'arc, et par conséquent lui donnent la forme qu'on observe dans toutes les ogives primitives. —Ici il paraît évident que la forme mixte de l'arc ne peut être attribuée qu'à la maladresse de l'ouvrier; mais il n'est pas invraisemblable que ce que le hasard a produit d'abord, aura été répété lorsque la solidité de cette disposition aura été constatée.

Un autel de pierre, en forme de table, percé de deux trous, avec un rebord, et porté sur un seul pied en balustre, occupe le fond de l'apside; les trous sembleraient avoir été destinés à l'écoulement des liquides, sans doute pour rendre la table plus facile à nettoyer. Je n'en ai remarqué nulle part de semblables.

L'absence de tous ornemens caractéristiques rend très problématique la date de ce bâtiment; pourtant la simplicité, la rudesse de la construction, et le rapport qu'elle présente avec celle des bâtimens de l'ancienne abbaye, donnent lieu de croire qu'il a été élevé à la même époque, peut-être même est-il plus ancien. A la rigueur, on peut supposer que c'est la première chapelle bâtie dans l'île, et ses dimensions très mesquines seraient en rapport avec le petit nombre des habitans de Saint-Honorat, avant l'accroissement de la communauté qui s'y établit.

ARLES ET SES ENVIRONS.

Après deux jours passés à Marseille, j'en repartis pour me rendre à Arles en traversant la Crau, plaine à peu près inculte, marécageuse, sans horizon. On n'aperçoit, aussi loin que la vue peut s'étendre, que pierres, étangs et roseaux; puis, çà et là des troupeaux de bœufs noirs et de chevaux blancs, cherchant leur nourriture dans ces marais, et vivant je ne sais comment d'herbes brûlées par le soleil. Ces chevaux descendent dit-on, de ceux que Charles Martel prit sur les Sarrasins, et dont la race s'est acclimatée dans le pays. Sauf leur petitesse, ils ne m'ont pas paru avoir le moindre rapport de forme avec les arabes. Ceux-là sont mal faits, ont la tête grosse et lourde, les jambes engorgées, le poil long et hérissé. On les dit pourtant pleins de fond. Quelquefois, dans ces troupeaux à demi sauvages, on trouve une bête excellente et surtout infatigable. On s'en sert principalement pour battre le blé, opération qu'on appelle en Provence *dépiquage*. Les fermiers de la Beauce et de la Normandie ouvriraient de grands yeux en voyant cette pratique.

L'amphithéâtre d'Arles est bien plus vaste que celui de Fréjus. C'est le plus grand de ceux que l'on connaisse en France. Il est bâti sur des voûtes élevées et très solides, la nature du terrain ayant probablement exigé cette précaution.

Il est impossible de voir rien de plus imposant que l'intérieur de cet édifice, construit d'énormes blocs appareillés avec une précision toute romaine. Deux étages de portiques sont séparés par une corniche, dont le profil est maintenant presque méconnaissable, qui repose sur des colonnes engagées entre chaque arcade. Le premier étage appartient au dorique robuste. L'étage supérieur est corinthien comme le prouve une colonne, la seule qui ait conservé son chapiteau. L'attique manque totalement, on ne sait même, à vrai dire, s'il a jamais existé et quel a pu être l'amortissement, car on n'en trouve pas le moindre vestige. —Plusieurs pensent que cet amphithéâtre n'a jamais été terminé.—Les partisans de l'opinion contraire font remarquer que la corniche du premier étage est détruite, ce qui, suivant eux, n'a pu avoir lieu que par la chute de l'attique ou de l'amortissement quel qu'il fut. Une autre considération me paraît infiniment plus concluante : on sait que c'était un usage constant chez les anciens de terminer sur place les détails de leurs monumens; dans un grand nombre de constructions romaines ils ne sont qu'ébauchés. C'est le cas à Nîmes, par exemple, pour la plus grande partie des Arènes. Ici, au contraire, toutes les moulures, même les plus délicates, ont été taillées et terminées. Peut-on supposer que les moulures saillantes des archivoltes des arcades supérieures auraient été achevées avant qu'on eût construit le couronnement? A coup sûr, il eût été impossible d'élever des pierres à cette hauteur, sans courir le risque d'endommager les ciselures.—Une grosse pierre, sur le haut des arcades du deuxième étage, aurait, dit-on, fait partie de la corniche supérieure; si telle avait été sa destination, on pourrait croire que l'attique n'a jamais existé, car il est peu probable que cette corniche se fût conservée, et qu'il ne restât rien de l'attique.

On reconnaît, à la première vue, plusieurs époques très distinctes dans les Arènes. — D'abord la construction romaine primitive, sur la date de laquelle plusieurs hypothèses ont été proposées.

2° Puis une restauration assez maladroite, attribuée à Childebert, qui, dit-on, fit célébrer des jeux dans cet amphithéâtre. A l'intérieur, on en trouve des traces manifestes. Le parapet qui séparait le podium de l'arène, est formé de larges dalles dont quelques-unes portent des inscriptions; plusieurs ont été transposées, d'autres remplacées par des pierres d'une nature et d'un travail différent. Ainsi, l'on en voit de tout unies, intercalées entre d'autres qui présentent le commencement et la fin d'une ligne.

3° Dans les siècles de barbarie, où la guerre était en quelque sorte un état permanent, les vastes enceintes antiques, bâties de matériaux solides, durent nécessairement devenir des citadelles importantes dans les mains de quelques aventuriers, ou des lieux de refuge et de défense pour les populations surprises à l'improviste par une invasion étrangère. Les Arènes d'Arles, comme celles de Nîmes, ont soutenu des siéges et en conservent de tristes souvenirs. Quatre hautes tours carrées ont été établies sur le couronnement de l'amphithéâtre, à une époque où l'attique était déjà renversé; trois de ces tours subsistent encore. On dit que les Arlésiens s'y défendirent avec courage contre les Sarrasins, et qu'ils parvinrent à les repousser.

4° Enfin, plus tard, à une époque toute rapprochée de nous, des maisons modernes ont couvert les gradins et l'arène. Tout dernièrement, elles ont été démolies; une seule subsiste encore, comme pour attester la dernière et peut-être la plus cruelle des vicissitudes que le sort a fait subir à ce beau monument.

On sait qu'un grand nombre d'amphithéâtres ont servi en même temps de naumachies. L'eau, amenée par des canaux ou des aqueducs, remplissait l'arène et mettait à flot des barques légères. Ici on ne peut guère admettre qu'il en ait été ainsi. D'abord, les souterrains immenses pratiqués sous les gradins et plus bas que le sol antique, auraient été inévitablement inondés, ce qui eût non-seulement exigé une immense masse d'eau, qu'il eût été difficile de faire écouler ensuite, mais encore les fondations auraient pu être compromises. D'ailleurs, les ruines d'un aqueduc situé à l'orient de l'amphithéâtre, contournent son enceinte sans la pénétrer. Sa construction est donc postérieure à celle des Arènes, et en est complètement indépendante.

Le revêtement du podium, les dalles qui servent de parapet, reposent sur un soubassement terminé par un gros tore, portant des entailles, larges de trois à quatre pouces et assez profondes; irrégulièrement espacées. Du sol actuel au haut du parapet, il y a une hauteur d'environ sept à huit pieds. On se demande si le sol antique était au même niveau, et dans ce cas, comment on avait adopté une disposition qui devait sensiblement gêner la vue, et priver d'une partie du spectacle les personnes placées sur les gradins supérieurs?

Quelques antiquaires, ne pouvant admettre que des architectes romains n'aient pas pris toutes leurs mesures pour que le plaisir des spectateurs fût complet, ont pensé que la profondeur de l'arène devait être moindre autrefois. A leur sentiment, un plancher devait exhausser les acteurs hommes ou bêtes, qui paraissaient dans l'amphithéâtre, et les entailles pratiquées dans le soubassement, avaient servi à fixer l'extrémité des solives qui soutenaient ce plancher. Mais alors comment se fait-il que, dans l'intérieur de l'arène on n'ait découvert nul vestige des murs qui devaient appuyer ces solives? car on le pense bien il n'est pas possible de supposer que des poutres aient pu s'étendre d'un côté à l'autre de l'enceinte? Si, comme quelques passages des auteurs anciens le donnent à entendre, de semblables planchers ont existé, ils devaient reposer sur un ensemble de constructions considérable. Pour expliquer les trappes, les décorations sortant de terre, etc., il faut de toute nécessité des murs intérieurs, et des caves très profondes; or, je le répète, on n'en voit pas de traces.

Les places de taureaux, en Espagne, présentent

le même inconvénient que les Arènes d'Arles, c'est-à-dire que les spectateurs des derniers rangs ne voient pas ce qui se passe sous la barrière de leur côté. Pourtant on ne se plaint pas des architectes, et l'on en est quitte pour monter sur son banc, et pousser un peu ceux qui sont mieux placés.—Ici on voit mal, mais enfin on voit de la troisième précinction. Il est fort possible que les architectes d'autrefois, comme ceux d'aujourd'hui, aient un peu négligé les intérêts des plébéiens.

Ne pourrait-on pas expliquer les entailles du soubassement, en supposant qu'à une époque postérieure à la construction romaine, du temps de Childebert, par exemple, on a voulu rétrécir l'arène et que l'on a en conséquence établi dans l'intérieur une barrière plus ou moins large, appuyée au parapet du podium? L'irrégularité des entailles, la maladresse avec laquelle on les a faites, me font penser qu'elles ne datent pas de l'époque de la construction primitive.

Une autre question se présente, et elle s'applique également à tous les cirques romains: quel genre de spectacles donnait-on dans cet amphithéâtre? Les auteurs anciens sont remplis de descriptions de chasses aux lions et aux tigres. Or comment les spectateurs pouvaient-ils les voir en sûreté? Un mur de sept à huit pieds n'arrêterait guère un lion qui voudrait s'élancer sur les gradins. Jamais pourtant je n'ai lu qu'un de ces animaux ait mangé personne, sinon les malheureux qu'on lui livrait.

En Espagne, entre la palissade qui entoure l'arène, et les spectateurs, règne un corridor trop étroit, pour qu'après avoir franchi la palissade le taureau, qui est une lourde bête, puisse prendre son élan et sauter sur les gradins. La palissade intérieure a ordinairement cinq pieds, et le premier gradin est un peu plus élevé. Pourtant, les taureaux navarrais franchissent très lestement la première enceinte, et l'on conserve encore le souvenir de plusieurs, qui, s'élançant du corridor, ont pu pénétrer jusqu'au milieu des spectateurs où ils ont fait rage.

Un semblable moyen serait totalement insuffisant contre des lions et des tigres. J'avoue que les renseignemens qu'on m'a donnés sur les procédés usités pour mettre le public à l'abri des accidens, et que les recherches que j'ai pu faire par moi-même, ne m'ont nullement satisfait. — On m'a parlé de barres de fer implantées dans le revêtement du podium et recourbées vers l'arène. Le lion, s'il se rapprochait du podium, se trouvait sous une espèce de berceau de fer; s'il s'en éloignait assez pour apercevoir au-dessus le haut du podium, la longueur des barres ne lui per-

mettait plus de les franchir. Je comprendrais
cela, si les barreaux étaient extrèmement rapprochés, mais alors ils devaient complètement gêner
la vue. D'ailleurs, je n'ai observé nulle part des
restes de cette armature, à moins qu'on ne prenne
les entailles dont j'ai parlé, pour les trous où les
barreaux de fer était scellés. — J'ai entendu dire
qu'on avait trouvé, il y a quelques années à
Rome, dans le Colysée, plusieurs rouleaux d'i-
voire cylindriques et percés pour recevoir un axe;
on avait supposé que leur usage était d'arrêter les
animaux qui auraient essayé de s'élancer sur les
gradins. Qu'on se représente une balustrade formée d'une suite de semblables cylindres, parfaitement polis et tournant sur leurs axes au moindre
effort. Un lion essayait-il de la saisir avec ses griffes
pour se guinder au-dessus, le cylindre tournant
lui faisait manquer son point d'appui et le rejetait
dans l'arène. Mais outre que le prix de l'ivoire ou
de tout autre corps dur et susceptible de poli,
rendrait ce préservatif d'un emploi fort difficile,
je doute fort de son efficacité; et je ne crois pas
qu'on trouvât des antiquaires qui voulussent
en faire l'essai. — Je crains bien que les combats d'hommes et d'animaux n'aient pas été très
loyalement ordonnés. Les bêtes féroces étaient
peut-être enfermées dans des cages ou bien attachées à des chaînes, comme les tigres, dont parle

Kæmpfer, dans le jardin du Schah de Perse (1).

Une grande tranchée moderne isole, en partie, les Arènes des maisons de la ville. On a de plus imaginé de fermer les arcades inférieures par des grilles, à l'exception des deux entrées principales, qui, jour et nuit, restent ouvertes à tout venant. J'ai demandé à quoi servaient ces grilles. On m'a répondu qu'il y en avait de semblables à Nîmes, et que cela assurait la conservation de l'édifice. D'abord, il faudrait que la clotûre fût complète pour qu'elle fût efficace. — Puis a-t-on le droit de gêner les curieux qui visitent ce monument? Quel mal peuvent-ils faire à ces massifs énormes? Il me semble que l'argent des grilles serait bien mieux employé à consolider les voûtes qui, depuis la démolition des maisons qui les recouvraient, sont exposées à toutes les injures de l'air.

Maintenant que le déblaiement des Arènes est à peu près terminé, on doit s'occuper de celui du théâtre, qui paraît avoir été décoré avec une magnificence extraordinaire, à en juger par les morceaux précieux de sculpture qu'on en a retirés.

Une porte latérale sur l'alignement du fond de la scène, quelques arcades engagées maintenant dans

---

(1) Dans l'intérieur des Arènes d'Arles on a trouvé une grande quantité de défenses de sangliers. (J'en ai vu une qui m'a paru appartenir à un babiroussa.) On conçoit que ces animaux-là n'aient fait courir aucun risque au public qui les voyait chasser.

les murs de la ville, enfin deux colonnes de la scène, voilà tout ce qui est resté jusqu'à présent hors de terre. L'orchestre, les gradins et un peu plus de la moitié de la scène sont enterrés, et quelques maisons subsistent encore sur une partie de cet emplacement.

La partie des constructions que les fouilles ont mise à découvert, et les restes de l'enceinte, suffisent pour donner une idée du plan de l'édifice et de ses dimensions, qui sont les mêmes que celles du théâtre d'Orange. Dans l'un et l'autre, on remarque, parmi les pierres des murailles, des débris d'autres monumens, comme le prouvent des blocs portant des moulures et des fragmens de corniche (1). Ainsi, c'est une pratique bien ancienne, et qui ne nous appartient pas, que de détruire pour construire.

Les deux colonnes qui subsistent encore avec une portion d'architrave sont placées à gauche du centre de l'espèce de cul de four qu'on remarque dans tous les théâtres antiques; et dont l'usage était, dit-on, de grossir et de répercuter la voix des acteurs. Ces colonnes sont corinthiennes, en marbre d'Afrique; leur hauteur est

---

(1) A Orange le mur du pulpitum paraît avoir été construit, ou reconstruit, avec d'anciens fragmens sans mortier. On voit de la cendre et des charbons entre les assises horizontales. Cela indique peut-être un essai de restauration postérieur à un incendie.

d'une trentaine de pieds. Elles décoraient probablement un des côtés de la porte Royale, placée au centre du théâtre.

La porte latérale et les arcades dont j'ai déjà parlé sont d'ordre dorique; mais, contrairement aux règles classiques, la frise de la porte et les archivoltes des arcades sont décorées de rinceaux d'une grande richesse. Nos règles, je le crois, surtout celles qui sont relatives à l'ornementation, n'ont jamais été à l'usage des anciens architectes, qui ne consultaient guère que leur goût et leur imagination.

La partie de la scène qui touche à l'orchestre présente une singularité assez remarquable : elle se compose de trois murs, laissant entre eux deux espèces de coulisses ou d'espaces vides; la première d'environ deux pieds de large, la seconde un peu moindre. A l'intérieur du premier et du second mur, on voit, de sept en sept pieds, deux pierres en saillie, laissant un vide entre elles, une espèce de rainure perpendiculaire à la coulisse. Ces rainures ne sont pas opposées, mais se correspondent de manière qu'une rainure du premier mur tombe exactement au milieu de l'intervalle compris entre deux rainures du mur qui lui fait face. Bien des conjectures ont été faites sur leur usage : les uns ont pensé qu'elles ont servi à engager des décorations mobiles et placées sur le devant de la scène; M. Henri, bibliothécaire de Perpignan, et quelques autres archéologues, après lui, y ont vu la coulisse où le rideau s'abaissait, suivant l'usage antique contraire au nôtre. Cette opinion, jusqu'à présent, me paraît la plus probable. Au reste, les fouilles, qui, je l'espère, vont être continuées avec activité, nous donneront peut-être l'explication complète de ce problème.

La musée d'Arles est riche surtout en tombeaux du bas-empire, dont plusieurs sont d'une très grande importance, en raison de leurs détails et des renseignemens précieux qu'ils nous donnent. Le tombeau d'un musicien ou du moins d'un dilettante, présente une grande variété d'instrumens de musique parmi lesquels on remarque un orgue hydraulique.

Sous le rapport de l'art, ces monumens offrent moins d'intérêt que pour les notions qu'on peut y puiser sur une foule d'usages antiques, sur des costumes, des meubles, etc., encore peu connus. — On voit dans le même musée l'admirable tête de Diane, trouvée dans les fouilles du théâtre. On y a placé également une tête d'Auguste découverte récemment dans le même lieu. C'est un chef-d'œuvre qui doit appartenir aux plus beaux temps de l'art.

Une notice détaillée sur le musée d'Arles va être publiée par les soins de son savant conservateur, M. Huard. En attendant, on peut consulter Millin sur les principaux morceaux qu'il renferme, entre autres sur le monument mythriaque, le plus important de tous ceux de ce genre que possède notre pays.

Sur la place du musée, s'élève un obélisque antique. C'est le seul qu'on ait trouvé en France. Il est de porphyre rouge, tiré probablement des environs de Fréjus, de la montagne de l'Esterelle (1). Il était cassé en plusieurs morceaux que l'on a assemblés.

L'obélisque ne repose pas immédiatement sur son piédestal, mais sur quatre lions de bronze. Je n'aime pas ces pauvres bêtes écrasées par cet énorme poids. Il me semble qu'on a tort de choisir des animaux légers et rapides pour un pareil usage. Plus l'imitation est poussée loin, et plus on sent l'absurdité des fonctions qu'on leur donne. —L'obélisque n'a jamais été poli, et je doute fort qu'il ait été terminé. Sa forme ne me plaît pas, parce qu'il décroît trop rapidement. On a remplacé le pyramidion par un ornement ridicule qui, étant d'invention moderne, semble mettre en question l'antiquité de la pyramide elle-même.

Un grand nombre de fragmens antiques sont épars dans différentes parties de la ville. Sur la

---

(1) Ou de granit égyptien.

Place des Hommes, une portion de la façade d'un grand monument, dont il ne reste que deux colonnes de granit avec une partie de la frise, porte le caractère d'une restauration très ancienne, exécutée d'ailleurs avec beaucoup de maladresse. Il est vraisemblable qu'après l'établissement du christianisme on a essayé de faire des édifices nouveaux avec les débris des temples démolis dans la première ferveur de la religion nouvelle.

On dit que l'ancien prétoire d'Arles s'élevait autrefois sur l'emplacement de l'église de Saint-Trophime, qui serait en partie construite sur ses fondations. Ce qui est certain, c'est que toute cette partie de la ville est remplie de débris antiques et qu'il suffit de remuer la terre pour en découvrir un grand nombre.

On connaît peu les différentes époques de la construction de Saint-Trophime, et des restaurations plus ou moins modernes qui ont altéré son caractère.

Dans son état actuel, Saint-Trophime est une basilique assez longue, dont la nef appartient au style de transition, tandis que le chœur et l'apside datent de la dernière période gothique. Le cardinal Louis d'Allemand les fit construire vers 1430. Au milieu du dix-septième siècle, M. de Grignan, alors archevêque, fit tailler et amincir les piliers de l'église afin d'élargir les collatéraux.

Il est aussi le premier qui ait fait badigeonner l'intérieur de la nef.

Les piliers ne sont aujourd'hui que des massifs de pierre sans colonnes engagées ni pilastres. — La voûte de la nef et les arcades latérales présentent une ogive peu prononcée, telle qu'on l'observe généralement en Provence. Les fenêtres de la nef, réparées probablement au xvi° siècle, sont flanquées de colonnes torses dont les chapiteaux à feuillages romans sont assez bien exécutés.—A peu près à la moitié des collatéraux on remarque deux autels dont les devants sont des bas-reliefs en marbre provenant de quelques-uns de ces tombeaux qu'on rencontre en si grand nombre aux environs de la ville. Le clocher est placé vers le centre de l'église; quatre forts piliers le soutiennent. Leurs arcades sont ogivales et semblables d'ailleurs à celles de la nef. La tour, de forme carrée et de style roman, a trois étages surmontés d'un attique, séparés par des arcatures en plein cintre comme celles de Tournus. Ses fenêtres sont également cintrées et ornées de colonnettes. Il est difficile de la croire plus moderne que la fin du xii° siècle.

Le portail est la partie de l'église la mieux conservée; c'est aussi la seule qui ait été décorée avec soin. C'est une espèce de placage contre un mur formé de petites pierres noyées dans le ciment et surhaussé dans une restauration, comme il est facile de s'en apercevoir à la différence de l'appareil, qui, au sommet, devient beaucoup plus régulier. La porte principale paraît cintrée à la première vue; cependant, si on l'examine avec attention, on reconnaît que sa courbe n'est pas un demi-cercle, et qu'elle se rapproche sensiblement de l'arc pointu. On pourrait la définir: une ogive arrondie. Cette forme est surtout évidente dans le haut de l'archivolte qui est notablement plus large au sommet qu'auprès des impostes. Est-ce un effet du hasard, de la maladresse des ouvriers? ou bien cette forme doit-elle être considérée comme une transition insensible entre l'ogive et le plein cintre ? c'est ce que je n'ose décider.

Ce portail a été décrit et dessiné si souvent, qu'il est inutile de s'y arrêter. Il paraît avoir la plus grande analogie avec celui de Saint-Gilles (1), et, suivant toute apparence, il en est la copie en petit. Les statues nombreuses qui le décorent sont d'ailleurs d'une exécution inférieure à celles de Saint-Gilles. Les figures sont grossièrement sculptées; et les têtes d'une proportion exagérée pour les corps. — La pierre employée pour cette

---

(1) Il a comme lui deux stylobates en saillie des deux côtés de la porte principale, avec des colonnes qui doivent rappeler celles du temple de Jérusalem.

façade, d'un grain très fin, se taille parfaitement; on l'a de plus fortement imprégnée d'huile, à je ne sais quelle époque, ce qui lui donne un poli presque métallique. Cette apparence est fortifiée par la teinte que le temps lui a donnée. J'ai été obligé de toucher quelques-unes des petites colonnes, pour me convaincre qu'elles n'étaient pas de bronze. Une seule, celle qui divise en deux parties la porte principale, est de granit, et, suivant toute apparence, son fût est antique.

Quoique l'ornementation de cette façade soit toute bysantine, on observe dans quelques parties une imitation sensible de l'antique. Ainsi, le fronton triangulaire qui surmonte la porte principale, et les palmettes qui ornent sa corniche rampante, rappellent tout à fait l'architecture romaine.

M. Anibert fixe l'érection de cette façade à l'année 1154; cette date est probable et convient d'ailleurs au clocher, et par conséquent à la partie de la nef qui est de construction primitive. — J'ai déjà dit que l'emploi de l'arc aigu a été, dans le midi, un accident, un détail qui n'a été adopté qu'en raison de sa solidité, de son utilité, sans que l'on eût soupçonné l'importance qu'il pouvait avoir pour l'effet architectural et l'ornementation. Il me semble que Saint-Trophime confirme pleinement cette conjecture. L'emploi du plein cintre a eu lieu pour toutes les parties extérieures et de décoration; les fenêtres du clocher, la façade, n'offrent pas d'ogives; ce n'était pas encore une forme noble, une forme dont on attendît un effet architectural. A l'intérieur, au contraire, l'ogive a partout été employée, mais sans nul ornement.

Elle a servi à soutenir la tour romane, à élever les voûtes de la nef à une grande hauteur; mais on l'a en quelque sorte cachée, comme s'il y avait de la honte à en faire usage.

Le cloître attenant à l'église, présente au premier coup d'œil deux constructions bien distinctes; deux galeries étant en plein cintre et deux autres en ogive. Un examen prolongé fait encore apercevoir une différence d'époques dans les deux galeries en plein cintre.

Romanes ou gothiques, les arcades sont soutenues par des colonnes doublées; elles alternent avec des piliers larges et bas dans la partie gothique, tandis que, dans les galeries romanes, les piliers ne se représentent que de trois en trois colonnes. Toutes les colonnes sont en marbre, minces, rondes, excepté quelques-unes à huit pans, dans la partie la plus ancienne. Du côté des promenoirs, même dans les galeries gothiques, les chapiteaux sont historiés (1), tandis que les colonnes, du côté de

(1) La plupart représentent des sujets du Nouveau Testament; cependant plusieurs ne sont dus qu'au caprice de l'artiste.

l'enclos intérieur, ont des chapiteaux à feuillages imitant assez grossièrement le galbe corinthien. Dans les galeries les plus anciennes, les piliers sont ornés de statues d'assez grande proportion qui se sont conservées, parce qu'elles ont été taillées dans le bloc du pilier. Dans les galeries gothiques, au contraire, où ces statues étaient détachées, elles ont été détruites.

La galerie qui touche au mur de l'église est incontestablement la plus ancienne; on y observe des assises de pierres disposées avec une grande régularité. Les piliers qui se prolongent en dedans de l'enclos, où ils deviennent de véritables contreforts, sont cannelés comme des pilastres, et surmontés de chapiteaux corinthiens, assez correctement imités. Le mur de l'église du côté du promenoir est revêtu d'arcades bouchées soutenues par des pilastres cannelés. Il y a analogie parfaite entre l'ornementation de ce mur et celle de la colonnade qui lui est parallèle. — La voûte est en berceau avec des arcs doubleaux, reposant, du côté de l'église, sur une corniche, laquelle est sensiblement plus élevée que les impostes des arcades, en sorte qu'il en résulte une courbe assez disgracieuse, moindre qu'un demi-cercle et qu'il est difficile de caractériser. Cette même disposition bizarre se trouve dans la galerie orientale qui fait angle droit avec celle dont je viens de parler. On reconnaît qu'elle est d'une autre époque, à la différence de l'appareil, à la forme plus barbare des piliers ou contreforts, dont le couronnement est orné d'un chapiteau qui n'a rien d'antique. De ce côté, le mur intérieur ne porte aucun ornement; il en est de même dans les deux galeries gothiques. La voûte de ces dernières est ogivale, en arc de cloître, revêtue de nervures croisées très saillantes. A l'angle de leurs deux promenoirs, on remarque les substructions d'un portique carré, ou projeté ou détruit. Les arrachemens d'une arcade gothique, sont encore visibles dans un des contreforts; et la trace des fondations est parfaitement reconnaissable sur le sol. Je suppose que la destination de ce portique était de couvrir une statue ou bien un autel.

Les bas-reliefs sculptés sur les massifs des angles du cloître, sont infiniment mieux exécutés dans les deux parties romanes que dans les autres. La plupart des sujets sont tirés de la Passion; j'y ai cependant observé le Martyre de saint Étienne. — Les statues sculptées sur les piliers romans sont doublement intéressantes, par les costumes qu'elles nous font connaître et par leur exécution; la profusion d'ornemens qui couvrent les vêtemens, les plis fins et prolongés des draperies, se rapportent tout à fait au style bysantin du XIIe siècle. Quoique bien préférables sous le rapport de l'art à celles du portail, ces statues doivent être contemporaines de celui-ci ; il est impossible de leur assigner une autre date ; quant aux deux promenoirs gothiques, je les crois de la fin du XIII° siècle. Toutefois, il est évident qu'on a voulu, dans les détails, imiter, jusqu'à un certain point, l'ornementation des deux galeries précédentes.

La plus ancienne église d'Arles, maintenant enlevée au culte, et connue sous le nom de *Tombeau de saint Césaire*, sert actuellement de magasin ; il me fut impossible de pénétrer dans l'intérieur. Son apside exagone est remarquable par les pilastres cannelés qui la décorent, et par leurs chapiteaux qui sont à coup sûr une copie très ancienne de l'ordre corinthien (1) ; l'appareil, plus régulier que dans la plupart des édifices de la première période romane, doit aussi sa solidité à l'heureuse imitation des constructions antiques.

La Majeure, autre église dont la fondation remonte à une époque très reculée, a été entièrement restaurée, et à l'exception des gros murs il ne reste probablement rien de sa construction primitive. Des fragmens de tombeaux des premiers temps du christianisme ont été encastrés au-dessus d'une des portes de sa façade. Le terrain où cette église a été bâtie paraît avoir été occupé

---

(1) Peut-être du VIII° siècle.

autrefois par un édifice antique fort considérable. Plusieurs tronçons de colonnes d'un diamètre énorme, ont été découverts récemment, et on ne peut creuser la terre sans trouver des fragmens de corniches de marbre plus ou moins mutilés.

La présence de tant de monumens antiques a exercé à Arles une influence heureuse sur l'art, au commencement de la renaissance et même jusque dans le XVIIe siècle. Plusieurs maisons sont ornées de bas-reliefs d'assez bon goût, dont la composition a été évidemment inspirée par les modèles que les architectes du pays avaient continuellement sous les yeux. Partout où les modèles sont excellens, l'imitation s'en ressent, et les écarts des novateurs sont moins extravagans. La maison de M. Artaud doit être citée en première ligne pour ces heureuses imitations; elles s'y trouvent réunies à plusieurs fragmens antiques et ne les déparent pas. Une frise de la renaissance, qui orne un pallier de l'escalier, et qui représente une espèce de bacchanale de diables, est d'une admirable exécution. Les artistes de ce temps se complaisaient dans les sujets obscènes, bien éloignés de la bonhomie innocente des sculpteurs du XIIe et du XIIIe siècle, qui n'entendaient pas malice quand ils représentaient un péché tout crûment, comme il se fait. Les obscénités de la renaissance, au contraire, sentent le mépris pour la religion;

ce sont de véritables satires ; et les artistes secondaient à leur manière les efforts des prédicans de la réformation.

La pluie qui tomba sans interruption pendant les trois à quatre jours que je passai d'abord à Arles, ne me permettait pas de penser aux excursions que j'avais projetées dans les environs de la ville. Je résolus d'aller attendre à Avignon le mistral qui fait cesser la pluie, et de m'arrêter sur ma route dans quelques localités intéressantes que le mauvais temps ne rendait point inaccessibles, comme la plaine marécageuse où Arles est situé.

Après avoir vu le pont du Gard, Tarascon, Saint-Remy, etc., je revins à Arles le 24 octobre, et accompagné de MM. Clair et Huard, dont la complaisance égale le savoir, je visitai les monumens situés hors de la ville.

Les Champs-Élysées (*Eliscamps*), qui maintenant forment une espèce de promenade pour les Arlésiens, étaient autrefois un vaste cimetière, comme le prouve le nombre prodigieux de tombeaux antiques plus ou moins ornés; qu'on en a extraits à différentes époques, et ceux qui bordent encore le chemin. Dans toutes les fermes des environs, les auges des bestiaux sont des tombeaux de pierre ou de marbre, et l'on traverse les nombreux canaux qui divisent les propriétés, sur des couvercles de tombes qui servent de ponts. Les plus précieux de ces monumens sont déposés au musée d'Arles. Je n'en ai guère vu qui m'aient paru plus anciens que le ive siècle.

Le monument ruiné qu'on appelle l'arc de Saint-Césaire, et qu'on trouve dans les Champs-Élysées, à peu de distance de la ville, était-il une porte, un portique? ou bien a-t-il fait partie d'une chapelle? C'est ce qu'il est assez difficile de reconnaitre aujourd'hui. Des masses de maçonnerie, voisines de cette arcade, donnent de la vraisemblance à cette dernière opinion. De plus, un tombeau du xve siècle, de la famille des Porcelets, accolé au massif de gauche, rappelle l'usage d'enterrer les morts à la porte des églises. — Les ornemens de l'archivolte, parmi lesquels on remarque des trèfles et des rosettes, appartiennent tous au style roman du xiie siècle, sauf quelques portions, où l'imitation des moulures antiques est bien évidente, et s'explique facilement, comme dans toutes les villes qui conservent des souvenirs nombreux de la domination romaine.

L'église de Saint-Honorat, située un peu plus loin, est maintenant abandonnée et tombe en ruines. Elle a été autrefois restaurée à plusieurs époques, et même il paraît que, dans la réparation la plus ancienne, on aurait diminué la longueur de la nef, probablement afin d'en rendre l'entretien moins coûteux. La porte principale, opposée à l'apside, est la plus ancienne. Elle est en plein cintre avec une archivolte ornée de chevrons et un ensemble d'ornemens qui n'est vraisemblablement pas postérieur au commencement du xiie siècle. L'intérieur de l'église présente des voûtes ogivales à larges bases, à nervures croisées, soutenues par d'énormes piliers ronds. C'est une réparation toute moderne ; sans doute on a craint que les piliers primitifs ne fussent trop faibles pour le poids qu'ils devaient supporter, et on les a entourés d'une espèce d'enveloppe épaisse de moellons, qui s'élève jusqu'aux retombées des voûtes. — La crypte n'est qu'un cul de four sous l'apside, sans aucun ornement. Les parties basses de l'église offrent quelques détails qui indiquent l'époque de transition ; mais l'intérieur, sauf la crypte et les gros murs, appartient presque entièrement au xive siècle.— Dans une métairie voisine, on a recueilli quelques bas-reliefs antiques assez intéressans, scellés dans les murs et enlevés sans doute à des sarcophages des Champs-Élysées. J'ai remarqué surtout un griffon très bien exécuté, et une tête angulaire provenant, suivant toute apparence, du couvercle d'un tombeau.

Un vaste marécage, ou plutôt une suite d'étangs que séparent des chaussées, s'étend au nord-est d'Arles. Quelques collines rocheuses s'élèvent de ces marais, comme des îles, dont la plus considérable a pris de sa hauteur relative le nom de *Mont Majour*; c'est là que, vers le xe siècle, fut fondé un monastère long-temps célèbre par ses richesses et sa puissance (1).

Bien que l'église de l'abbaye soit fort grande, il est évident qu'elle a été conçue sur un plan beaucoup plus vaste que celui d'après lequel elle a été exécutée. On peut s'en convaincre en examinant les arrachemens de la façade et en observant le manque de proportions de la nef, sensiblement trop courte par rapport aux transsepts et à l'apside.

L'appareil est moyen et d'une grande régularité; la porte cintrée, surmontée d'une grande fenêtre en ogive dont la pointe est à peine indiquée. Les voûtes sont également ogivales. L'intérieur ne présente qu'une nef sans ornement, si ce n'est le transsept de gauche, terminé par une chapelle gothique du xive siècle.

On descend par un assez bel escalier à une vaste crypte ou plutôt à une église souterraine qui

---

(1) Bien que détruits en grande partie par la révolution, les logemens des moines ont encore un air de palais qui contraste avec les misérables chaumières qui les entourent. Ces bâtimens furent élevés surtout au xviiie siècle, et se sont encore accrus jusqu'à l'époque où l'abbaye fut supprimée.

règne sous presque toute l'étendue de l'église supérieure. Sa forme est à peu près celle d'une croix latine dont la nef serait très courte. Un peu au-delà de l'intersection des transsepts, à la place du chœur, est un mur épais semi-circulaire, percé de cinq larges arcades qui laissent apercevoir autant de chapelles séparées du chœur par un large promenoir. Ainsi, de presque toutes les parties de la crypte, on peut voir l'officiant à l'autel.

Toute cette construction frappe par sa simplicité pleine de noblesse, quoique dépourvue d'ornemens. Toutes les voûtes sont en plein cintre, mais l'ogive paraît dans les fenêtres de l'apside, par lesquelles seulement la lumière du jour pénètre mystérieusement dans la crypte. — J'ai remarqué un de ces autels anciens en forme de table.

Le plan de l'apside de l'église supérieure est un polygone, mais à l'intérieur un placage moderne lui a donné la forme semi-circulaire. L'apside et les chapelles de la crypte paraissent au-dessus du sol, environ à moitié de leur hauteur. — Les fenêtres de la crypte sont encadrées par des arcs en anse de panier, forme bien étrange pour l'époque à laquelle on peut placer cette construction. Il serait possible que ces fenêtres aient été réparées à une époque que je ne puis préciser, mais on ne peut d'ailleurs découvrir la trace de ces réparations. Au surplus, la même forme, l'arc en anse de panier, se trouve dans le cloître attenant à l'église, lequel certainement n'a subi aucune restauration.

Sa forme est un parallélogramme rectangle. Ses arcades surbaissées s'appuient sur des piliers cannelés, dont l'entablement est de la plus grande simplicité. Chaque arcade est divisée à l'intérieur par quatre petits arcs cintrés; les colonnes qui les soutiennent ont toutes été enlevées. Les voûtes de ce cloître sont en berceau avec des arcs doubleaux qui partant des piliers vont rejoindre des consoles historiées, d'une exécution médiocre.

L'appareil de cette voûte est de moellons taillés avec la plus grande précision. — Une niche moderne, pratiquée dans les murs du cloître, contient deux statues gothiques que je crois du XIIIe siècle; les têtes ont été brisées, mais l'ajustement des draperies est de très bon goût.

A quelque cent pas de l'abbaye, en allant au nord-est, on trouve une autre église, celle de Sainte-Croix, remarquable par son aspect qui se rapproche de celui d'un grand mausolée; son plan est une croix grecque. Une rotonde au centre communique avec trois culs de four dont l'un est l'apside et les deux autres tiennent lieu de transsepts. Une espèce de narthex ou de vestibule précède la coupole dont il est séparé par une porte intérieure; il occupe ainsi la place de la nef. Les voûtes et toutes les ouvertures sont cintrées, mais il n'y a aucun ornement à l'intérieur de cette chapelle, si ce n'est quelques moulures légères. A l'extérieur, chaque face est terminée par un fronton un peu plus aigu que ceux qu'on observe dans les édifices antiques. Il y a là cependant une imitation manifeste.

On ne voit d'autre ornement à l'extérieur qu'une corniche très jolie avec des moulures d'oves et de palmettes, autre imitation de l'antique.

Dans le roc sur lequel cette chapelle est bâtie, on a creusé une grande quantité de fosses qui paraissent autant de tombeaux vides; quelques-unes ne sont séparées que par une paroi très mince, comme si l'on avait voulu réunir deux personnes de la même famille; plusieurs ont moins de trois pieds de long, mais il y en a peu qui pourraient contenir un homme de ma taille; en général leur forme est celle d'un trapèze ou d'un triangle allongé et tronqué à sa pointe, la base du triangle étant destinée à recevoir le haut du corps; plusieurs offrent en outre un trou carré en retraite sur cette base, comme pour y placer la tête du cadavre; la profondeur moyenne de ces tombes est de moins de deux pieds; aucune n'a de couvercle, et nulle part aux environs on n'en aperçoit de déplacés. On ne trouve pas non plus de débris d'ossemens ni le moindre vestige du dépôt que les cadavres auraient laissé en se décomposant; la pierre n'est pas ternie; enfin toutes les présomptions se réunissent pour faire croire que ces tombeaux n'ont jamais servi (1).

Une inscription latine en lettres onciales, placée dans l'intérieur de la chapelle, apprend qu'elle a été élevée par Charlemagne, roi des Francs, en mémoire d'une grande bataille gagnée par lui sur les Sarrasins aux environs d'Arles. Il est évident qu'il y a là une fraude ancienne, assez maladroite, puisque Charlemagne n'a jamais eu de Sarrasins à combattre dans ce pays. Sans doute les desservans de Sainte-Croix ont voulu donner à leur église une origine illustre, et comme Charlemagne était le héros le plus connu, ils l'ont choisi au lieu de son aïeul qui eût été plus vraisemblable; mais Charles-Martel était maudit des moines, qu'il avait rançonnés pour repousser l'invasion des Musulmans, et ils se seraient bien gardés de prier pour un champion qui ne les avait pas délivrés gratis.

On trouve dans la *Gallia Christiana* la date de la consécration de l'église de Sainte-Croix, qu'une charte rapporte exactement. M. Ch. Lenormant qui, dans son voyage en Provence, avait consulté l'original ainsi qu'une histoire manuscrite de la ville d'Arles, et en avait extrait les passages les

(1) Si on eût enterré des corps à une si petite profondeur, ils auraient infecté les abords de l'église, et auraient peut-être donné une épidémie aux moines de Montmajour.

plus importans, a bien voulu me les communiquer; ils jettent le plus grand jour sur l'origine des deux églises.

La grande, celle qui dépendait de l'abbaye de Montmajour, fut commencée en 1016, mais il paraît que le manque de fonds, ou d'autres causes, retardèrent considérablement les travaux.

A cette époque on considérait comme un des plus sûrs moyens de gagner le ciel, la fondation d'un grand nombre d'églises. C'était la quantité encore plus que la qualité qu'on recherchait ; aussi voit-on tous les princes et hauts dignitaires ecclésiastiques, entreprendre sans cesse de nouvelles constructions, au lieu d'achever celles qui étaient déjà commencées. L'abbé Rambert, supérieur du monastère de Montmajour, non content de diriger les travaux de la grande église de son abbaye, en fit bâtir une autre à ses frais dans le voisinage, lui donna le nom de Sainte-Croix, et la fit dédier en 1019 par Pons de Marignan, archevêque d'Arles. C'est ce qui résulte à la fois de la charte et des manuscrits que je dois à la complaisance de M. Lenormant (1). Il est probable que Sainte-Croix a

---

(1) Quidam, illustrissimo nomine Rambertus, cœnobii Majoris Montis post primum abba septimus, obnixè flagitans dicari sibi, quamdam in honore Sanctæ Crucis cryptam, quam ipse juxta posse suæ industriæ in prælibato cœnobio construi prorsùs fecerat mirabili opere; cujus flagitaminibus libenter annuens archipræsul

été commencée presque en même temps que l'église principale; car, en admettant que les travaux aient été poussés avec beaucoup d'activité, il est difficile de croire qu'ils aient pu être achevés en moins de trois ans.

C'est dans la crypte qu'il faut chercher les parties de l'église de Montmajour, que l'on peut reporter à l'année 1016. Vraisemblablement les travaux continuèrent assez lentement jusqu'à la fin du XI° siècle, et la pauvreté où l'abbaye était alors tombée obligea de les suspendre pour quelque temps. M. Ch. Lenormant pense, avec beaucoup de probabilité, qu'à cette époque on abandonna le plan gigantesque sur lequel l'église avait été con-

---

præscriptus (Poncius) cum suorum canonicorum accensû tale fertur dedisse responsum : Cryptam pater reverende quam petis, gratis tibi dicamus, etc. ... XIII kal. maii ann. 1019 quo dies XIII kal. maii incidit in dominicam.

Extrait de la charte conservée autrefois dans l'abbaye de Montmajour.

.... Operosum porrò ædificium meditatus Rambertus, quia hic homo cepit ædificare, et non potuit consummare, prius sedens computat sumptus qui necessarii sunt si habeat ad perficiendum; cumque subductæ rationes nec satis essent, nec posset absque gravi debitorum onere quod monasterii facultates exhauriret, ad tantam molem necessariæ pecuniæ congeri, malo quod timebat hac viâ occurrit. In radice montis, infra monasterii septa, solem orientem versus, sacelli elegantissimi compositionem aggreditur..... etc.

Extrait du manuscrit.

que et qu'on en réduisit notablement les proportions. Je suppose que l'église actuelle et son cloître ont été terminés vers le milieu du xii° siècle. L'analogie remarquable que présentent les détails de ces bâtimens avec d'autres églises de Provence, et du même temps, donne lieu de penser que ni l'ogive ni les arcs surbaissés ne sont dus à une restauration antérieure au xii° siècle.

Quant à la fausse inscription de Sainte-Croix, il n'est pas aisé d'en découvrir la date ; la forme des caractères ayant été assez habilement imitée d'après ceux de l'époque carlovingienne. On doit pourtant être persuadé qu'elle n'a été placée qu'assez long-temps après la fondation de la chapelle, pour que tout souvenir de cet évènement fût déjà effacé. Dom Chanteloup (*Hist. mss. de l'Abbaye de Montmajour, citée par Anibert*) pense qu'elle fut fabriquée dans le xv° siècle par les moines de Montmajour qui voulaient s'en faire un titre de fondation royale contre ceux de Saint-Antoine de Viennois, avec lesquels ils étaient en procès. Les tombeaux qui entourent la chapelle sont probablement du même temps : pensons-le du moins ; car, ayant déjà la preuve d'une fraude, il vaut autant attribuer celle-ci au même auteur. Son but vraisemblablement a été de mettre en honneur les alentours de Sainte-Croix, en les présentant comme un cimetière de martyrs. Montmajour alors n'avait plus à envier à Arles ses Champs-Élysées. — J'avoue que j'ai peine à comprendre comment on aura pu creuser tant de fosses à l'insu des gens du pays. Il est vrai que tous les moines de Montmajour étaient intéressés à ne pas ébruiter l'invention, et d'ailleurs peut-être, un mur environnait à cette époque l'église de Sainte-Croix, qui pouvait dérober aux Arlésiens la connaissance des travaux. — De quelque manière qu'il ait été fait, j'aime mieux croire à la supercherie qu'à la réalité du cimetière.

Auprès de la grande église s'élève une tour carrée fort haute, couronnée de machicoulis et présentant toute l'apparence d'un ouvrage militaire. Sans doute elle faisait partie d'un système de fortifications qui défendait les abords de Montmajour du côté du S.-O. (1); c'était presque le seul point attaquable, car autrefois Montmajour était une île, et ne communiquait avec le territoire d'Arles qu'au moyen d'une chaussée.

L'appareil de la tour est régulier, et la surface extérieure des pierres n'ayant pas été taillée, il offre quelque ressemblance avec celui d'une muraille romaine. Dans le plan primitif, l'intérieur

---

(1) Ces fortifications auront sans doute été abattues lorsqu'on a commencé à bâtir l'abbaye moderne. On voit, outre la tour quelques portions de murailles épaisses, qui m'ont paru plus anciennes qu'elle.

était divisé en deux étages, mais le plancher qui les séparait a été supprimé. On voit encore dans la grand'salle, la seule qui ait été conservée, des corbeaux destinés à porter les solives du plancher, et des portes de communication maintenant inutiles. Les voûtes ogivales à nervures, très saillantes, et les machicoulis me font penser que cette tour date du xiv° siècle.

Dans le flanc méridional du rocher de Montmajour, il existe une autre église souterraine où l'on prétend que saint Trophime a dit la messe. Saint-Trophime est douteux, mais il est incontestable du moins que cette chapelle est fort ancienne. Je ne suis pas éloigné de croire que sa construction remonte au v° ou vi° siècle.

Elle est divisée en deux nefs, dont celle de gauche est assurément fort antérieure à l'autre. La première est entièrement creusée dans le roc et terminée par une apside semi-circulaire régulièrement orientée. Au contraire, la nef de droite est construite en maçonnerie grossière, sans apside, et soutenue sur des arcades qui l'élèvent au niveau de la nef souterraine. Trois piliers taillés dans la roche les séparent, et comme les arcades ne se prolongent pas jusqu'au sol, il est probable qu'avant l'adjonction de la nef de droite, ces arcades servaient de fenêtres.

Un banc, également taillé dans le roc, règne le

long de la chapelle de gauche. On voit au-dessus quelques niches, les unes cintrées comme les arcades, d'autres façonnées en forme de mitres. Toute cette construction est d'une extrême rudesse. Aucune forme régulière, pas une seule ligne courbe ou droite qui ait été mesurée; enfin, nul ornement si ce n'est sur un seul pilier, dont le chapiteau, quoique fort mal exécuté, a un caractère tout-à-fait antique. La nef de droite n'est guère mieux décorée. Sa voûte est semi-circulaire, et le peu d'ornemens qu'on y remarque appartiennent au style roman de la première époque. Je la crois du IXe siècle, ou peut-être même plus ancienne.

Une porte à la droite de l'apside communique de la nef souterraine à quatre petites chambres toujours creusées dans le roc, et qui paraissent avoir été des dépendances de la chapelle. Une d'elles, qui n'a guère plus de trois pieds et demi de large, est presque entièrement remplie par une espèce de fauteuil grossier en pierre. C'est par une lucarne étroite qu'elle est éclairée, et une autre baie la met en communication avec la chambre voisine. On appelle cette petite cellule le *confessionnal de saint Trophime*. Le saint, dit-on, assis sur ce fauteuil, écoutait les pénitens et leur parlait par la petite fenêtre. Il est difficile, en effet, d'expliquer autrement les dimensions si resserrées de cette chambre. Peut-être était-ce une espèce d'oratoire, où quelque ermite se livrait à la méditation.

La colline de Cordes, située à une portée de canon de Montmajour, est une autre île de rochers sortant des marécages. Ce n'est que du côté du midi qu'elle est facilement accessible par une pente assez douce. Un vaste étang, maintenant en partie desséché, défendait de ce côté le pied de la colline. Au nord et à l'est, elle est environnée de rochers très escarpés. Son sommet, couvert de broussailles, présente une déclivité qui s'abaisse doucement du nord au sud. C'était un lieu extrêmement favorable à la défense, et ses avantages militaires ont dû être reconnus très anciennement. L'opinion la plus commune est que ce plateau a servi de place d'armes aux Sarrasins qui, dans le viiie siècle, dévastèrent Arles et ses environs. M. Anibert l'a développée dans un petit livre fort intéressant, intitulé : *Dissertation historique sur la montagne de Cordes.*

Il n'est pas douteux que la pente douce, le seul côté accessible, ait été fortifiée autrefois. On y voit encore les restes d'une muraille qui se prolonge sur tout le flanc de la montagne, et vient aboutir aux escarpemens naturels de rochers qui la rendent inattaquable de tous les autres points. Du temps où écrivait Anibert, 1779, ce mur était encore élevé de quinze à vingt pieds. Il s'en faut de plus de moitié aujourd'hui qu'il soit aussi haut. — L'appareil est fort irrégulier, composé de pierres de toutes dimensions, liées entre elles par un mortier peu solide. A sa base, le rempart a plus de six pieds d'épaisseur; mais il se rétrécit progressivement à mesure qu'il s'élève. Je n'ai pas trouvé de vestiges de son couronnement qui existait en 1779, et j'ai eu quelque peine à reconnaître les deux tours que M. Anibert a décrites.

Au sommet de la colline, près des escarpemens du nord, on voit une caverne taillée de main d'homme dans le roc calcaire, et dont la direction s'étend de l'ouest à l'est. On y descendait autrefois par un plan incliné obstrué aujourd'hui par des éboulemens et d'épaisses broussailles. C'est par une ouverture latérale qu'on y pénètre aujourd'hui. Sa profondeur moyenne est d'environ dix pieds et sa longueur de soixante-quinze.

Au bas de la descente, on trouve une espèce de vestibule, taillé à pic et à ciel ouvert, dont le plus grand diamètre, perpendiculaire à l'axe du souterrain, est d'une trentaine de pieds. Ses deux extrémités s'arrondissent en demi-cercle. Vis-à-vis la descente, et au milieu de ce que j'ai appelé vestibule, on a pratiqué une espèce de porte cintrée assez semblable à l'ouverture d'un four. La terre que la pluie fait tomber dans cette excavation a tellement exhaussé le sol, qu'on ne peut entrer qu'en rampant dans le corridor où conduit cette porte. Son autre extrémité aboutit à la chambre principale de la caverne. Celle-ci, du côté du couchant, est taillée en demi-cercle; puis les parois reprennent une direction rectiligne en se rapprochant l'une de l'autre, jusqu'à l'extrémité orientale, qui est coupée carrément. Ces parois sont taillées dans le roc un peu obliquement, en sorte que le haut surplombe le sol de la caverne. De grosses pierres plates lui servent de toit; quelques-unes la traversent perpendiculairement comme un pont jeté sur un fossé; mais la plupart, posées à plat de chaque côté, se réunissent au milieu et s'appuient l'une sur l'autre, leur poids et la portion qui repose à terre suffisant pour les maintenir solidement. Quelquefois une troisième pierre porte sur deux autres en encorbellement sur les parois latérales de l'antre. Bien qu'aucune de ces pierres n'ait été taillée, elles sont ajustées assez exactement pour que leurs interstices ne laissent pénétrer qu'une faible lueur. L'intérieur du souterrain est travaillé avec quelque soin, et les parois en sont si parfaitement polies, qu'on n'y aperçoit nulle part la trace du pic ou du ciseau.

Voici les dimensions de la grotte de Cordes :

Longueur totale, de la porte du corridor à l'extrémité de la caverne	75 pieds.
Longueur du corridor	16 1/2
Largeur de la caverne au débouché du corridor	12
—— à l'autre extrémité	5
Hauteur du sol au toit	10
Largeur du corridor	6
Longueur du vestibule	30
Largeur du vestibule	9
Longueur de la descente	10
Largeur de la descente	8

On a comparé le plan de la grotte de Cordes à une croix ou bien à une épée (le corridor formant la croisée), et l'on a même cherché à tirer des conclusions de cette forme, que l'on interprétait différemment, tantôt comme indiquant une destination religieuse, tantôt comme rappelant un souvenir de conquête. M. Anibert réfute victorieusement ces deux opinions, et une troisième qui fait une citerne de ce souterrain beaucoup trop élevé pour avoir jamais servi à cet usage. Croyant voir une simultanéité de travaux entre la grotte et la muraille, il conclut que la colline de Cordes a servi de place forte aux Sarrasins, que la muraille défendait le seul endroit accessible, et que la grotte creusée par eux était le magasin où ils renfermaient les objets précieux que leurs excursions mettaient en leur pouvoir. L'analogie du nom de

Cordes avec celui de Cordoue, capitale des Maures d'Espagne, lui a fait penser que la colline devait son appellation à la horde musulmane qui s'y était établie.

Le séjour des Sarrasins dans les environs d'Arles, au commencement du VIIIe siècle, est bien avéré. La position très militaire de Cordes devait naturellement frapper leurs chefs, et il n'est nullement improbable qu'ils s'y soient retranchés, et qu'ils en aient fait un campement permanent pour y mettre en sûreté leurs malades, leur butin, et tenir en bride par une garnison la population chrétienne du voisinage. La muraille, qui certainement a été élevée pour défendre l'accès de la montagne, est peut-être leur ouvrage, et l'étymologie du nom de Cordes ne manque pas de vraisemblance. Mais il me semble impossible d'admettre que la muraille et la grotte soient contemporaines. Comment supposer que des soldats toujours sur le qui vive en pays ennemi, aient pris la peine de creuser péniblement un souterrain, puis de le recouvrir d'énormes pierres, tandis qu'un ouvrage en maçonnerie eût été infiniment plus expéditif, et beaucoup mieux approprié au but qu'ils se proposaient. Je sais bien qu'on peut dire que les Maures donnèrent la préférence à une excavation, afin de dérober aux gens du pays le secret de son existence, pour en faire une cachette, où ils auraient enfoui les objets trop lourds pour être emportés dans une retraite précipitée. Mais on peut objecter qu'il était bien difficile, sinon impossible, de faire en secret un travail aussi considérable, et qu'en supposant même qu'il eût été exécuté à l'insu des gens du pays, un déserteur ou même un prisonnier aurait suffi pour en révéler la connaissance. Un trou en terre, fait pendant une nuit, eût été bien préférable, et quant aux dimensions de la grotte de Cordes, on peut dire qu'elles sont trop petites pour renfermer un butin considérable, et trop grandes si elle n'a été destinée qu'à serrer de l'argent ou des objets très précieux.

On l'appelle dans le pays *la Grotte des Fées*, et ce nom m'a paru remarquable, parce qu'on le donne en général aux monumens druidiques. Le toit est absolument semblable à ceux des *dolmen*, et le plan général de l'excavation offre de l'analogie avec ces prodigieuses constructions de nos ancêtres. Il y a pourtant une immense différence entre une galerie creusée dans le roc, dont le toit est à fleur de terre, et les pierres énormes s'élevant à la surface du sol, qui forment les murailles des *dolmen*. Ces derniers sont en général ouverts à l'est; ici c'est le contraire. Toutefois, il me paraît plus probable d'attribuer à un peuple encore sauvage et à une époque de barbarie complète la construction de ce singulier monument, que d'y voir l'ouvrage d'une troupe de pillards armés pendant une invasion passagère.

Une observation qui a échappé à M. Anibert, et que j'ai été à même de faire, ainsi que plusieurs antiquaires qui ont visité Cordes avec moi, c'est que la colline est couverte de débris de ces larges tuiles qu'on appelle *sarrasines* en Provence, et qui paraissent de fabrique romaine. Un de nous trouva un fragment très reconnaissable d'une de ces meules de lave, si communes aux environs de tous les établissemens romains. Je ne prétends tirer aucune conclusion de ces faits. Le rempart que j'ai décrit ne ressemble en rien aux murailles romaines, et la présence de fragmens de briques et de meules ne prouverait rien contre l'hypothèse d'un camp retranché élevé par les Sarrasins. Soldats et conquérans, il est probable qu'ils devaient avoir recours pour leurs besoins à l'industrie des vaincus; et, au viiie siècle, les arts de la Provence n'étaient encore que des souvenirs de la civilisation que les Romains y avaient introduite.

LE PONT DU GARD.

En quittant Arles pour la première fois, je me rendis à Avignon, ne m'arrêtant que pour visiter le pont du Gard. Le Gardon, grossi par des averses prodigieuses, était débordé et roulait, avec un bruit affreux, ses eaux, couleur de café, sous les arches de l'aqueduc; le ciel était à l'orage, mais une éclaircie dorait le monument qui paraissait étincelant de lumière; le site sauvage, la solitude complète du lieu, le bruit du torrent, ajoutaient une poésie sublime à l'architecture imposante qui s'offrait à mes yeux.

On aborde le monument par le moins beau côté, celui du pont que les états de Languedoc ont fait bâtir et accoler à l'aqueduc romain. Si l'on passe sous une des arches et qu'on se retourne après une cinquantaine de pas, il paraît alors dans tout son avantage. Toute cette construction est empreinte d'un caractère de grandeur, qui saisit le spectateur, et qu'aucune description ne peut rendre. Les pierres, ou plutôt les blocs énormes qui forment les piles, sont brutes à leur surface extérieure et séparées par un bossage grossier; cette rudesse fait bien; c'est un ouvrage de géans dont les yeux n'apercevaient pas les imperfections que nous autres nains pouvons découvrir. Au reste ce n'est qu'après quelques minutes d'admiration muette qu'on observe les imperfections, qu'on les recherche même, comme honteux de l'émotion involontaire que l'on vient d'éprouver. Alors, pour être fidèle au précepte du faux sage: *Nil admirari*, on se dit que les arches sont d'inégal diamètre, que la courbe de leur cintre est interrompue désagréablement par des pierres en saillie, que la ligne de l'aqueduc n'est pas droite et qu'elle se courbe sensiblement sans motif, ce qu'il eût été facile d'éviter avec quelques centaines de pieds de corde. — On remarque l'irrégularité constante et presque systématique de toutes ses parties, — le même pilier portant des impostes de hauteur inégale, — la plus grande arche placée à côté de la plus petite; et on se demande alors si les règles sont faites pour le génie ou si la grandeur exclut nécessairement le goût et la précision?

L'appareil intérieur des arches est composé de trois cintres ou tranches énormes, parallèles, collées, on ne sait par quel art. La pluie, qui devrait filtrer entre les intervalles de ces tranches, a été impuissante contre le ciment romain. Cependant les hommes qui élevaient ces monumens gigantesques ont pensé qu'ils pourraient un jour se détériorer. Les pierres en saillie, qui interrompent le cintre des arches, ont été destinées à soutenir des échafauds pour des réparations. Quelle confiance ils avaient dans la durée de leur empire, ces Romains qui prévoyaient qu'un jour ils pourraient avoir à réparer le pont du Gard!

Cet aqueduc a servi long-temps : on peut s'en convaincre en examinant l'énorme sédiment aqueux qui garnit l'intérieur du canal où coulaient les eaux. Longtemps après la construction de l'aqueduc, on en a rétréci le canal par une maçonnerie et une couche nouvelle de mortier posée sur les dépôts anciens. Cette couche s'est elle-même chargée d'un nouveau dépôt, mais moins épais que le premier. La surface du mortier est couverte d'un enduit rouge assez brillant dont je ne comprends pas l'usage. — On a dit trop de mal du pont moderne; c'est sans doute un trait de barbarie d'avoir élevé une construction nouvelle à côté de l'ouvrage des Romains; mais il semble que les architectes du xviii° siècle se soient un peu inspirés par un aussi beau voisinage (1).

SAINT-REMY, LES BAUX, SAINT-GABRIEL.

24 octobre.

Les monumens de Saint-Remy m'ont un peu désappointé; mais on est difficile quand on quitte le pont du Gard. Le tombeau m'a paru mesquin, bizarre, et d'un goût détestable. Il est impossible de ne pas croire en le voyant qu'il appartient à une époque de décadence. L'inscription,

(1) Avant que ce pont ne fût construit, les évêques d'Uzès avaient fait échancrer les piles du côté opposé pour faire un passage aux piétons et même aux bêtes de somme.

si souvent commentée et si diversement interprétée, est comme il suit :

SEX L M IVLIEI C F PARENTIBVS SVEIS..

La quatrième lettre est assez fruste et difficile à lire; M. Malosse, de la société des antiquaires, traduit ainsi : *Sextus, Lucius, Marcus, Julii, curaverunt fieri parentibus suis.*

« Sextus, Lucius, Marcus, de la race des Jules, ont fait élever ces monumens à la gloire de leurs parens. »

A son avis, les bas-reliefs qui décorent les quatre faces du piédestal rappellent les victoires de Jules César dans les Gaules, et le mausolée et l'arc de triomphe auraient été élevés dans le 1er siècle de notre ère.

Je ne m'occuperai pas de l'explication de l'inscription; mais, quant à la date et aux sujets des bas-reliefs, il m'est impossible de partager l'opinion de ce savant antiquaire.

Bien que ces bas-reliefs soient maintenant fort mutilés, on ne peut examiner de près les armes, les figures et tous les détails, sans se convaincre qu'ils n'ont rien de commun avec les campagnes de Jules César; et quant au style de l'architecture, il ne peut se rapporter qu'à une époque assez avancée de l'empire.

Le bas-relief du midi, par exemple, représente

évidemment une chasse. M. Malosse y voit la défaite des Allobroges et la prise de la fille d'Orgetorix ; mais personne ne s'y bat, et la fille d'Orgetorix, c'est un *homme* nu (si l'on monte sur le soubassement, on ne pourra nier son sexe), renversé dans les bras de ses amis dont les uns se désolent, d'autres cherchent à lui porter secours. La chasse est parfaitement caractérisée par un sanglier et un chien sculptés au côté droit du bas-relief.

Celui du levant, sur lequel on voit plusieurs femmes au milieu de groupes de combattans, serait, suivant le même archéologue, le triomphe de César sur Arioviste, dont les femmes et les filles furent prises ou tuées ; mais il n'a pas remarqué les ailes d'une de ces Germaines prétendues, qui est bien certainement une Victoire. Elle tient une petite statue emmanchée au bout d'un bâton, et semble guider un héros qui saisit un cavalier ennemi, dont le vêtement ressemble un peu à celui des Amazones, et lui fait baisser la tête sur la croupe de son cheval; il est suivi de plusieurs figures drapées, dont une a certainement de la barbe, et parmi lesquelles on voit un Génie ailé, d'une proportion inférieure aux autres figures.

Le côté du couchant, selon M. Malosse, représenterait la mort du vieux Camulogène, tué auprès de Lutèce ; mais le cadavre, que des guerriers semblent se disputer, est celui d'un jeune homme. La composition des bas-reliefs se rapporte parfaitement au combat décrit par Homère à l'occasion de la mort de Patrocle : le guerrier qui cherche retirer le cadavre de la mêlée serait Ménélas, et ceux qui le couvrent de leurs boucliers, les deux Ajax.

Quant au quatrième bas-relief, qui représente un combat de cavalerie, je n'en puis rien dire, sinon qu'il est très mal exécuté ; que les chevaux vus de face ou par derrière, offrent des raccourcis parfaitement laids et désagréables ; enfin, les combattans sont si ridiculement posés, qu'il est évident que leur auteur n'avait jamais fait la guerre et ne savait pas monter à cheval.

Toutes les figures de ces bas-reliefs, quelle que soit leur saillie, sont entourées d'une ligne gravée en creux, qui en dessine fortement les contours. Ce procédé, qui se retrouve souvent dans d'autres monumens, ne paraît avoir été employé que lors de la décadence de l'art.

Pourquoi veut-on que les sujets de ces bas-reliefs aient un rapport direct avec l'histoire des personnages auxquels ce monument a été élevé? Une multitude de tombeaux antiques sont couverts de bas-reliefs représentant des actions entièrement étrangères à ceux qu'ils recouvrent. Plusieurs compositions, que l'on trouve sur des tombeaux ou des urnes cinéraires, sont quelquefois plutôt comiques que tristes, et l'on pourrait alléguer une foule d'exemples qui prouveraient que, dans les monumens élevés à la mémoire des morts, les anciens se sont toujours plus attachés à l'élégance des ornemens, qu'à leur rapport avec leur destination. Dans ce système, ces bas-reliefs s'expliqueraient plus facilement ; ce seraient des sujets héroïques que l'artiste aurait représentés : la chasse du sanglier de Calydon, la Mort de Patrocle, le Combat des Amazones (en supposant que le cavalier du bas-relief du levant soit une femme, ce qui n'est pas prouvé); quant au combat de cavalerie, je n'en sais que faire, faute de détails caractéristiques.

Ce qui me choque le plus dans la décoration de ce tombeau, c'est la lourde guirlande qui règne au-dessus du piédestal. Elle est soutenue par trois Génies ou plutôt par trois polissons joufflus grotesquement posés, les uns de face, les autres vus par le dos, quelques-uns ayant l'air de pendus. Les retombées de la guirlande passent par-dessus des masques à barbe, grimaçans et fort laids ; tout cela est suspendu sur la tête des figures des bas-reliefs, et comme mêlé avec elles.

La frise du deuxième étage offre des groupes de divinités ou de monstres marins. Leurs ailes de chauve-souris sont remarquables.

On ne peut rien voir de plus lourd ni de plus

gauche que les deux figures drapées, sous la coupole qui termine le monument. Il est juste de dire que leurs têtes sont modernes ; un Anglais a enlevé dans une nuit les deux têtes antiques, par un tour de force qui fait honneur à son agilité, car la hauteur à laquelle ces statues sont placées en rend l'approche très difficile sans un échafaudage compliqué.

Dans tous les mémoires que j'ai lus relativement aux monumens de Saint-Remy, on a admis, sans discussion, cette hypothèse, qui aurait besoin d'être justifiée, que l'arc de triomphe et le tombeau sont de la même époque et élevés à la mémoire du même individu. Pour moi, je ne vois d'autre rapport entre ces deux monumens que leur proximité. Les sujets militaires des bas-reliefs dont je viens de parler, ne prouvent pas ce me semble que les personnages du mausolée aient été des généraux ; loin de là, leurs statues sont couvertes de la toge et non du paludamentum.

On s'aperçoit en outre qu'il existe une grande différence, sous le rapport de l'art, entre le mausolée et l'arc de triomphe. Le second de ces monumens est infiniment préférable au premier : les sculptures en sont d'un goût et d'un travail bien supérieurs ; l'ornementation en est toute différente ; enfin, l'exécution, le faire, indiquent une autre époque et des artistes bien plus intelligens. Ainsi, pour ne citer qu'un détail sur lequel on ne peut avoir deux opinions différentes, on ne voit pas sur l'arc, même dans les parties les moins saillantes, ces rainures profondes qui cernent les contours des figures du mausolée; là, cependant, ce procédé serait justifié par le besoin d'accuser fortement les formes, en raison de la hauteur à laquelle sont placées ces sculptures; tandis que dans le mausolée on les voit d'assez près pour les toucher. J'ajouterai encore que, quelque concession que l'on fasse à l'indifférence des anciens pour la régularité et les alignemens, il est difficile d'admettre que les deux monumens aient été construits en même temps et dans le même but, sans qu'il existe le moindre rapport de position entre eux. En effet, bien qu'assez rapprochés, ils ne sont ni à angle droit, ni sur la même ligne parallèle ou perpendiculaire.

Tout le haut de l'arc, à partir du sommet de l'archivolte, est détruit; les bas-reliefs placés entre les entre-colonnemens des deux côtés de l'arc ont beaucoup souffert, et les sculptures des faces latérales ont disparu. Probablement elles étaient placées dans des niches qui subsistent encore, et dont les côtés sont ornés de thyrses.

Les bas-reliefs des deux faces principales représentent des captifs enchaînés. Auprès de trois d'entre eux sont des femmes qui semblent partager leur sort; peut-être ces figures sont-elles les personnifications des provinces soumises par les armées romaines. Le costume des captifs (une tunique courte et des pantalons) annonce une nation barbare.

Du côté du couchant, à gauche, un Romain, petit et faible en apparence, est placé auprès d'un géant barbare; c'est un trait de vanité romaine qui se reproduit souvent. — J'y vois une objection de plus à l'hypothèse de M. Malosse. Comment supposer qu'on eût élevé dans la Gaule un monument qui représentât les gens du pays ou de proches voisins vaincus et enchaînés? Les polissons gaulois auraient, par patriotisme, mutilé ces statues.— Ces captifs représentent sans doute des Germains, ou ces barbares que Marc-Aurèle repoussa pour quelque temps des frontières de l'empire.

Le style des ornemens prodigués sur toutes les parties de cet arc convient d'ailleurs assez bien au second siècle. L'archivolte est une espèce de guirlande de fruits et de feuilles sculptées avec la même perfection d'imitation, avec le même goût de la variété, des détails, qu'on observe dans la période gothique. Des pommes de pin, des branches d'olivier, de lierre, des raisins, quantité de productions végétales, composent cette guirlande, dont on ne peut se lasser d'admirer le travail. Les caissons sous la voûte me plaisent moins : leur type est trivial et sans grâce.

De Saint-Remy, je partis pour les Baux : c'était autrefois une ville florissante, séjour d'une cour d'amour, domaine de puissans seigneurs qui donnaient des podestats à toute la Provence. Aujourd'hui, c'est une vaste solitude.

Sa position est des plus pittoresques; comme toutes les villes du moyen-âge, elle est perchée au sommet d'un rocher de difficile accès. On y parvient après avoir tournoyé long-temps dans un sentier escarpé. Du sommet on juge parfaitement de l'aspect du pays. Les Baux forment l'extrémité occidentale d'une espèce d'amphithéâtre naturel tangent à un autre amphithéâtre beaucoup plus vaste; au midi une plaine basse se termine à la mer.

La roche, sur laquelle la ville est construite, est un calcaire très tendre qui se taille avec facilité, mais se décompose et tombe en efflorescence à l'air, d'une manière bizarre, formant ainsi des cavités plus ou moins profondes et de l'aspect le plus varié. Sa mollesse et sa compacité ont donné sans doute aux premiers habitans du bourg l'idée de se tailler une ville dans le roc vif, au lieu d'élever des maisons et des murailles en entassant pierres sur pierres. L'ancien château, dont les restes occupent une partie considérable dans l'emplacement de la ville, est en grande partie construit, ou plutôt travaillé de cette manière. Des tours ont été faites en évidant de grands carrés de roc; les murailles sont des tranches de pierre d'un seul morceau, coupées à même le sol qu'on a déblayé à l'intérieur. Un grand nombre de chambres et même de maisons ont été pratiquées de la même manière. Il est impossible de décrire les ruines étranges que forment ces masses énormes en s'éboulant. En général, c'est par la base que manquent d'abord ces tours, ces maisons monolithes; la couche inférieure de la roche se décomposant plus vite que les supérieures, elles tombent tout d'une masse sans presque changer de forme. Une grande tour, dont le soubassement s'est brisé, et qui s'appuie, comme un grand arbre coupé au pied, sur une autre masse de rocher, présente l'aspect le plus pittoresque. Dans quelques parties, on reconnaît des réparations anciennes, un travail de maçonnerie par lequel on a consolidé des tranches de roche qui menaçaient ruine.

Rien de plus extraordinaire que cette ville qui pourrait contenir au moins six mille ames, et dans laquelle on a peine à trouver un habitant. Beaucoup de maisons ont des façades élégantes dans le style de la renaissance ou du xve siècle; mais les fenêtres sont brisées, les toits à moitié détruits. les portes sans serrure. Une demi-douzaine de mendians composent toute la population. J'ai remarqué sur un mur cette inscription : *Poste aux lettres.* Mais qui peut écrire aux Baux ? Il n'y a pas même un cabaret. On m'a dit que la plus belle maison de la ville se louerait pour dix francs l'année, si on pouvait en découvrir le propriétaire. Les mendians errans et les Bohémiens, qui poussent quelquefois leurs excursions jusque-là, enfoncent d'un coup de pied une porte vermoulue, et s'établissent pour quelques jours dans un de ces manoirs antiques, qu'ils quittent bientôt pour reprendre leur course vagabonde.

Le spectacle d'une ville romaine, dont il ne reste plus que des substructions, parle bien moins à l'imagination que celui de cette ville *habitable* et qui n'est point *habitée*. Il y a la différence entre une catastrophe racontée et un désastre dont on est le témoin.

Le genre d'architecture que la situation exceptionnelle de la ville des Baux a fait adopter, ne fournit guère de renseignemens sur les époques anciennes de son histoire; cependant je n'ai rien vu qui m'ait paru antérieur au xiie siècle. Une église en assez bon état appartient à l'époque de transition. On voit dans le collatéral de droite une corniche et un arc doubleau, taillés à facettes, de manière à former des zigzags ou des dents de scie, alternativement en retraite et en saillie. Le reste de l'église a été réparé au xve siècle, et on y a ajouté plusieurs chapelles assez élégantes. Je ne devine pas qui peut y dire la messe, encore moins qui peut venir l'entendre dans ce lieu de désolation.

Saint-Gabriel, sur la route de Saint-Remy à Arles, était autrefois une station romaine et s'appelait *Ernaginum.* On y trouve une grande quantité de tombeaux de pierre de même forme que ceux des Champs-Elysées d'Arles, mais sans ornemens. Parmi une soixantaine que j'ai examinés, je n'en ai vu qu'un seul qui portât une croix sculptée. Quelques-uns, en raison de leur largeur, peuvent avoir été destinés à recevoir deux cadavres. D'autres débris antiques sont dispersés çà et là dans les maisons du village : quelques inscriptions, des fragmens de statues, des morceaux de poteries; un petit torse antique d'un fini précieux et d'un beau style, était incrusté dans la muraille d'une ferme. Le propriétaire, M. Mourret, vient d'en disposer en faveur du musée d'Avignon ainsi que de quelques vases de verre trouvés dans des tombeaux. L'un d'eux m'a paru remarquable : c'est une de ces phioles nommées communément lacrymatoires, longue de dix-sept pouces sur dix lignes de diamètre dans sa partie renflée et cinq lignes dans sa partie moyenne.

L'église de Saint-Gabriel me paraît du xiie siècle. C'est une basilique à une nef terminée par une apside exagone. Sa façade, comme presque toutes celles du midi, offre un mélange de souvenirs antiques et de caprices bysantins.

La porte est cintrée avec un linteau qui la traverse. Le cintre est bouché, et son tympan rempli par un bas-relief assez grossier qui représente, je crois, la création du monde et la tentation. Deux colonnes cannelées dont les chapiteaux sont une copie, mais très imparfaite, de l'ordre corinthien, flanquent cette porte et soutiennent un fronton triangulaire dont les corniches rampantes ont un caractère antique. Il est surmonté d'un agneau. Le tympan de ce fronton contient un autre bas-relief carré, représentant l'Apparition de l'ange Gabriel à la Vierge. Sainte Elisabeth assiste à la scène. Le nom de chaque personnage est écrit à côté ainsi que ces mots : *Ave, Maria, gratiá plena*. L'ange, contrairement à l'usage général au xiie siècle, est presque entièrement nu. C'est le seul exemple que j'aie remarqué dans la sculpture bysantine.

Au-dessus du fronton triangulaire, est une grande archivolte retombant sur des impostes placées à droite et à gauche du portail. Vient ensuite une corniche saillante sur laquelle s'appuie une archivolte ogivale, mais dont la pointe est à peine marquée. Elle entoure un œil de bœuf orné de moulures fort élégantes et autour desquelles sont disposés les quatre signes symboliques des évangélistes. Un gable obtus, avec une moulure presque détruite, surmonte le tout.

Le toit de la nef et celui de l'apside sont recouverts en pierres. L'église est bâtie sur le roc, et, en raison de sa pente, le pavé offre deux plans distincts dont le supérieur commence à peu près vers la moitié de la nef. Les voûtes sont ogivales, à côtés très courbés et à pointe un peu obtuse.

Je serais tenté d'en reporter la construction au commencement du xii° siècle, si la saillie très prononcée des contre-forts ne semblait indiquer une époque de transition. Je crois donc devoir la fixer à la fin du même siècle.

Derrière l'église, au sommet de la colline sur le penchant de laquelle elle est bâtie, s'élève une haute tour carrée, construite de grosses pierres en bossage. Deux autres tours carrées, mais d'un diamètre moindre, aujourd'hui presque entièrement ruinées, étaient placées de chaque côté de la tour principale et en avance sur elle d'une cinquantaine de pieds. Un large fossé, taillé dans le roc, mais maintenant presque comblé, complète l'ensemble de cette fortification qu'il enferme dans un grand carré. Les créneaux de la tour principale sont détruits ou peut-être n'ont jamais existé. L'intérieur est voûté. Elle passe dans le pays pour une construction romaine; je la crois plutôt contemporaine de l'église, ou même postérieure. Les deux petites tours défendaient probablement le pont qui traversait le fossé, et l'intervalle entre les trois tours était occupé par un rempart qui a été détruit.

Une pierre de la tour principale, à trois ou quatre pieds du haut du fossé, porte une inscription de quatre caractères hébraïques profondément gravés. M. Pichard, membre de la Société asiatique, a eu la bonté de me la traduire. On peut y voir le millésime 908, ce qui pourrait s'expliquer en supposant que la tour a été construite avec les débris du mur d'enceinte d'un cimetière juif; ou bien y lire ce mot : *Hathiqom*, c'est à dire : *te vengeras-tu?* Dans ce cas, il serait possible que quelque juif prisonnier dans la tour, ou opprimé par les chrétiens, eût exprimé son désespoir en gravant cette question que David adresse souvent à l'Eternel, pour lui demander quand il punira les hommes de leurs iniquités.

J'ai recueilli les inscriptions suivantes à Saint-Gabriel.

1° Dans l'église, sur une pierre carrée :

```
   M FRONTONI EVPORI
    IIIII VIR AVG COL IVLIA
   AV AQVIS SEXTIS NAVICVLAR....
   MAREL·CVRAT EIVSDE COR...
   PATRONO NAVTAR . DRVEN
```

```
! I CORVM ET VTRICVLARIOR
  CORP ERNAGINENSVM (Sic)
     IVLIA · NICE · VXOR
   CONIVGI CARISSIMO (1).
```

La même inscription a été déjà publiée par M. Calvet, dans son mémoire sur les utriculaires, mais avec les variantes ci-après :

```
     M FRVTONI EVPOR
     IIIII VIR AVG COL IVLIH
   AVG AQVIS SEXTIS NAVICVLAR
   MAR AREL CVRAT EIVSD CORP
   PATRONO NAVTAR DRVENTI
    CORVM ET VTRICVLARIORVM
     CORP ERNAGINESIVM
        IVLIA NICE VXOR
      CON IVGI CARISSIMO
```

J'ai lieu de croire ma copie plus exacte ; car elle a été collationnée avec beaucoup de soin sur l'original, par un de mes amis et moi.

2° Sur un marbre brisé dont il manque un fragment, chez M. le chevalier Mourret :

```
      .... SEVERI ...
    FAB · VIATOR · F .....
  ROM · ETAVG IuI VIR PonT
  COL · REIOR . APOLLINAR (2)
```

(1) Marco Frontoni Evporio | Seviro Avgvstali, (Coloniâ Ivliâ Avgustâ Aqvis Sextis) naviculariorum| arelatensium, curator eivsdem corporis|patrono navtarum drven|ticorvm et vtricvlariorum corporis ernaginensvm, etc.

(2) Probablement *Riez*.

SIBI·ET KAREIAE·KAREI·F.
PATERCIAE. OPTIM·V....
FECIT (1).

3° Sur un cippe carré de pierre dure le long d'un chemin :

D M
Q. CAPRII
HERMES

4° Maison de M. Mourret, sur une pierre scellée dans un mur :

D M
VALERIAE
PIAE VARIus
FES (::) TUS   (::) Un défaut dans
CONIVGI   la pierre.
DVLCISSIME
S A C D.

(1) Bartel, *Hist. Reg.*, cite la même inscription comme l'ayant vue à Aix chez Peyresc. Or M. Mourret a trouvé celle-ci en faisant démolir une ancienne chapelle et à plusieurs pieds sous terre, où certainement elle n'avait pas été enterrée depuis Peyresc. Il faudrait supposer que cette inscription a été faite à plusieurs exemplaires. Bartel lit FABVLATOR au lieu de FAB. VIATOR, qui est évidemment plus correct.

SAINT-GILLES.

L'ancien nom de Saint-Gilles était *Rhode*, d'où l'on a conclu que la ville était une colonie grecque fondée par des Rhodiens. Dans le moyen-âge, elle a pris le nom de Saint-Gilles, d'après son premier évêque *Egidius*, dont nous avons fait Gilles. Il n'y existe actuellement aucun édifice antique, mais plusieurs inscriptions tumulaires, des fragmens de colonnes et des débris nombreux de marbre et de porphyre, qu'on trouve épars dans les environs, prouvent qu'un établissement romain considérable a été long-temps florissant en ce lieu.

L'église de Saint-Gilles peut être considérée comme le *nec plus ultra* de l'art bysantin. Conçue sur un plan gigantesque, elle a été abandonnée avant d'être achevée, probablement pour les mêmes causes qui ont laissé tant de beaux monumens imparfaits : les maux de la guerre, le manque de fonds, la diminution de la ferveur religieuse, et la décadence du pouvoir ecclésiastique. Au milieu des ouvrages ébauchés dans le style roman, s'est élevée une église petite, mesquine de proportions, ayant toute l'apparence d'une construction provisoire; c'est l'église actuelle dont la date est assez difficile à déterminer, plusieurs restaurations successives en ayant altéré le caractère primitif. Son architecture appartient à ce gothique importé dans le midi de la France, et s'y développant sans grâce, avec peine, comme un arbre transplanté de son pays natal sur un sol étranger. Les voûtes sont en ogive, et, à l'exception de piliers corinthiens qui divisent l'église en trois nefs, et que je crois une restauration du xviie siècle, aucun ornement n'en décore l'intérieur. La partie orientale du bâtiment se termine par un plan coupé; l'apside actuelle, qui n'est visible qu'à l'intérieur, paraît être une addition très moderne. Voilà, ce me semble, tout ce qu'il y a à remarquer dans l'église pauvre et sans caractère qui a remplacé la magnifique basilique projetée.

Il reste des premières constructions: 1° le portail; 2° une portion d'église souterraine, sous une partie de la nef principale et du collatéral droit de l'église gothique; 3° un pan de mur appartenant au collatéral et au transsept de gauche; 4° enfin quelques substructions du chœur, et du transsept de droite. On peut ajouter encore probablement, la base des gros murs, et peut-être celle des piliers de l'église actuelle. Le mur oriental de celle-ci ne s'étend même pas jusqu'aux transsepts du plan primitif.

Et d'abord, il faut noter que toutes les portions de constructions commencées sont, sous le rapport de l'ornementation, absolument terminées, ce qui leur donne l'apparence d'une ruine plutôt que de l'ébauche d'un monument inachevé. On peut chercher, je crois, la cause de cette singularité dans le goût, ou pour mieux dire dans le besoin des détails, caractère si frappant de l'architecture bysantine, le maître et ses ouvriers se complaisant dans l'ornementation, et en faisant l'objet principal de leur travail (1).

L'église souterraine est vaste et bien éclairée; elle est divisée en deux nefs par des piliers bas et massifs. Les voûtes sont en anse de panier avec de fortes nervures carrées qui se croisent de deux en deux piliers, et dont les angles saillans sont taillés en dents de scie. On remarque le même ornement à l'autre extrémité de l'église, dans ce qui reste des arcades du transsept gauche. La courbe des voûtes en arc très surbaissé, prouve que cette forme n'était point inconnue dans la période romane. C'est avec les arcades du cloître de

(1) On m'a dit qu'avant la révolution, la partie de l'ancienne église qui est maintenant une place publique, était couverte et que les murs, les piliers et la voûte étaient intacts. Tout aurait été démoli sans un cordonnier, président d'un club, qui demanda grâce pour la fameuse vis, et sauva ainsi la portion du transsept gauche où elle est placée.

Montmajour le seul exemple bien authentique que j'aie rencontré.

Sans doute, dans le plan primitif, cette crypte devait s'étendre sous la totalité de l'église. Mais pour cela il fallait excaver le roc sur lequel elle est fondée, et l'immensité du travail a fait renoncer à l'entreprise. Suivant toute apparence, ce changement dans le plan a eu lieu avant qu'on eût commencé le chœur et les transsepts. Aujourd'hui le souterrain se termine par un plan coupé, et sa longueur n'égale pas même celle de l'église moderne.

La vis de Saint-Gilles, autrefois le but des pélerinages de tous les compagnons tailleurs de pierre, est située dans l'angle formé par l'intersection du mur du collatéral gauche et du transsept. Son appareil est d'une perfection merveilleuse. La construction de cet escalier passe encore pour un modèle de stéréotomie, et il a donné son nom à la plus élégante des voûtes rampantes en spirale. Vraisemblablement, sa destination était d'établir une communication avec des galeries supérieures.

A gauche de la vis, on observe la moitié d'un œil de bœuf, dont l'ouverture représente en profil deux cônes tronqués opposés à leur sommet. Je pense qu'au lieu de fenêtres, c'étaient de semblables baies qui devaient éclairer les collatéraux. Les claveaux qui entourent cet œil de bœuf sont composés de pierre de teintes différentes alternant ensemble; c'est un genre d'ornementation tout oriental. Son ouverture est très petite par rapport à la grandeur des claveaux, qui portent deux moulures concentriques, l'une de perles, l'autre de palmettes, toutes les deux remarquables comme fidèlement imitées de l'antique. A côté, on voit un chapiteau orné de quatre aigles, une corniche, des retombées d'arceaux d'un style capricieux, mais d'une égale élégance.

C'est sur la façade que s'est épuisé tout le caprice, tout le luxe de l'ornementation bysantine. Elle se présente comme un immense bas-relief de marbre et de pierre, où le fond disparaît sous la multiplicité des détails. Il semble qu'on ait pris à tâche de ne pas y laisser une seule partie lisse : colonnes, statues, frises sculptées, rinceaux, motifs empruntés aux règnes végétal et animal, tout cela s'entasse, se confond; des débris de cette façade on pourrait décorer dix édifices somptueux. Devant tant de richesses prodiguées avec une profusion inouie, le spectateur ébloui d'abord, attiré de tous les côtés à la fois, et ne sachant où arrêter ses regards, a peine à reconnaître des formes générales. C'est l'inconvénient du style bysantin; on ne peut l'apprécier que de près. — Du plus loin qu'on aperçoit un monument grec ou romain, on en saisit l'ensemble, on en devine les détails;

mais un édifice du xiie siècle, c'est un bijou qu'on doit pour ainsi dire examiner à la loupe.

Il faudrait un volume pour décrire la façade de Saint-Gilles; je n'entreprendrai pas cette tâche au-dessus de mes forces. J'aime bien mieux renvoyer ceux de mes lecteurs qui ne l'ont point vue, au magnifique dessin de M. Dauzats (*Voyage dans l'ancienne France*), où l'exactitude, mérite si rare chez nos artistes, se joint à l'effet le plus pittoresque. Je me contenterai de présenter ici quelques observations que m'a suggérées l'examen du monument.

La forme inusitée de cette façade, dépourvue de fenêtres, de roses, et terminée par une ligne droite, me fait croire qu'elle devait être élevée davantage, recevoir un grand fronton, et peut-être être encadrée par des tours.

Le soubassement présente des bas-reliefs de très peu de saillie, représentant pour la plupart des lions dans différentes attitudes. — Il faut noter les deux stylobates en retour des deux côtés de la porte principale. C'est une masse de lions, d'hommes et d'animaux de toute espèce, dont l'ensemble forme une base carrée. Ils soutenaient autrefois deux colonnes isolées, détruites depuis long-temps. On suppose qu'elles étaient destinées à rappeler les colonnes ainsi disposées du temple de Jérusalem. Plusieurs anciennes églises attestent la généralité de cet usage (1).

Les lions sont représentés, en général, déchirant des hommes ou des animaux. Suivant quelques antiquaires, ce sont des emblèmes de la force de l'Eglise militante, de son triomphe final sur l'impiété; on peut tout y voir. Ces lions d'ailleurs, comme tous les animaux symboliques, sont très mal imités, et l'obligation de former une masse carrée leur a donné les attitudes les plus forcées et quelquefois les plus ridicules (2).

Toutes les figures du portail, mais les grandes surtout qui représentent les douze apôtres, sont d'un style un peu sec et dur; les draperies raides, à plis parallèles, fins et rapprochés, sont couvertes d'une profusion de broderies et de pierres précieuses. Cette ostentation de richesse se remarque dans preque toutes les statues de l'époque bysantine. C'était un moyen de frapper le vulgaire, et en même temps de donner carrière au talent des sculpteurs à rendre les petits détails. Ce n'est que par un raffinement tout moderne qu'on est arrivé à représenter les premiers apôtres couverts

---

(1) J'ai déjà cité celle de Saint-Pierre à Vienne.

(2) Les abbés de Saint-Gilles, hauts et puissans seigneurs féodaux, rendaient la justice à la porte de leur église. De là la formule qu'on trouve dans une infinité de chartes : « *Domino N. abbate sedente inter leones.* »

de haillons, et à tirer parti de leur pauvreté même pour faire ressortir la grandeur de leur mission et de leur caractère.

Plusieurs motifs d'ornemens, surtout les rinceaux des piédroits de la porte principale, et les chapiteaux des colonnes, offrent une imitation de l'antique si frappante, que quelques-uns ont supposé que des fragmens réellement antiques avaient été intercalés dans cette façade. Une colonne de granit est certainement dans ce cas. — Antiques ou modernes, plusieurs parties annoncent un goût exquis et une merveilleuse exécution.

A droite de la façade s'élève une tour carrée, lourde et sans ornemens, construction contemporaine sans doute de l'église actuelle, et à gauche une vilaine petite guérite en plâtre, élevée tout récemment. A part ces deux additions choquantes, le portail de St-Gilles doit être considéré comme le type le plus parfait du style bysantin parvenu au plus haut degré de splendeur. Je résumerais ainsi ses caractères principaux : largeur de la base; apparence de solidité qui va jusqu'à la lourdeur; division excessive des parties; profusion des détails et variété de l'ornementation ayant pour but évident d'atténuer l'effet de lourdeur.

Une inscription gravée sur une pierre à l'extérieur de l'église actuelle, du côté de l'ancien cloître détruit, donne la date de la fondation de cette admirable basilique. Elle est, dit-on, la copie d'une autre inscription tracée sur une plaque de marbre et perdue depuis long-temps. Le commencement est mutilé, mais la date est fort lisible :

.... O DÑI Mº Cº XVIº HOC TEMPLVM
.... GIDII AEDIFICARI CEPIT
.... RIL FERᵃ IIᵃ IN OCTAB PASCHE

(*Anno Domini 1116, hoc templum sancti Egidii ædificare cepit mense aprili, feriâ 2ᵃ in octavâ Paschæ.*)

On remarquera le changement du V en B dans le mot OCTABA suivant la prononciation qui s'est conservée dans plusieurs de nos provinces du midi.

Cette date 1116 est celle des premières substructions et du plan original. Il est probable que la partie existante de la crypte aura été terminée avant 1150. Je placerai un peu plus tard la construction du portail et surtout celle des transsepts et du chœur qui annoncent une modification dans le plan primitif. Suivant toute apparence, c'est dans les premières années du XIIIᵉ siècle que les travaux auront été interrompus. C'est de cette époque, en effet, que datent la décadence de l'abbaye de Saint-Gilles et les invasions des croisés du nord dans le Languedoc et la Provence.

Dans une petite rue en face de l'église, on voit une maison qui paraît avoir été construite à la même époque. Elle est maintenant habitée par de pauvres gens et fort mal entretenue. Les fenêtres de la façade sont carrées, mais surmontées d'une archivolte trilobée, avec un tympan orné de trèfles à jour. Les étages sont séparés par un cordon ou une frise de losanges, formés par des lignes croisées gravées en creux (1). Au-dessous de cette frise trois grandes pierres sans ornement figurent comme un bandeau qui occupe toute la longueur de la façade. Il coupe une espèce d'arcature bouchée en anse de panier dont les claveaux ne dépassent pas l'alignement du mur où ils sont engagés. Je ne comprends pas ce que la maison peut gagner de solidité à cet appareil bizarre, qui certainement appartient à la construction primitive.

L'intérieur de la maison ayant été souvent réparé, n'offre plus de vestiges de son ancienne disposition, si ce n'est une grande cheminée avec un manteau conique à pans, telle que les miniatures du XII et XIIIe siècle nous les représentent ordinairement. Il serait bien à désirer qu'on prît quelque soin de conserver cette maison qui offre un modèle précieux de l'architecture civile au moyen-âge, et qui, suivant toute apparence, a été la demeure de quelque personnage considérable au temps de la splendeur de Saint-Gilles.

(1) Il m'a paru que ces creux n'avaient jamais été remplis de mastic coloré.

AIGUES-MORTES.

Les remparts de la ville élevés par Philippe-le-Hardi, encore parfaitement conservés, peuvent donner une idée exacte de l'art de la fortification au xiiie siècle. Construits de grosses pierres taillées en bossage, ils sont flanqués de distance en distance de tours carrées ou rondes, les unes ouvertes à la gorge sans plateformes, les autres fermées et ne communiquant avec la courtine que par des portes étroites. La hauteur moyenne des murailles est de trente pieds environ. Partout le parement est vertical. Les portes, du moins les anciennes, s'ouvrent entre deux grosses tours fort rapprochées ; un passage voûté, oblique conduit à une espèce de cour intérieure d'où l'on ne peut pénétrer dans la ville que par une autre porte qui n'est pas percée sur le même alignement. D'après les règles de l'art militaire à cette époque, les portes étant un point particulièrement exposé aux attaques de l'assiégeant, ont été fortifiées avec un soin extraordinaire, et l'ouvrage qui les défend peut être considéré comme une espèce de citadelle indépendante. Les créneaux sont carrés, en général fort élevés, la plupart percés d'une longue meurtrière évidemment destinée au tir de l'arc (1). Dans la partie inférieure des remparts on voit d'autres meurtrières ; mais celles-ci ont été pratiquées, ou du moins réparées complètement après l'invention des armes à feu.

Pendant les guerres de religion, Aigues-Mortes fut successivement assiégée par les catholiques et les protestans. On comprend qu'à cette époque ses fortifications durent subir les changemens que nécessitaient les progrès de l'art de la guerre. Des embrâsures pour les canons, des meurtrières pour les arquebuses ont remplacé les ouvertures convenables au jeu des machines du xiiie siècle.

Le fossé qui entourait les remparts est maintenant comblé. On se plaignait des exhalaisons infectes de ses eaux stagnantes ; et depuis quelques années on l'a converti en une promenade qui sera jolie si le voisinage de la mer et des étangs salés permet aux arbres qu'on y a plantés de prendre tout leur développement.

L'ensemble des fortifications d'Aigues-Mortes représente un parallélogramme rectangle, dont l'angle nord serait arrondi. En avant de la place,

---

(1) Les machicoulis qu'on observe dans quelques tours et au-dessus des portes paraissent des additions postérieures à la construction générale. L'emploi des machicoulis est extrêmement ancien en Orient ; mais je ne crois pas qu'ils aient été d'un usage fréquent en France avant le xive siècle.

vis à vis de cet angle, s'élève une tour ronde d'un très grand diamètre et surmontée d'une tourelle qui pendant long-temps a servi de phare. La hauteur de la tour est de quatre-vingt-dix pieds, son diamètre de soixante-six, l'épaisseur des murs de dix-huit pieds à la base. C'est un ouvrage indépendant du corps de la place et environné de toutes parts d'un large fossé. Il servait à augmenter la force de la ville du côté de la terre où elle était surtout exposée à une attaque, et en cas de surprise elle pouvait devenir comme une citadelle dont on n'aurait pu s'emparer sans un siége en règle. On l'appelle la tour de Constance ; il est certain qu'elle est plus ancienne que les remparts, mais il règne quelque incertitude sur l'époque de sa construction. Le nom de Constance a fait supposer à quelques auteurs qui ne l'avaient pas vue qu'elle avait été bâtie au temps de Constantin. L'examen le plus superficiel de son parement et surtout de l'intérieur, dont toutes les voûtes sont ogivales avec des nervures saillantes et croisées, prouve qu'on ne peut lui assigner une date antérieure au XIIIe siècle. — Une lettre du pape Clément IV à saint Louis, en 1267, commence ainsi :
« Depuis que dans le port d'Aigues-Mortes, vous
« avez élevé avec beaucoup de dépenses une
« tour pour protéger les pèlerins, etc. » Il est

vraisemblable que c'est de la tour de Constance qu'il s'agit ici.(1).

Le rez-de-chaussée de la tour est occupé par une grande salle, où l'on voit encore les restes d'un four. Là, sans doute, était le magasin de vivres, la manutention, peut-être le logement de la garnison. Au centre est un puits ou une citerne, à laquelle correspond une ouverture circulaire au milieu de la voûte. La plate-forme de la tour est également percée, en sorte que de son sommet on peut jeter quelque chose dans la citerne. Ceux qui ne se représentent les châteaux du moyen-âge que peuplés de brigands, pourront voir dans ce puits des oubliettes; d'autres, plus prosaïques, le regarderont comme une citerne à conserver l'eau, et les ouvertures pratiquées dans le plancher, comme un moyen commode de correspondre entre les deux étages.

L'ingénieur qui a construit la tour de Constance a prévu le cas où l'assaillant parviendrait à forcer la première porte et à s'emparer du rez-de-chaussée : même alors la résistance pouvait se prolonger d'une manière efficace. Non-seulement le débouché de l'escalier est défendu par des meurtrières obliques et verticales; mais on conservait dans les étages supérieurs de grosses boules de pierre

---

(1) Voir la description d'Aigues-Mortes par M. di Pietro.

qui, lancées dans l'escalier, devaient tout balayer sur leur passage. J'en ai vu plusieurs semblables à Aigues-Mortes et dans d'autres lieux.

Autour de la salle du premier étage, règne un corridor étroit ; c'est une espèce de chemin de ronde. — Après la révocation de l'édit de Nantes, cette salle a servi de prison à des protestans qui refusaient d'abjurer. De même que le rez-de-chaussée, elle n'est éclairée que par des meurtrières étroites et par l'ouverture circulaire du centre de la voûte. La plate-forme a été complètement restaurée, et le couronnement n'est pas antérieur au XVIe siècle. — Une tourelle de trente-quatre pieds de haut supporte un phare qui, depuis long-temps, n'est plus allumé.

On a répété maintefois que les fortifications d'Aigues-Mortes sont tracées sur le plan de celles d'une ville de l'Orient : on varie entre Jérusalem, Damiette et Saint-Jean-d'Acre. Je ne comprends pas trop ce qu'on entend par ce mot *plan*. Le tracé des remparts n'a pu, en aucun cas, être autre chose que l'enceinte de la ville, telle qu'elle était au XIIIe siècle. Des courtines flanquées de tours avec un fossé devant, voilà le caractère de toutes les enceintes fortifiées du moyen-âge. Sous ce rapport, Aigues-Mortes ressemble à Jérusalem comme à toute autre ville. — Les machicoulis, si l'on admettait qu'ils fussent de construction primitive, seraient peut-être l'imitation de l'architecture militaire de l'Orient dont la tradition s'est conservée. C'est à l'emploi commun de ce moyen de défense que se bornerait la ressemblance de l'enceinte d'Aigues-Mortes avec celle de Damiette ou de Jérusalem.

Quelques heures passées à Aigues-Mortes suffisent pour faire connaître la vérité sur le fait, avancé avec tant de confiance par plusieurs auteurs qui se sont copiés les uns les autres, de la retraite prétendue de la mer devant cette ville. De l'embarquement de saint Louis dans le port de cette ville, et de l'impossibilité qui existe actuellement même pour un petit navire, d'arriver sous ses remparts, on a conclu à la légère que la Méditerranée avait abandonné ses anciens rivages et s'était retirée à une distance considérable.

L'examen des lieux réfute facilement cette opinion. Entre la ville et la mer il y a de grands étangs salés que des coupures peuvent facilement mettre en communication entre eux et avec la Méditerranée. Ces coupures existaient autrefois, et un document authentique porte que vers le commencement du xiv° siècle, *la grande Roubine*, l'un de ces canaux, pouvait porter les vaisseaux du plus fort tonnage. L'étang *de la ville*, dont le fond s'est notablement exhaussé, et dont une partie même a été convertie en prairies, formait comme un port au pied des remparts. On voit encore à la base des murs du S.-O., qui lui font face, de gros anneaux de fer qui n'ont pu avoir d'autre objet que d'amarrer les navires mouillés dans cet étang. Jusques à aujourd'hui, une partie de la plage a conservé le nom de *Grau Louis* (1); c'est là sans doute qu'aboutissait le canal qui, de l'étang de la ville, se rendait à la mer en traversant un autre étang nommé *la Marette*. Une partie de ce canal, on l'appelle *le Canal vieil* (2), est encore reconnaissable, ainsi que les ruines d'un bâtiment nommé *les Tombes*, lequel, suivant la tradition, aurait servi d'hôpital ou de lazaret pour les pèlerins malades, à une époque voisine de l'expédition de saint Louis.

A cette masse de faits, cités par M. di Pietro, il faut ajouter un nouveau document que M. de Vigne-Malbois, maire d'Aigues-Mortes, a bien voulu me communiquer. C'est le texte d'un bail passé en 1300 pour des prairies situées au bord de la mer, le long de la grande Roubine, entre le rivage et la ville. Ce lieu était donc à cette époque ce qu'il est aujourd'hui, et dans l'hypothèse de la retraite de la mer, il faudrait admettre que l'espace de trente ans (saint Louis s'embarqua en 1270), aurait suffi pour mettre à sec un lieu où des vaisseaux pouvaient naviguer, sans qu'on eût conservé

(1) *Grau*, *Grao* en langue romane signifie embouchure.
(2) C'est à gauche de ce canal qu'on a découvert cette année une carcasse de galère ensablée.

le souvenir d'un évènement aussi mémorable. De Maillet, qui probablement n'avait jamais été à Aigues-Mortes, accrédita le premier une fable qui convenait à son système. Pour ne pas supposer qu'il l'ait inventée à plaisir, on peut croire que sachant qu'Aigues-Mortes avait cessé d'être un port de mer, il en a conclu que la mer s'en était éloignée. Cette conclusion est mauvaise, puisqu'il n'est pas nécessaire, pour qu'une ville reçoive des vaisseaux, qu'elle soit située sur le rivage de la mer, un fleuve ou un canal pouvant servir à la communication. L'opinion de de Maillet a été adoptée sans difficulté, car un fait extraordinaire trouve dans son étrangeté même un titre à la confiance.

TARASCON ET BEAUCAIRE.

L'église de Tarascon a été construite en 1187, mais restaurée ou plutôt rebâtie à la fin du xiv° siècle. L'intérieur de l'église, ses voûtes, son clocher et sa flèche, ne remontent pas plus haut. Une crypte même placée dans la partie antérieure de la nef principale est de la même époque. On y voit une assez bonne statue de sainte Marthe, remarquable par la naïveté de l'imitation. — De la construction primitive il ne reste aujourd'hui que le portail du midi. La porte est cintrée, avec une archivolte fort riche décorée de rosettes et d'un ornement que je vois pour la première fois dans un édifice du xiie siècle, et qui ressemble à une feuille de lierre arrondie. Les colonnes qui flanquent cette porte sont de marbre, surmontées d'élégans chapiteaux historiés. — A l'entrée du chœur, dans les massifs du cul de four, j'ai remarqué de chaque côté deux colonnes, l'une au-dessus de l'autre, l'inférieure ayant un chapiteau ionique. Toutes les deux sont couvertes d'une couche de badigeon si épaisse, que je n'ai pu vérifier si elles sont de marbre ou de pierre. A coup sûr il n'est pas probable qu'à l'époque de la Renaissance, où le chapiteau ionique a reparu, on se soit avisé de placer ainsi deux colonnes l'une au bout de l'autre, et dans un lieu où elles ne servent en rien à la décoration. Je suppose donc que les deux colonnes inférieures sont antiques, et que l'architecte ignorant qui a restauré l'église de Tarascon au xive siècle, n'en a pas su faire un meilleur usage.

Le château bâti par le roi Réné renferme une chapelle très élégante, et çà et là quelques jolis détails d'ornementation gothique. La maçonnerie est d'une solidité extraordinaire, et appareillée avec une rare perfection.

En face de Tarascon, sur un roc élevé qui domine le cours du Rhône, s'élève le château de Beaucaire, ouvrage de plusieurs siècles. Dans la partie la plus ancienne, on voit une petite chapelle romane, qui sert aujourd'hui d'étable à bœufs pendant la foire ; elle est surmontée par un petit clocher carré, couronné par une arcature bouchée assez élégante, et une corniche d'une forte saillie, qui, de loin, fait croire que le haut de la tour est évasé. Cet effet, que l'on a évidemment cherché à produire dans plusieurs constructions du xii° siècle, est très agréable.

C'est dans la portion de l'enceinte attenant à cette chapelle, que le jeune comte de Toulouse, Raymond VII, assiégea les croisés, pendant qu'il était assiégé lui-même dans son camp par Simon de Montfort.

Au xiii° et au xiv° siècle, les fortifications du château se sont étendues en prenant un caractère tout différent. Une tour triangulaire garnie de machicoulis, est le reste le plus curieux de cette nouvelle forteresse. La grande salle du premier étage est remarquable par ses voûtes en ogive surbaissée, dont la courbe suit la disposition bizarre du plan de la tour.

Beaucaire, autrefois Ugernum, était une station romaine. Je l'ai déjà dit plusieurs fois, les lieux fortifiés dans le moyen-âge avaient été fréquemment choisis par les Romains pour le même usage. Dans l'enceinte du château, sur le penchant du rocher, on observe des substructions dont l'origine antique ne peut être méconnue; elles ont appartenu à une muraille formant un angle droit dont l'ouverture regarde le haut de la colline. Son parement est composé de petites pierres carrées, assemblées et taillées avec une précision parfaite. Plusieurs constructions de même appareil, présentant en plan un demi-cercle de quatre à cinq pieds de diamètre, sont accolées à ce mur. On serait tenté de les prendre pour des tours, si elles n'étaient pas aussi rapprochées l'une de l'autre; dans l'angle antérieur du mur, il y en a deux qui sont presque tangentes. Je ne puis en comprendre l'usage; peut-être sont-ce des espèces de contreforts destinées à soutenir les terres (1); peut-être des citernes ou bien des silos. Des fouilles entreprises dans ce lieu en feront sans doute connaître la destination. L'hiver on occupe les pauvres à Beaucaire à des travaux de terrassement, qui n'ont, en général, d'autre but que de fournir aux malheureux le moyen d'exister par leur travail. J'ai demandé qu'on les employât à déblayer ces substructions.

On conserve à la mairie quelques fragmens an-

---

(1) Toutefois ces contreforts seraient placés en avant de la muraille du côté de la pente des terres, position absolument opposée à celle qu'on leur donne ordinairement.

tiques, des pierres tumulaires et deux bornes milliaires dont l'inscription annonce qu'elles ont été rétablies par l'empereur Claude. M. Blaud de Beaucaire les a publiées. Une autre inscription, assez curieuse par le style, est scellée dans l'escalier de la mairie, et provient de l'ancien clocher de l'église de Notre-Dame, sur lequel, pendant les guerres civiles, le gouverneur du château, Parabere, avait fait lancer quelques boulets. La voici :

> Du mois neufviesme
> Le jour dixiesme
> Parabéristes
> Plus qu'athéistes
> Du chasteau ceste
> Bresche ont fete
> De Dieu la gloyre
> Au Roy victoyre.

Une fort belle Vierge bysantine en bas-relief, provenant de la même église, a été acquise par M. Goubier, maire de la ville. La tête de la Vierge est d'une rare beauté, et les draperies sont plus souples et plus moelleuses qu'on n'est accoutumé de les voir dans la sculpture du XIIe siècle. L'enfant Jésus, que la Vierge tient sur ses genoux, est un petit homme bien proportionné, et non un enfant. N'est-ce point là encore un souvenir de l'antique ? Au bas du bas-relief on lit ce vers léonin :

> « In gremio matris residet sapientia patris. »

Il ne reste plus rien aujourd'hui de cette église de Notre-Dame, que cette figure, et un fragment de frise ornée de rinceaux de la plus grande élégance, qui sert maintenant de banc dans la rue qui mène au château.

On m'a montré, dans une maison particulière, un magnifique tombeau en marbre blanc, du Bas-Empire, dont les ornemens parfaitement exécutés indiquent le passage du style romain à celui des premiers siècles du moyen-âge.

Les églises de Beaucaire n'offrent presque rien de remarquable : celle des Cordeliers porte le caractère de la première période gothique, des formes élancées et une grande sobriété d'ornemens.

NÎMES.

Novembre.

Les Arènes, débarrassées de toutes les masures qui les encombraient, occupent maintenant le centre d'une vaste place, où, d'un seul coup d'œil, on peut en embrasser l'ensemble, tandis qu'à Arles, le voisinage des maisons et la pente du terrain ne permettent de saisir que des échappées de vue de l'amphithéâtre antique.

Si les Arènes d'Arles sont mieux conservées à

l'intérieur, l'enceinte extérieure de celles de Nimes est presque intacte, et leur couronnement n'a souffert que médiocrement ; il conserve encore la plupart des corbeaux où s'implantaient les mâts destinés à soutenir les voiles qui abritaient les spectateurs. Réunis, ces deux amphithéâtres fournissent des détails à peu près complets sur la construction de ces monumens, dont la destination et les proportions gigantesques annoncent un état de civilisation si différent du nôtre.

Bien que les portiques extérieurs de Nîmes ressemblent beaucoup à ceux d'Arles, on y observe quelques différences qui ne sont pas à l'avantage des premiers. Par exemple, le centre des archivoltes intérieures du second étage, et celui des archivoltes extérieures, n'est pas le même, irrégularité qui choque l'œil le moins exercé, et que rien ne justifie. A Nîmes, aussi bien qu'à Arles, les galeries du premier étage sont formées par une suite de voûtes encadrées entre deux bandeaux d'une seule pierre posant sur des piédroits. Aux Arènes d'Arles, la bizarrerie de cette construction (1) est moins apparente, parce que le bandeau couvre la

---

(1) Cet appareil vicieux a sans doute été adopté pour faciliter l'établissement des paliers nécessaires à la communication avec les étages supérieurs. Malgré leur épaisseur énorme, tous ces bandeaux, un seul excepté, ont été fendus ou brisés par suite du poids énorme qu'ils avaient à supporter.

retombée de la voûte, tandis qu'à Nîmes la retombée de la voûte, et la corniche sur laquelle elle s'appuie, descendent beaucoup plus bas que la plate-bande. L'effet qui en résulte est des plus disgracieux.

Une partie de l'amphithéâtre de Nîmes, celle qui regarde le couchant, présente seule des moulures terminées. Ailleurs elles ne sont que grossièrement épannelées. On connaît l'usage des Romains de tailler sur place les détails d'architecture. Il paraît que, pressé de faire jouir le public, on lui a ouvert les Arènes dès qu'elles ont pu contenir des spectateurs. Puis, la dépense nécessaire pour compléter l'ornementation aura paru trop considérable et aura été ajournée indéfiniment.

Outre un assez grand nombre de phallus sculptés sur des clefs de voûte, dont je ne m'explique pas bien la présence, on observe quelques fragmens de sculptures moins inconvenantes pour un lieu public. Une des portes est surmontée de deux taureaux à mi-corps, d'une forte saillie. On peut présumer, d'après un grand nombre de fragmens, plus ou moins frustes, que toutes les portes étaient décorées de la sorte. On a donné plusieurs explications de cet ornement. Les uns ont pensé que les combats de taureaux étant en usage de temps immémorial à Nîmes, on ne pouvait choisir un ornement plus approprié aux Arènes. D'autres, remarquant que ces taureaux se retrouvaient sur d'autres monumens, comme l'ancien temple sur l'emplacement duquel la cathédrale est bâtie, et sur la belle porte d'Auguste, ont cru que c'était une manière d'armoiries donnée par les empereurs aux colonies romaines. Une autre opinion l'explique par une flatterie pour Auguste; ce prince, suivant Suétone, naquit dans une maison dont la façade était ornée de têtes de taureaux, et qui depuis fut convertie en un temple. Il n'est pas improbable que le même symbole ait été appliqué à tous les édifices dédiés à cet empereur.

Sur les gradins supérieurs des Arènes, les grandes pierres qui servaient de siége sont divisées par des raies indiquant l'espace attribué à chaque spectateur. Ces gradins étant assignés à la basse classe, et par conséquent à la portion de l'assemblée la plus querelleuse, il était nécessaire de prendre des mesures pour éviter les empiètemens des uns et le froissement des autres. On voyait encore, il y a quelques années, dans les premières précinctions, des divisions assez semblables à nos loges.

On a poussé trop loin les restaurations dans les monumens de Nîmes, surtout dans les Arènes. Au lieu de se borner, comme on l'aurait dû, à consolider les parties qui menaçaient ruine, et dont la destruction aurait compromis l'édifice, on les a refaites entièrement; c'est une reconstruction et non une réparation que l'on a essayée.

Par exemple, une galerie intérieure tout entière a été bâtie sur le plan de celle qui s'est conservée à Arles. L'existence de cette galerie, dans la construction primitive, n'est pas douteuse, mais quel besoin de substituer un travail moderne à celui des Romains? Ne comprend-on pas ce que ces additions doivent inspirer de défiance aux contemporains, encore plus à la postérité? Au lieu de pouvoir étudier avec sécurité l'histoire de l'art, il faut commencer par discuter l'origine de chaque morceau qu'on examine, et s'assurer qu'il est antique par une recherche d'autant plus difficile que plusieurs de ces réparations ont été faites avec des fragmens réellement antiques que l'on a seulement changés de place. Il est juste de dire que cette restauration a été exécutée avec soin, et que sous ce rapport elle fait honneur aux architectes qui en ont été chargés. En général, on n'a rien inventé, on a copié religieusement, car il existe encore assez de vestiges de la disposition antique pour fournir tous les modèles nécessaires. Toutefois, il faut observer que ces pilastres modernes, ces corniches, ces moulures ciselées à vives arêtes, font un contraste choquant avec les parties antiques, que le temps a mutilées d'autant plus fortement que la pierre de Nîmes, par sa nature, s'éclate facilement en grandes cassures conchoïdes. En rendant justice à l'exactitude de l'imitation dans les réparations modernes, il faut pourtant ajouter que faute d'avoir cherché des renseignemens suffisans, on est tombé dans de graves erreurs, par exemple, en refaisant les paliers inclinés de la galerie d'entresol et de celle du premier étage. La pente qu'on avait mal calculée est d'une raideur extraordinaire. Des fouilles récentes, en mettant à découvert quelques-uns des paliers antiques, ont prouvé qu'ils étaient infiniment moins inclinés et plus longs. D'autres erreurs, moins faciles à réparer, pourraient encore être signalées. Ainsi, les vasques qui servait à recevoir les immondices entraînées ensuite par des canaux dans un égout, ces vasques, dis-je, ont été refaites et taillées avec soin, mais non sur le modèle antique. Aujourd'hui le renouvellement de ces fautes n'est plus possible. La comm....ion archéologique, chargée de la surveillance des travaux, s'occupe avec zèle de sa tâche, et ne néglige rien pour s'en acquitter avec conscience. Maintenant aucune réparation ne s'exécute que lorsque la nécessité en est démontrée, et si quelques changemens sont faits au mode de construction antique, ils sont justifiés ou par une impossibilité complète, ou bien par les frais énormes qu'il faudrait faire pour y parvenir.

La maison Carrée ne mérite pas sa réputation. Il est vrai que son portique est magnifique; mais les colonnes engagées dans le mur de la cella font un triste effet. Leurs chapiteaux sont courts et écrasés; enfin, je trouve la corniche lourde et surchargée d'ornemens.

Le toit du portique est une restauration moderne. Les caissons qui en forment le plafond sont en carton-pâte, Dieu me pardonne, et d'un goût très médiocre.

On sait par quels procédés M. le président Séguier a retrouvé ou cru retrouver l'inscription de ce monument, d'après laquelle il aurait été construit du temps d'Auguste; mais, sans parler de la profusion d'ornemens et des détails peu classiques de son architecture, bien d'autres présomptions se réunissent contre cette hypothèse. Ainsi, les travaux de déblaiement ont fait retrouver des mosaïques et des substructions, au-dessous du sol antique de la maison Carrée, qui proviennent évidemment d'édifices *romains*, sur l'emplacement desquels elle a été bâtie. Il est donc avéré qu'elle n'a été construite qu'assez long-temps après l'établissement à Nîmes d'une colonie romaine. M. Pelet, membre de la commission archéologique, profita des travaux de restauration, pour examiner de près les trous qui ont servi à fixer les lettres, et d'après lesquels M. Séguier a fondé son explication. La ligne inférieure lui parut incontestable; on y lit, même sans y mettre de la bonne volonté, ces mots : PRINCIPIBUS JUVENTUTIS. Quant à la ligne supérieure, les trous très multipliés et rapprochés les uns des autres ne peuvent s'expliquer que par des changemens successifs faits à l'inscription, suivant les diverses destinations que le monument aurait reçues. A l'époque où M. Séguier l'examina, les trous correspondant à la première lettre étaient en partie couverts de mortier, et n'en voyant que deux, il lut un *C*. M. Pelet, au contraire, constata l'existence de cinq trous, et en les comparant avec l'alphabet qu'il avait fait exécuter pour vérifier chaque lettre, il reconnut qu'au *C* il fallait substituer un *M*. C'est la seule correction qu'il convient de faire à l'inscription (1); mais cette seule lettre déplace à l'instant la date de la maison Carrée; car, excepté les fils d'Agrippa, l'histoire ne nous a transmis les noms d'autres personnages, revêtus ensemble du titre de princes de la jeunesse, que Marc-Aurèle et Lucius-Verus. Ce serait donc aux fils adoptifs d'Antonin que la maison Carrée aurait été dédiée. Cette interprétation acquiert une nouvelle probabilité de cette circonstance, qu'Antonin était né à Nîmes, et que ses compatriotes ne pouvaient mieux chercher à lui plaire, qu'en honorant ses fils adoptifs. L'époque d'Antonin, commencement de décadence où la richesse et la multiplicité des

---

(1) On doit la lire ainsi :

AESARI AVGVSTI F. COS. L. CAESARI AVGVSTI F. COS. DESIGNATO.
PRINCIPIBVS IVVENTVTIS.

détails remplaçaient la simplicité majestueuse de l'architecture du premier siècle, explique très bien le mauvais goût de certaines parties de la maison Carrée, et les fautes nombreuses contre les règles, comme, par exemple, les proportions ridicules des chapiteaux, les consoles retournées, l'imparité du nombre des modillons dans les deux corniches rampantes du même fronton, etc.

On a fait un musée de la maison Carrée, et je ne sais pas si cette idée mérite des éloges. La cella, de très petite dimension, ne peut contenir, outre les tableaux qui couvrent les murailles, tous les fragmens antiques que les fouilles ont produits. On en a rangé le surplus tout autour de l'enceinte du temple ; exposés à la pluie, ces débris précieux se détériorent rapidement. — La pudeur d'un évêque ayant été choquée par un phallus monstrueux sculpté sur une des voussures des Arènes, on l'a fait enlever et on l'a placé dans ce musée en plein vent. Les ouvriers, par malice, ont imaginé de le déposer à côté d'un autel à Cybèle, autel étrange, s'il en fut, très convenable à une religion qui parlait aux yeux (on a rappelé très clairement que Cybèle était la personnification de la fécondité); à coup sûr, il valait mieux laisser chaque chose à sa place. Au nombre de ces fragmens, il faut citer une portion de frise, des aigles soutenant une guirlande, chef-d'œuvre de sculpture monumentale.

Ce qui paraît le plus probable, quant à la destination du monument qu'on appelle le temple de Diane, c'est qu'il a été un nymphœum lié à un ensemble de thermes, dont il reste encore beaucoup de vestiges. Les niches de l'intérieur ont fait penser à plusieurs, entre autres à Ménard, que cet édifice avait été un Panthéon; mais les niches, autrefois revêtues de marbre, ce qui les diminuait d'autant, n'auraient pu contenir des statues. L'aqueduc qui aboutit au fond, le voisinage de la fontaine, et bien d'autres indices, ne s'expliquent raisonnablement que par un nymphœum. Ce lieu n'a pas encore été exploré comme il devrait l'être; sans doute de nouvelles fouilles, surtout sur la hauteur à laquelle le temple est adossé, seraient très productives.

La porte de France et la porte d'Auguste, ainsi que les portes romaines d'Autun, sont flanquées de petites tours qui doivent avoir eu la double destination de servir de postes d'observation et d'escaliers au chemin de ronde qui régnait le long du rempart.

L'existence de la tour Magne, qui paraît avoir été un de ces mausolées nommés *septizonium*, est un problème inexplicable. D'après toutes les règles de la statique, elle devrait être tombée depuis long-temps. L'étage supérieur, sur la plate-forme duquel on a établi depuis peu un télégraphe, est perché au sommet d'une espèce de cône tronqué, lequel n'est point voûté; il se termine par une couche confuse et assez peu épaisse de petites pierres noyées dans du ciment. Quand on réfléchit en bas au poids que cela supporte, et qu'un architecte vous explique ce que c'est qu'un porte à faux, on se sent l'envie de s'éloigner, mais on reste en pensant à la solidité de ce ciment romain qui devient plus dur et plus compact que la pierre, et qui a résisté à tant de siècles.

Autrefois l'intérieur de ce cône était rempli de terre et de gravois. Un jardinier, du temps de Henri IV, s'imagina qu'un trésor devait être caché en ce lieu. Ayant obtenu la permission de fouiller, il le déblaya complètement, il entama même profondément les gros murs pour y chercher le prétendu trésor qu'il ne trouva pas. Depuis, aucune réparation n'a été faite, et pourtant la tour Magne est encore debout.

Cet édifice semble avoir été retouché à plusieurs reprises, car on reconnaît deux parémens appliqués l'un sur l'autre, notamment sur la face contre laquelle venait s'appuyer la pente douce qui autrefois servait d'escalier. L'étage supérieur, qui est octogone comme le soubassement, renferme sur sept de ses faces (la huitième est occupée par l'escalier qui menait à la plate-forme) des vides semi-circulaires assez semblables à des puits. Au centre de la construction on trouve deux autres puits de même forme et de même diamètre. Pour en expliquer l'usage, on a proposé différentes hypothèses dont la plus vraisemblable est qu'ils n'ont servi qu'à décharger la masse du bâtiment d'un poids inutile. Les substructions semi-circulaires attenant au fragment de mur romain que j'ai observé à Beaucaire, ont beaucoup d'analogie pour la forme avec les puits de la tour Magne; mais à Beaucaire on ne peut admettre qu'ils aient eu la même destination.

La cathédrale est la seule église ancienne de Nîmes, encore l'intérieur a-t-il été refait en grande partie au XVII° siècle. La façade seule et la tour présentent des détails intéressans à étudier. Une partie du soubassement de cette façade et de la tour qui en fait partie, paraît avoir appartenu à un édifice antique que de fortes présomptions se réunissent à faire considérer comme un temple dédié à Auguste. La porte actuelle est toute moderne; elle est surmontée d'un fragment de frise antique en marbre, aujourd'hui très fruste, représentant des griffons. Une autre frise beaucoup plus élevée offre des sujets tirés de la Genèse. On reconnaît à la différence du travail que ses bas-reliefs sont de deux époques bien distinctes. Depuis la création du monde jusqu'à la mort d'Abel inclusivement, c'est un ouvrage du XI° siècle. Le reste est une restauration du XVII°, exécutée cependant avec l'intention évidente d'imiter le style romain des premiers bas-reliefs. Les corniches rampantes du fronton ou du gable qui surmonte la façade, sont ornés de modillons; les uns, romans présentent des têtes d'animaux ou des masques grimaçans (1); les autres, du xviie siècle, sont des muffles de lions. La note suivante, que je dois à la complaisance de M. Pelet, fait parfaitement connaître les circonstances qui ont donné à cette façade des détails aussi hétérogènes.

« Dans le principe, la cathédrale de Nîmes était dédiée à sainte Baudile et à la Vierge. L'an 808, Charlemagne la prit sous sa protection. On ignore quelle forme elle avait alors.

« Elle fut reconstruite en 1030, et affectée aux chanoines réguliers de l'ordre de saint Augustin. L'an 1096, elle fut consacrée par le pape Urbain II; elle avait alors trois nefs. Le clocher, qui existe encore aujourd'hui, était entouré d'une balustrade en pierres taillées à jour. On orna le dessous du fronton de diverses représentations sculptées en demi-relief, dans le goût du temps, dont les sujets furent pris dans l'Écriture sainte.

---

(1) La maison de M. Bonnaud, droguiste, rue de la Fruiterie, est ornée de fragmens de frise, modillons, têtes plates, etc., de style roman, provenant, suivant toute apparence, de la cathédrale. Ces fragmens auront été recueillis et mis en œuvre à l'époque où les protestans tentèrent de la démolir.

« Pendant les guerres de religion, les protestans ayant eu le dessus, projetèrent en 1567 de faire démolir cette église, et l'adjudication en fut faite au rabais par mandement. On commença même la démolition par le clocher en le sapant par le pied, et déjà on avait écorné les pierres en saillie, lorsque celui qui présidait à cette opération s'aperçut que la chute de la tour entraînerait celle des maisons voisines. On reconnut, d'ailleurs, que le clocher pourrait être utile, comme point d'observation. On se borna donc à détruire la nef et la partie droite de la façade, de sorte qu'il n'existe aujourd'hui de l'église du xie siècle que le clocher et la portion de façade qui lui est contiguë.

« Les troubles apaisés, l'église fut reconstruite en 1610-12 ; mais les protestans, vainqueurs de nouveau, détruisirent encore en grande partie l'édifice nouveau, ne laissant subsister que ce qu'ils avaient d'abord épargné.

« Par arrêt du conseil du 14 novembre 1636, la réédification de l'église fut ordonnée aux frais des habitans du diocèse, tant catholiques que protestans. Elle fut terminée en 1646. Le fronton dont l'angle était conservé, fut alors achevé ainsi que le reste de la façade. »

Aucun ami des arts ne doit quitter Nîmes sans avoir visité le cabinet de M. Pelet, dont j'ai déjà eu l'occasion de citer le nom, les connaissances archéologiques et l'obligeance infatigable. Après plusieurs années consacrées à l'étude des monumens romains du midi de la France, il a eu l'heureuse idée d'en faire des modèles en liége et de les exécuter sur la même échelle, d'un centimètre pour mètre. Il est impossible de voir une imitation plus habile et en même temps plus exacte. Venant de visiter en détail tous les monumens dont je trouvais la copie dans son cabinet, je ne me lassais pas de chercher et de trouver jusqu'aux plus petits détails que j'avais observés sur nature. Je reconnaissais jusqu'à une dalle cassée dans l'amphithéâtre d'Arles, dont j'avais conservé le souvenir parce que j'avais manqué de m'y rompre le cou. — La réunion de ces charmans modèles cause une surprise extrême par la comparaison que l'on fait de leurs dimensions. On a beau savoir les proportions de chaque monument, l'imagination ne peut se représenter nettement leurs rapports. Dans le cabinet de M. Pelet on voit avec étonnement que l'arc de triomphe d'Orange, cet ouvrage gigantesque, passerait facilement sous la grande arche du pont du Gard. L'arc de Carpentras est une miniature auprès du premier, et quant à la porte France sous laquelle roule tous les jours mainte charrette chargée de paille, son diamètre est moindre que celui des arcades les plus élevées du pont du Gard, qui, comparées avec les arches inférieures, paraissent autant de petites niches. Il serait bien à désirer que cette précieuse collection fût acquise par le gouvernement, et s'il était possible de décider M. Pelet à quitter son beau pays, je voudrais qu'on le chargeât de donner à la France des copies des monumens les plus remarquables de la Grèce et de l'Italie.

MONTPELLIER.

5 novembre.

Les églises, modernes pour la plupart, ou restaurées complètement, offrent peu d'intérêt. La cathédrale, détruite en partie par les protestans durant les guerres civiles, ne mérite d'être citée que par la grandeur du vaisseau, et par le porche très extraordinaire qui cache sa façade plutôt qu'il ne la décore. Deux énormes piliers, ou plutôt deux tours massives, extrêmement élevées, soutiennent d'un côté une voûte ogivale surbaissée, qui s'appuie de l'autre sur le haut du mur de la façade. Il est impossible de rien voir de plus lourd et de moins gracieux. Cependant la grandeur des proportions produit toujours, en architecture, un certain effet.— L'usage d'un porche doit être de mettre à l'abri du soleil et de la pluie; la hauteur des arcades de celui-ci le rend tout-à-fait inutile sous ces deux rapports. On dit qu'on l'a fait pour masquer la perte d'un clocher démoli par les réformés. Je crois qu'il eût mieux valu et qu'il eût été plus simple de le rétablir en totalité, que de le cacher par cette gigantesque et ridicule construction.

L'appareil des murs d'enceinte de Montpellier doit être noté, parce que, bien que les remparts aient subi de nombreuses restaurations, il paraît que l'appareil primitif a été conservé; du moins c'est celui qu'on retrouve dans tous les édifices les plus anciens des environs. Il se distingue par ses assises régulièrement alignées, mais d'épaisseur différente entre elles. Une rangée de pierres à peu près cubiques, est surmontée d'une autre de pierres beaucoup plus longues qu'épaisses. Cette disposition est constante, et je ne l'ai observée que dans une certaine circonscription dont Montpellier est le centre.

La belle galerie de tableaux donnée à la ville par M. le baron Fabre est la principale curiosité de Montpellier. Elle renferme des ouvrages de la plupart des grands maîtres des écoles d'Italie, et un assez grand nombre de tableaux modernes. On y remarque deux Raphaël de la plus grande beauté. Un portrait de jeune homme surtout me paraît admirable. Il est à comparer avec les meilleurs que possède le musée de Paris. M. Fabre a donné encore à sa ville natale sa bibliothèque qu'Alfieri lui avait léguée, et qu'il a lui-même considérablement enrichie. A une collection rare de tous les classiques français et italiens, M. Fabre a réuni une grande quantité de livres relatifs aux arts du dessin. C'est une collection toute spéciale, qui doit tendre à se compléter, et qui deviendra un jour l'une des plus importantes de France.

MAGUELONNE.

6 novembre.

M. E. Thomas, de la société archéologique de Montpellier, a prouvé dans un mémoire intéressant que l'île de Maguelonne est la même que

Mesua, décrite par Pomponius Mela. Après la chute de l'empire romain, les Visigoths s'en emparèrent; puis au viiie siècle les Sarrasins s'y fortifièrent, et en firent comme le port d'où partaient leurs corsaires pour ravager les côtes de la Narbonnaise. Charles-Martel les en chassa en 737, détruisit de fond en comble leurs ouvrages, et dans sa vengeance aveugle il n'épargna pas l'église chrétienne que les musulmans avaient respectée. Pendant près de trois cents ans, Maguelonne demeura déserte. En 1048, l'évêque Arnaud commença à y construire une église, qui fut restaurée, ou plus probablement rebâtie, en 1110 par son successeur Gauthier. Il paraît qu'elle n'a été terminée que vers la fin du xiie siècle (1).

Aujourd'hui cette église est fort ruinée. Son apparence est celle d'une forteresse, et l'on conçoit que le voisinage des pirates musulmans des îles Baléares ait nécessité des précautions contre un coup de main. Les murs sont couronnés de longs machicoulis, qui partent d'un contrefort à l'autre, comme au château des papes d'Avignon, et que je crois un placage du xive siècle. On ne voit d'ailleurs aucun ornement à l'extérieur, si ce n'est du côté de la façade. Celle-ci est étroite pour sa hauteur, singularité digne de remarque dans un édi-

---

(1) V. d'Aigrefeuille, Hist. de Montpellier.

fice de cette époque. Les fenêtres supérieures sont décorées dans le goût oriental, d'archivoltes formées de pierres alternativement blanches et noires. On remarque le même système d'ornementation dans la porte, surmontée d'un tympan en ogive encadré par une archivolte cintrée, large, à claveaux de marbre alternativement blancs, et gris veinés de noir. Dans presque toutes les provinces où les Sarrasins ont séjourné, on retrouve l'emploi de matériaux de différentes couleurs comme moyen d'ornementation.

L'intérieur du tympan est rempli par un bas-relief représentant le Père Eternel, avec les attributs symboliques des quatre évangélistes; le bandeau au-dessous est couvert de rinceaux dans le style bysantin, et l'inscription suivante environne le tout :

    Ad portum vite : sitientes quique venite :
    Has intrando fores : vestros componite mores :
    Hinc intrans ora : tua semper crimina plora :
    Quidquid peccatur : lacrymarum fonte lavatur.

B. D. in viis fecit hoc † anno inc. D : M° : C° : LXX° : VIII° :

Deux bas-reliefs en marbre blanc sont scellés dans les piédroits de la porte. L'un représente saint Pierre, reconnaissable à ses clefs et à ses cheveux frisés, l'autre saint Paul tenant une épée nue (1). Il m'a semblé que ces deux figures étaient d'un style plus ancien que le bas-relief du tympan. Peut-être a-t-on fait servir à la décoration de ce portail des sculptures déjà anciennes et enlevées à d'autres monumens.

Ainsi qu'à Montpellier, l'appareil des murailles présente des assises d'épaisseur inégale, alternant dans un ordre régulier; les pierres sont taillées avec soin, et assemblées par une légère couche de mortier.

A l'intérieur, les voûtes sont plus élevées qu'il n'est ordinaire dans les édifices de la période romane. Leur courbe décrit une ogive à peine sensible, renforcée de distance en distance par des arcs doubleaux assez épais. Aucune trace de réparations ne paraît dans cette voûte, qu'on a tout lieu de croire contemporaine des gros murs, l'appareil, la coupe des pierres et leur teinte étant absolument les mêmes. L'apside, d'un très grand diamètre, est presque aussi élevée que la nef. A l'intérieur, ses fenêtres sont flanquées de colonnettes à chapiteaux ornés de feuillages. L'église n'a qu'une nef, peut-être par suite de la construction postérieure de chapelles latérales qui auront pris la place des bas-côtés. Nulle décoration intérieure;

(1) Saint Pierre et saint Paul sont presque toujours représentés de la sorte.

les fenêtres sont presque toutes cintrées, quelques-unes très étroites; quant à celles qui sont en ogive et larges, je soupçonne qu'elles ont subi des réparations. En face de l'apside, une tribune ou salle haute paraît avoir été destinée à séparer tous les religieux ou quelques-uns d'entre eux, du reste des fidèles. On observe cette disposition dans beaucoup d'églises d'Espagne.

Un escalier à deux rampes alternatives conduit à un toit obtus, presque plat, recouvert de larges dalles de pierre, aujourd'hui en assez mauvais état. On distingue encore quelques restes d'une crête, qui régnait tout le long de l'arête du toit, et d'antéfixes en pierre. La gouttière, en pierre aussi, est cachée à l'extérieur par les murs latéraux qui la débordent légèrement. Les tours, aujourd'hui démolies en partie, ne s'élèvent pas au-dessus des murs de la nef.

Lorsque je visitai Maguelonne, l'église était encombrée de foin et je n'ai pu examiner de près les détails de quelques-unes des chapelles (gothiques pour la plupart), ainsi que plusieurs des tombeaux d'anciens évêques de Maguelonne, enfouis sous ce foin. Les plus anciens parmi ceux que j'ai pu examiner étaient du commencement du xive siècle, peu remarquables, soit pour la sculpture, soit sous le rapport des ornemens. Un beau tombeau antique à rinceaux d'un fini précieux, et tout semblable à celui de Beaucaire, gisait au milieu des débris. J'ignore d'où il provient. — J'ai copié l'inscription suivante sur un des piliers des chapelles latérales.

VII : ID⁹ : MARCII
: OB: ARbT⁹ : AVIN (*Sic*).
ONENSIS : EPS.

Et sur une autre face de la pierre   XVII......

Cet *Aripertus* ou *Aribertus*, suivant Nougnier (*Histoire de l'église d'Avignon*), fut évêque d'Avignon, de 1104 à 1107, puis occupa le siége archiépiscopal d'Arles. Il mourut vers 1118. D'après cette inscription, il paraîtrait qu'il n'a tenu le siége d'Arles que comme suffragant, remplaçant l'archevêque pendant son absence, ou jusqu'à l'élection de son successeur. J'ignore absolument pourquoi il a été enterré à Maguelonne, si tant est que cette inscription le prouve ; car elle pourrait n'être qu'une simple commémoration de la mort d'un homme qui aurait rendu quelque service ou fait quelque don à l'église de Maguelonne. — Aujourd'hui, l'abbaye est presque entièrement détruite ; des restes de mur et quelques détails gothiques me font croire que sa date est sensiblement postérieure à celle de l'église, dont la construction embrasse un espace d'environ soixante-dix ans à partir de 1110. On pourrait inférer d'un passage de Verdale, cité dans la Gallia Christiana, que la voûte est antérieure à 1158, époque de la mort de l'évêque Raimond, qui prit une grande part aux travaux de construction de l'église: *turrim sancti Sepulchri a muris superius consummavit, similiter turrim sancti Cosmæ a muris superexaltavit*, etc. Ecc. Magalonensis, 751, E.

VILLENEUVE.

Après la destruction de Maguelonne par Charles-Martel, le bourg de Villeneuve se forma sur le continent en vue de l'île. Depuis, il fut la résidence des chanoines qui craignaient l'air malsain de Maguelonne entourée au nord de marais salés (1).

Au vııı° siècle, la construction d'une église occupe toujours la première page de l'histoire d'une ville. Il est donc probable que l'église de Villeneuve, au moins en partie, date de la période carlovingienne, et son architecture ne dément pas

---

(1) Jusqu'à l'époque où l'évêché fut transféré à Montpellier.

cette supposition. Sa forme représente une croix latine, terminée par une apside éclairée par une seule fenêtre cintrée. A l'extérieur, au-dessous du toit de l'apside, règne une petite arcature, faisant office de modillons, et un peu plus bas une frise à dents de scie perpendiculaire au plan du mur.

Les murailles sont élevées, solidement bâties, munies de contre-forts peu saillans. L'appareil ressemble fort à celui de Maguelonne, sauf qu'il est moins régulier, et que la couche de ciment qui sépare les pierres est plus épaisse à Villeneuve. On observe à la base des murs extérieurs un soubassement saillant de quelques pouces. — La porte s'ouvre sur le côté droit de l'église, et comme il est évident que le mur occidental n'a jamais été réparé, on peut conclure que cette porte, malgré les changemens que sa forme a subis, occupe encore l'emplacement qu'elle avait dans le plan primitif (1).

A l'intérieur on remarque d'abord la dimension de l'apside dont le diamètre est égal à celui de la nef. La voûte est cintrée, renforcée de trois arcs doubleaux. Deux chapelles, d'une construction relativement récente, occupent l'espace compris entre la porte et le bras droit du transsept.

---

(1) J'attache quelque importance à cette disposition, que j'ai retrouvée dans plusieurs églises réputées carlovingiennes, et assurément très anciennes.

Celui-ci est surmonté d'une tour carrée, à fenêtres cintrées, à toit bas, obtus et pyramidal. Je n'ai vu d'autre trace d'ornementation à l'intérieur qu'un ange ou une figure ailée (ce pourrait être tout autre chose), sculpté au bas de l'arc doubleau qui encadre le cul de four de l'apside. Très étroites au dehors, les fenêtres s'élargissent sensiblement à l'intérieur.

CELLE-NEUVE, SUBSTANTION.

7 novembre.

J'ai visité une autre église à peu près de la même époque, dans le village de Celle-Neuve, à une lieue environ de Montpellier. Une charte de 799 la cite comme venant d'être bâtie. L'appareil est régulier, composé de grosses pierres bien taillées et rangées par assises parallèles. Le bas du mur présente un soubassement avec une cymaise bien travaillée (1). Une porte ancienne, maintenant bouchée, était pratiquée sur le côté gauche de l'église, au bas de la nef. Elle était cintrée, avec une

---

(1) Ce détail me paraît caractéristique.

archivolte dont les moulures font retour sur les impostes. A l'intérieur une seule nef; voûte cintrée avec des arcs doubleaux retombant sur des colonnes engagées à chapiteaux assez grossiers qui rappellent le type corinthien. Le haut des murs a été refait d'un autre appareil, composé de petites pierres irrégulièrement disposées. Les contre-forts ont été prolongés pour servir d'appui à des arcades ogivales servant de machicoulis, et semblables à celles qu'on remarque au château des Papes d'Avignon. Sans doute c'est une restauration du xiv° siècle. Je soupçonne que le haut de l'apside et sa voûte ont été refaits. Il se pourrait aussi que la voûte de la nef fût plus moderne que les gros murs, car on sait que beaucoup d'églises de cette époque n'étaient couvertes que par un toit en charpente. Celle-ci est tellement cachée sous un crépi de plâtre et un épais badigeon, qu'il est impossible de l'observer convenablement.

Sur une hauteur, au bord du Lez, à une demi-lieue de Montpellier, on trouve des restes de murailles antiques, beaucoup de fragmens de poteries grossières, et quelques inscriptions romaines. Il y a tout lieu de croire que c'est l'emplacement de la ville nommée Sextantio, Sextatio ou Serratio. Dans une inscription du musée de Nîmes, n° 40, et qui paraît avoir eu pour but de rappeler l'offrande collective de plusieurs villes, on trouve le mot *Sextant*, qui sans doute est une abréviation de Sextantio. Quelques-uns y voient le véritable nom gaulois de la ville, latinisé depuis (1). Les murs, élevés encore dans quelques endroits à une hauteur de un mètre et demi à deux mètres, sont fort épais, revêtus d'un parement de pierres brutes superposées irrégulièrement, en général sans mortier, derrière lequel on trouve une maçonnerie de moellons et de petites pierres noyées dans un ciment peu solide. Ces murs ressemblent beaucoup aux ruines de l'ancienne ville des Salyens, auprès d'Aix, et sans doute leur origine est également gauloise. Les poteries, dont on trouve des débris en grande quantité, sont moins grossières que celles d'Entremont. On voit aussi beaucoup de fragmens de briques et de tuiles qui manquent to-

---

(1) Voici cette inscription, d'autant plus curieuse qu'elle contient plusieurs noms de villes peu connus :

ANDVSI	Anduse
BRVGETIA	Bronzet ?
TEDVSIA	
VATRVTE	
VGERNI	Beaucaire.
SEXTANT	Substantion.
BRIGINN	Brignon ?
STATVMAE	Sumène ?
VIRINN	
VCETIAE	Uzès.
SEGVSTON	

talement dans cette dernière localité. Les inscriptions que d'Aigrefeuille a publiées, et quelques fragmens de murs de maison, d'origine évidemment romaine, prouvent, qu'après avoir été un oppidum gaulois, Sextantio est devenu une ville romaine d'une certaine importance. Une inscription fort remarquable, tirée de ces ruines et déposée aujourd'hui dans la sacristie de l'église de Castelnau, indique qu'à l'époque où elle a été tracée, la population de la ville était encore divisée en deux classes tranchées, les indigènes et les colons romains.

CN . PLAEToRIVS . MACriNVS ,
COLONIS . ET . INCOLIS ,
EX . EA . PECVNIA . QVÆ . EI . IN
STATVAS . CONLATA EST.

Elle rappelle probablement le don fait à la ville d'un objet d'utilité publique, par un personnage auquel les habitans romains et gaulois avaient voulu élever des statues. M. de Saint-Paul, membre de la société archéologique de Montpellier, dans un mémoire très intéressant sur l'ancienne ville de Sextantio, remarque que les noms de ce personnage sont purement romains, et que la famille Plætoria est illustre. Un Marcus Plætorius plaida pour les Arécomices, contre Fonteïus que Cicéron défendait. Il suppose que la reconnaissance d'une ville de ce même peuple a voté des statues à l'un des descendans de Marcus Plætorius, qui aurait continué de servir de patron à ceux à qui son aïeul avait prêté le secours de son éloquence.

On rapporte, sur les ruines de Sextantio, une tradition digne des *Mille et une Nuits*. La colline sur laquelle la ville était bâtie s'élève abruptement sur les bords du Lez, présentant comme une muraille de rochers. Tous les ans, le jour des morts, suivant les uns, à Noël suivant les autres, le diable apparaît à minuit sur le haut du rocher, et invite les gens assez hardis pour s'en approcher à venir prendre possession d'un trésor. Le roc s'ouvre alors et laisse apercevoir l'ouverture d'une caverne, où le trésor est déposé. Le diable accorde la permission d'y entrer et d'y prendre ce que bon semblera, mais il faut se dépêcher, car, pour cette opération, il ne laisse qu'un certain nombre de minutes. Dès l'entrée de la caverne, on voit des tonneaux remplis de liards, un peu plus loin, sont des pièces de dix sous, puis des pièces de cinq francs, enfin, dans l'éloignement, on voit luire des napoléons. Les liards, on les méprise d'abord; les pièces de cinq francs sont bien lourdes, on court aux napoléons. On en remplit ses poches, ce n'est point assez, on en jette dans son chapeau, puis on essaie de faire de ses habits comme un sac qu'on prétend charger sur son dos. Entraîné par la convoitise, on oublie le terme fatal. Soudain, le roc se ferme avec fracas, et le malheureux avare y est enfoui pour toujours au milieu des monceaux d'or.

POUSSIN.

9 novembre.

Poussin est une petite ville entre Montpellier et Béziers, qui a eu autrefois une enceinte fortifiée et qui se glorifie de siéges et de combats pendant les guerres de religion. Plusieurs parties des murailles de la ville et du château, composées de gros blocs de pierres appareillés sans ciment, ont une apparence toute romaine, surtout du côté de la porte opposée à Montpellier. Le haut est d'un autre appareil et m'a paru dater du xvie siècle. Quant à la partie inférieure, je n'ose affirmer qu'elle soit romaine, n'ayant pas eu le loisir de l'examiner longuement; mais je crois difficile de pousser l'imitation aussi loin. Il est certain d'ailleurs qu'un établissement romain a existé en ce lieu. Des fragmens de marbre et des briques de fabrique antique se rencontrent çà et là dans

les rues. Je copie une inscription très bien conservée, sur une petite place près du château :

>
> D. M.
> L IVLII
> CHRYSIONIS
> OMBANIA SOSZV
> SA MARITOPTIM
> ET SIBI VIVA P.

Dans l'intérieur de la ville, on voit quelques façades de maisons fort élégantes des xve et xvie siècles.

VALLEMAGNE.

En quittant Montpellier pour me rendre à Narbonne, je me proposais de m'arrêter quelques heures à Vallemagne pour visiter les restes d'une abbaye célèbre, mais j'avais mal calculé la distance et les difficultés du chemin, car je n'arrivai à l'abbaye que quelques instans avant le coucher du soleil. Mon examen fut donc bien sommaire et bien rapide. L'église est entièrement gothique, mais vraisemblablement de plusieurs époques comprises entre le xiii° et le xiv° siècle. Elle fut commencée en 1257 par Bertrand d'Auriac, abbé de Vallemagne. Les transsepts sont très courts, et la partie du chœur qui s'étend au-delà est fort allongée. On admire ses piliers sveltes et d'une grande élégance. Quelques-uns n'ont pas de chapiteau, ce qui indiquerait une restauration ou une addition de la fin du xiv° siècle. Les voûtes très-élevées affectent la forme de lancette. Le portail, flanqué de deux tours fort mutilées aujourd'hui, n'a jamais été décoré avec magnificence.

Le vaste cloître de l'abbaye communique à l'église par le transsept méridional. Il est sans doute contemporain de l'église, comme sa construction l'annonce. Cependant, du côté du nord, j'ai remarqué des arcades et des colonnes romanes. Sans doute cette portion appartient aux anciennes constructions de l'abbaye, dont la fondation primitive remonte au milieu du xii° siècle. Au centre de la galerie méridionale, est une fontaine surmontée de deux arceaux fort élevés qui forment comme une espèce de treille de pierre d'une hardiesse et d'une légèreté merveilleuses.

NARBONNE.

Les murailles de Narbonne sont comme un musée en plein air, car, dans toute leur étendue, elles présentent une suite de bas-reliefs, d'inscriptions et de fragmens antiques, mêlés aux pierres de taille, et disposés avec une espèce de symétrie. On est tout étonné d'apprendre que c'est François Ier, ce protecteur des arts, qui a fait élever les fortifications de la ville avec les débris de ses édifices romains; et l'on peut juger par ce qui s'est conservé, des richesses dont on pouvait disposer alors. Plusieurs grands monumens paraissent surtout avoir servi à ces constructions, au moins on peut observer dans les fragmens des ordres bien distincts. D'abord de nombreux débris d'une frise dorique, et des métopes ornés de patères et de bucranes; 2° des rinceaux d'une grande dimension et d'un très bon style; 3° une autre frise, provenant sans doute d'un arc de triomphe, car elle se compose de cuirasses, de casques et d'armes barbares; je dis *barbares*, car j'y reconnais la masse d'armes des Daces, et le poignard recourbé que j'ai déjà observé sur l'arc de Carpentras; 4° une frise représentant des courses de char; 5° une grande corniche corinthienne; 6° plusieurs chapiteaux ioniques; 7° des fragmens de grands pilastres ou piédroits, les uns réticulés, les autres couverts de feuilles d'eau imbriquées de différentes dimensions; 8° enfin, beaucoup d'inscriptions tumulaires, des bustes, des bas-reliefs, encastrés pêle-mêle avec les morceaux d'architecture que je viens de citer.

Il faut rendre cette justice à l'ingénieur de François Ier, qu'il a placé la plupart de ces inscriptions de manière à pouvoir être lues; qu'il n'a point retourné ni détruit les bustes et les bas-reliefs; enfin qu'il a plaqué l'intérieur des portes des fragmens de sculpture qui lui ont paru les plus curieux. — Ce n'était donc point tout-à-fait un ignorant; il raisonnait la barbarie (1).

(1) Le savant M. Dumège, secrétaire de la société archéologique du Midi, a dessiné tous ces fragmens précieux. Il doit les publier dans son grand ouvrage sur l'archéologie pyrénéenne.

Je ne puis m'empêcher de citer deux inscriptions qui m'ont frappé par leur touchante simplicité :

LAGE FILI	NEC IVSSA
BENE QUIESCAS	TESTAMENTO
MATER TVA ROGATTE	NEQUE VOCE
VT ME AD TE ACCIPIAS	ROGATA SED PIA
VALE	PRO MERITIS
	SPONTE SVA POSVIT.

Que nos : « Bon père, bon époux ! » sont loin du style lapidaire des anciens !

On conçoit que, dans une ville aussi heureusement située, il est facile de former un musée intéressant: aussi la société archéologique de Narbonne, qui compte à peine une année d'existence, a-t-elle déjà réuni une foule de morceaux très importans. Beaucoup de tombeaux richement ornés, la plupart des IIIe et IVe siècles, quelques statues plus ou moins mutilées, des bustes, des bas-reliefs et des inscriptions (1), figurent déjà dans sa collection, qui promet de s'augmenter tous les jours par le zèle de ses membres qui n'épargnent ni soins ni dépenses pour acquérir de nouveaux monumens (2).

On remarque sur un mur de l'ancien palais de la Vicomté, actuellement la poste aux chevaux, un bas-relief que pendant long-temps on a cru représenter les noces d'Ataulfe et de Placidie. C'est évidemment la face ornée d'un sarcophage.

(1) Une entre autres, très remarquable, sur une dalle de marbre brisée, portant une date fixe, la vingtième-unième année du règne d'Alaric II, roi des Visigoths.

(2) L'administration du Musée vient d'acquérir un magnifique bas-relief, représentant deux aigles soutenant une guirlande avec un foudre voilé au milieu. Ce beau fragment provient, dit-on, d'un temple de Jupiter Tonnant. Les plumes sont admirablement rendues. Elles ont la légèreté de la nature; ce ne sont pas des *écailles*, comme celles qu'on fait d'ordinaire. Celles-ci ont cette irrégularité, ce *soyeux*, que la sculpture semble ne pas pouvoir imiter. Les aigles de Nîmes, si vantés et si dignes de l'être, n'approchent pas de ceux-ci.

On y distingue plusieurs sujets bibliques, entre autres la multiplication des pains, et le frappement du rocher. M. de Castellanne (membre de la société arch. du midi) présume que la femme qui occupe le centre de la composition désigne l'ame du défunt.

La curieuse inscription relative à la fondation de l'église de Saint-Rustice, rapportée par dom Vaisset (*Hist. de Languedoc*), se trouve aujourd'hui encastrée dans un mur sous un passage voûté dans l'ancien palais de l'archevêché. Elle est fort mutilée et sa position l'expose à des chocs continuels. Il serait bien à désirer qu'on prît quelques mesures pour la conserver.

Dans l'enceinte de l'archevêché s'élève une tour carrée dont l'appareil indique plusieurs constructions successives. Le bas, composé de grosses pierres carrées, pourrait dater du Bas-Empire, de cette époque où tant de tours et de murailles furent bâties des débris d'édifices antiques, lorsque l'invasion menaçante des barbares fit sacrifier un grand nombre de monumens. La partie supérieure est d'un appareil plus petit, avec des ouvertures fort étroites et cintrées. Une espèce de corniche ou de frise règne au sommet, et se compose d'une dent de scie perpendiculaire au parement, formée de triangles de pierres alternativement blanches et noires. La ressemblance de cet ornement avec celui qui entoure l'apside de l'église de Villeneuve, près de Maguelonne, me ferait penser que cette tour peut être de la même époque, c'est-à-dire du viiie siècle.

On m'a fait voir dans le même bâtiment une porte fort curieuse par ses ornemens, dont plusieurs sont une imitation évidente de l'antique, tandis que les autres appartiennent à l'architecture bysantine. Ainsi, sur la même archivolte on observe des billettes, à côté d'oves et de palmettes. Les colonnes engagées qui soutiennent les retombées de l'archivolte sont torses ou cannelées, avec des chapiteaux à feuillages, ressemblant grossièrement au chapiteau corinthien. C'est sans doute un ouvrage du xiie siècle, mais qui n'a pas été fait pour la place qu'il occupe actuellement. Tout me fait croire que cette porte provient de quelque église détruite, et que, vers le xive siècle, elle a été transportée dans l'archevêché.

L'apside de Sainte-Marie majeure est romane. Sa forme extérieure est polygonale, avec une colonne engagée au sommet de chaque angle saillant. Le reste de l'église, aujourd'hui changée en atelier de charronage, appartient à la période gothique (1).

Saint-Paul doit être rangé parmi les monumens

---

(1) On dit que Sainte-Marie est bâtie sur l'emplacement du temple de Jupiter, dont proviennent les aigles du Musée.

de l'époque de transition, plutôt par quelques-uns de ses détails qu'en raison de la disposition générale, qui est purement gothique. C'est en 1229 que la première pierre en fut posée par l'abbé Raybaud. Il y a de la hardiesse et de la légèreté dans ses voûtes élevées et ses longs piliers, caractères beaucoup plus distinctifs du style gothique que l'ogive elle-même. Cette disposition élancée, qui affectionne les lignes perpendiculaires, est cependant modifiée par des souvenirs du style précédent, plus lourd et plus timide. Ainsi, probablement, dans la crainte que les piliers légers qui soutiennent la voûte, ne se déjetassent sous le poids qu'ils supportent, on les a réunis, quelquefois, au moyen d'une arcade, semblable à un pont léger jeté d'un pilier à l'autre (1). On observe en outre que les fenêtres ne sont pas aussi multipliées que dans les édifices du nord de la même époque, et que les espaces qui les séparent sont beaucoup plus larges.

Les chapiteaux des colonnes engagées et des piliers sont historiés. Ils représentent des animaux fantastiques, des sujets de l'Écriture sainte, des diables (quelques-uns fort indécens); enfin ils rappellent tout-à-fait le goût du siècle précédent

---

(1) Il se pourrait cependant que ces arcades appartinssent à une restauration moderne. D'autres piliers ont été renforcés au moyen d'une enveloppe en maçonnerie, comme ceux de Saint-Honorat auprès d'Arles.

qui s'est perdu beaucoup plus tard dans le midi que dans le nord. Il est à noter encore que, sur la rive droite du Rhône, l'architecture gothique a été beaucoup plus tôt adoptée que sur la rive gauche. Saint-Maximin a été commencée en 1279 seulement, et c'est dans la Provence la seule église que je connaisse dont le plan ait été conçu d'après les règles de l'architecture gothique; encore n'est-elle pas à comparer pour la légèreté à Vallemagne et à Saint-Paul, toutes les deux antérieures à Saint-Maximin. Je ne doute pas que cette différence ne doive être attribuée à l'invasion des croisés du nord, allemands et français, qui, au commencement du XIII° siècle, apportèrent dans le midi leurs arts et leurs usages. — A cette époque, Pamiers reçut de Simon de Montfort la coutume de Paris. Il n'est pas douteux que la même influence n'ait modifié l'architecture.

La cathédrale de Narbonne, Saint-Just, est un bel édifice gothique, dont malheureusement le chœur seul a été terminé. Sa première pierre fut posée par l'évêque Maurin en 1272. Il paraît que les travaux furent pressés avec activité, puisqu'en 1285 on y déposa les entrailles de Philippe-le-Hardi. Ses chapelles latérales s'élevèrent successivement au commencement du XIV° siècle; deux furent fondées par Gilles Aybelin, mort en 1318. Ses fenêtres appartiennent principalement à la fin du xive siècle, ou au commencement du xve, comme le prouvent leurs meneaux flamboyans. Ses piliers sont remarquables par leur légèreté et leur élégance. Plusieurs ont encore conservé des traces d'ornemens peints d'une grande délicatesse. Les verrières sont médiocres, et de plus en assez mauvais état. A l'extérieur, au lieu de clochetons, les piliers butans sont façonnés comme des tours octogones, crénelés, et réunis entre eux par des arcades jetées d'un pilier à l'autre comme des ponts. Ces créneaux et ces arcades se voient fréquemment dans les églises anglaises du xive siècle. —Un jubé, ou plutôt une muraille grossière, sépare le chœur proprement dit, de ses bas-côtés C'est une construction moderne qui nuit fort à l'effet général. Derrière l'autel, j'ai trouvé plusieurs chaises en fer, en forme d'X, assez semblables à celle qu'on voit à la Bibliothèque Royale et qui est attribuée à Dagobert. Quoique dépourvues d'ornemens, elles méritent d'être conservées avec soin.

Un magnifique tombeau en marbre blanc de l'évêque de la Jugie, mort en 1274, est appliqué contre le jubé dont j'ai parlé. La moitié seulement a été conservée à Narbonne ; l'autre moitié est au musée de Toulouse. Ce monument a été sculpté du vivant de l'évêque, et il peut être considéré comme un modèle de l'art au xiiie siècle. Les pelites figures d'évêques, sculptées sur le monument sont admirables. Les poses, les draperies, son d'une vérité prodigieuse, et je n'hésite pas à dir que ces statues ne le cèdent pas pour la grâce au meilleurs ouvrages de la Renaissance.

Quelques autres tombeaux du XVIe siècle, d'u beau travail, ornent le chœur et les chapelles d Saint-Just. L'orgue, du temps de Louis XIII, es aussi un morceau très remarquable.

Auprès du pont, on voit une petite madone dan une niche, couverte d'ornemens délicatemen exécutés. Elle porte la date de 1529. C'est un peti chef-d'œuvre d'élégance et de bon goût.

PERPIGNAN, ELNE.

13 novembre.

Le Roussillon a été réuni à la France depui plus de cent cinquante ans, et cette longue pé riode n'a pu encore effacer complètement de cett province le caractère d'étrangeté qui se conserv dans les physionomies, dans le langage et dans le habitudes des classes inférieures de la société (1). A Perpignan, l'architecture civile, qui est l'expression des habitudes ordinaires de la vie, présente une forte analogie avec celle de la Péninsule. On y retrouve des maisons sombres, mal éclairées de quelques fenêtres grillées; des portes surmontées d'armoiries, des cours intérieures (*patios*), de ces grands vestibules qui précèdent l'escalier et qu'on nomme en espagnol *zaguanes*. Quant aux édifices publics, presque tous datent du temps où le Roussillon appartenait aux rois de Majorque ou à ceux d'Espagne. On conçoit que leur style est absolument le même que celui des monumens de la Catalogne, c'est-à-dire un mélange de gothique et de mauresque, modifié de bonne heure par les relations que les Catalans eurent avec l'Italie. Aussi la Renaissance s'est-elle manifestée plus tôt dans le Roussillon que dans aucune autre de nos provinces méridionales.

La plupart des constructions de Perpignan sont en briques ou en cailloux roulés, disposés très sou-

---

(1) Les Roussillonnais appellent *gavaches* leurs voisins du nord. Ceux-ci, à leur tour, donnent le même nom aux habitans des pays situés au nord du leur. Cela s'étend fort loin ; sans qu'il se trouve jamais personne qui veuille accepter cette dénomination de gavache; et il faut remarquer que les Roussillonnais, par rapport aux Catalans, sont gavaches. Gavache peut se traduire par *Français*, mais celui qui emploie ce terme n'a pas bonne opinion de la nation.

vent en arête de poisson, même dans les constructions toutes modernes. Il est rare de voir des briques assemblées de la sorte, postérieurement à la fin du xvie siècle. On sent que les règles générales relatives aux appareils ne sont point applicables ici. Je crois en général qu'il n'y faut point attacher trop d'importance, car souvent on tomberait dans de très graves erreurs. Tel système de construction s'est perpétué dans une localité; tel autre, apporté par des étrangers, ne s'y est jamais naturalisé; il n'y a que les Romains qui aient bâti partout de la même manière.

La citadelle de Perpignan se compose d'un donjon élevé par les rois de Majorque, puis d'une enceinte bastionnée, ajoutée par Charles V. Vauban vint enfin fortifier la citadelle et la ville d'après le système dont il est l'auteur. De la construction du xiie siècle, il ne reste que quelques murs d'une solidité admirable (appareil en arête de poisson), et une portion de l'église, dont le portail surtout est remarquable. La porte est cintrée avec des voussoirs lisses, fort larges (c'est un caractère de l'architecture catalane), composés, ainsi que les parois latérales de la façade, de plaques de marbre alternativement rouge et blanc; un gros tore entoure l'archivolte, qui retombe sur des colonnes engagées dans la muraille. Leurs chapiteaux, autrefois peints, représentent des dragons combattans, moins lourds et moins grossièrement travaillés que ne sont d'ordinaire les animaux des chapiteaux romans.—On dit que cette façade ressemble beaucoup à celle de l'église du mont Sinaï. M. le baron Taylor a signalé le premier cette singulière conformité, qui s'explique par les souvenirs des croisades.

La porte moderne de la citadelle est décorée de quatre statues en marbre blanc, d'un travail fort grossier, vraisemblablement contemporaines de cette église, sinon plus anciennes; ce sont quatre figures, probablement allégoriques, de costumes variés, dans l'attitude de prêter serment. Or le serment catalan tenait beaucoup de celui des anciens Hébreux qui juraient par leur cuisse comme traduit la Vulgate. Les Catalans prenaient en outre leur barbe à témoin. C'est cette double invocation que le sculpteur a exprimée aussi clairement qu'il a pu.

On voyait encore, il y a peu de temps, un bras sculpté en pierre sur le parapet d'un bastion: c'était, dit-on, un souvenir d'une sentinelle que Charles V tua, la trouvant endormie. Il paraît qu'on l'a abattu depuis peu.

La plus ancienne église de Perpignan est Saint-Jean-le-Vieux, maintenant abandonnée, et détruite en partie. Elle fut consacrée en 1025. Les voûtes sont ogivales et appartiennent vraisemblablement à une restauration de la fin du xiie siècle ou du xiiie. La porte extérieure, cintrée, est ornée des deux côtés de saints en marbre de travail bysantin, fort médiocres et de plus très avariés. Une seconde porte extérieure, cintrée également, qui paraît avoir servi à communiquer d'un vestibule dans la nef, présente sur son archivolte un dessin que j'ai vu là pour la première fois, et qui ressemble à une suite de rayons, tendant au centre de l'archivolte, alternativement gravés en creux et en relief. — L'appareil est de cailloux roulés, rangés en arêtes de poisson.

La cathédrale, fondée aussi sous l'invocation de saint Jean, a été commencée en 1324, à côté et en partie sur l'emplacement de Saint-Jean-le-Vieux. Son appareil est dans les parties inférieures de cailloux disposés en arêtes, et c'est, je crois, un des derniers exemples de ce mode de construction, employé en grand. Elle n'a qu'une nef fort large et fort élevée, dont la voûte est d'une grande hardiesse. Sa construction a duré fort long-temps, puisque la dernière travée a été bâtie par Louis XI, lorsqu'il possédait l'usufruit du Roussillon. La façade même n'a jamais été terminée. — Je remarque que, dans les églises gothiques, la façade est en général la dernière partie que l'on fait, tandis que, dans l'époque romane, sa construction précède souvent celle de la nef(1). Avant le xiiie siècle, la ferveur religieuse faisait construire les églises d'enthousiasme. Chacun y portait son tribut : l'un son or, l'autre ses talens. Les sculpteurs travaillaient en même temps que les architectes; car il importait de ne laisser refroidir le zèle et la bonne volonté de personne. Plus tard, lorsqu'il fallut autre chose que des indulgences pour payer les travailleurs, on dut mettre aussi plus de méthode dans la distribution du travail, et réserver pour la fin les parties les plus fines et les plus délicates, telles que sont les façades.

Le retable du maître-autel, morceau dans le style de la Renaissance, mérite d'être cité pour sa belle exécution. La partie supérieure est en bois, le bas en pierre, sans que pourtant cette différence de matière présente rien de choquant. Ce grand retable, les dorures, les tapisseries de l'église, l'absence de chaises, toute la décoration intérieure, rappellent la pompe du culte catholique en Espagne.

Une grande cuve en marbre sert de fonts bap-

---

(1) *Période Romane.*   *Période gothique.*

Exemples : Saint-Gilles.   Cath. de Vienne.
     Portail occidental de   Saint-Maximin.
     Chartres.
     Id. Angers.   Saint-Jean, etc.

tismaux. Elle est très ancienne, et date, dit-on, du temps des rois visigoths ; sa forme est celle d'un grand tonneau avec des cercles ou des tores en relief; on pourrait fort bien y pratiquer le baptême par immersion.

Les autres églises de Perpignan offrent moins d'intérêt. Saint-Jacques, auprès de la citadelle, était une ancienne léproserie. Lorsqu'il n'y eut plus de lépreux, on voulut s'assurer que le lieu n'était pas devenu malsain par suite de leur habitation, et pour en faire l'expérience *in animâ vili*, on y logea d'abord des juifs. Lorsqu'on eut reconnu qu'aucune maladie contagieuse ne s'était déclarée parmi eux, on les en chassa pour y bâtir une église. — La partie la plus ancienne de Saint-Jacques ne me paraît pas antérieure à la fin du xiiie siècle. La tour est peut-être plus ancienne. Elle est carrée, à trois étages. L'étage supérieur est percé de fenêtres plus larges que celui qui le soutient, et le premier étage n'en a que deux, en sorte que les ouvertures peuvent être inscrites dans un triangle renversé. L'effet qui en résulte est remarquable; la tour semble évasée par le haut. — Je vois ici les créneaux, découpés comme dans toutes les constructions du midi de l'Espagne. C'est un emprunt fait à l'architecture moresque que l'on rencontre dans presque toutes les églises du Roussillon. La chapelle à droite de l'apside a un magnifique retable du xiv°-xv° siècle, dont les détails sont travaillés avec une merveilleuse élégance.

L'église, ou plutôt les églises des Dominicains, sont en ruines. Le génie militaire, grand destructeur, y a établi ses magasins. L'église principale a une seule nef. L'apside et une portion du chœur seulement sont voûtées, et le reste est couvert par une charpente. Les extrémités des poutres sont ornées de têtes d'animaux, et l'on y observe encore des restes de peinture. Je crois cet édifice de la fin du xiii° siècle; quant au cloître, il est de différentes époques; deux côtés sont romans; les chapiteaux n'en sont qu'ébauchés. Les autres côtés ont des arcades ogivales trilobées, inscrites dans une grande ogive. Cette partie date, je crois, de la fin du xiv° siècle; beaucoup de chapiteaux portent des écussons à armoiries, qui rappellent sans doute des dons faits à la fabrique.—Saint Dominique habita quelque temps ce couvent lorsqu'il vint en France à l'époque de la guerre contre les Albigeois. La partie romane du cloître est la seule qui reste de l'édifice, qui existait de son temps.

Pour terminer la nomenclature des édifices remarquables de Perpignan, il ne me reste plus qu'à parler du Castillet bâti par Charles V: c'est une haute tour de briques, ou plutôt deux tours accolées, réunies, soudées, par une courtine épaisse. Il est probable que, dans l'origine, c'a été un porte fortifiée comme la *Puerta de Serranos* de Valence. Dans l'architecture militaire du moyenâge, les portes étaient défendues fréquemment par des tours rapprochées et par une double courtine, dont l'ensemble formait comme une espèce de citadelle jusqu'à un certain point indépendante du corps de la place.

La *Loge* (mot dérivé de l'espagnol *lonja*, marché, bourse, bazar), est un édifice de la fin du xv° siècle, dénaturé en partie par des constructions toutes modernes. On voit sur sa façade des ornemens flamboyans, des ogives à double courbe, couvertes d'une profusion de crosses et de feuillages tourmentés, malheureusement tous très mutilés ; à l'intérieur, une petite cour avec des galeries couvertes, absolument semblable aux *patios* de l'Espagne. — La porte de derrière est remarquable par d'immenses voussoirs composant une archivolte dont les retombées dépassent de plus de six pieds les piédroits.

A mon arrivée à Perpignan, j'avais été accueilli avec la plus grande cordialité par M. Jaubert de Passa, archéologue distingué, aussi instruit qu'obligeant. Il avait bien voulu non seulement me communiquer ses dessins et ses notes sur les monumens du Roussillon, qu'il a étudiés avec le plus grand soin, mais encore me tracer un itinéraire aux environs de Perpignan, et m'indiquer, parmi les localités les plus importantes, celles que la saison avancée et le temps dont je pouvais disposer me permettraient de visiter. Il eut même la bonté de m'accompagner dans quelques-unes de mes excursions, doublement intéressantes pour moi par la compagnie d'un guide aimable et savant.

Le Tech étant débordé, il nous fallut attendre quelques jours pour nous rendre à Elne. L'ancien nom de la ville est *Illiberis*; elle prit celui d'Elne, corrompu de *castrum Helenæ*, d'une forteresse que Constantin (1) fit bâtir, et à laquelle il donna le nom de sa mère. Au commencement du xiiie siècle, elle fut ruinée par les Français, puis complètement détruite au xve par Louis XI. On voit encore quelques portions de ses murailles, composées de petites pierres noyées dans le ciment et revêtues de briques ou de gros cailloux disposés en arête de poisson. Dans la partie inférieure du rempart on remarque une espèce de soubassement incliné, ou plutôt un second mur qui vient s'appuyer obliquement au rempart. Entre deux est un espace rempli de terre, dont la coupe représenterait un triangle. Suivant toute apparence, l'usage de cette construction était de retarder les travaux de sappe de l'assaillant.

Deux fois l'église cathédrale, bâtie en plaine,

---

(1) Ou l'un de ses fils.

avait été saccagée par les Sarrasins; pour éviter le retour de catastrophes semblables, l'évêque Bérenger jeta en 1019 les fondemens d'une nouvelle église dédiée à sainte Eulalie qu'il plaça sur la hauteur et dans l'enceinte du château. Malgré les réparations qui ont altéré son caractère, cette église offre encore un grand intérêt.

A l'extérieur, l'appareil est généralement composé de petites pierres noyées dans le ciment, et par places, de cailloux rangés en arête de poisson. Probablement, ces différences doivent être attribuées à des restaurations plus ou moins anciennes. — La façade assez élevée, et qui se termine par un gable crénelé, est encadrée par deux tours carrées qui ne s'élèvent pas plus haut que lui. Cinq fenêtres étroites sont percées dans le gable, et leur sommet s'aligne sur ses corniches rampantes. On observe leurs archivoltes dessinées par des pierres noires qui tranchent avec la couleur des autres matériaux. D'autres incrustations semblables, disposées çà et là sur la façade, rappellent un style d'ornementation tout oriental, qui paraît s'être introduit de bonne heure dans le midi de la France.—La porte cintrée est revêtue de marbre grisâtre, d'ailleurs presque dépourvue d'ornemens.—Le plan de l'église est celui d'une basilique divisée en trois nefs. La voûte de la principale est une ogive à peine sensible, renforcée d'arcs doubleaux en plein cintre : celle des collatéraux est décrite par un quart de cercle, ou une portion d'ogive ; mais ses arcs doubleaux sont aussi en plein cintre, ainsi que toutes les arcades, excepté les deux premières à partir de la façade, qui sont en tiers point. On reconnaît là une restauration considérable, et la portion de voûte au-dessus de ces arcades porte des nervures croisées, tandis que le reste de la voûte est en berceau. Cette portion est en outre de cinq pieds plus basse que le reste. Bien que les cartulaires d'Elne ne fassent pas mention de cette réparation, il n'est pas douteux qu'elle ne soit fort postérieure à la construction primitive. M. de Passa la croit avec raison du xive ou du xve siècle. Quant à l'autre partie de la voûte, rien n'indique qu'elle ait été refaite, et il faut la regarder comme appartenant à la construction primitive, à moins que l'on ne suppose que, dans le principe, l'église a été couverte seulement par un toit en charpente. Dans ce cas on pourrait, par analogie, la rapporter à la fin du xiie siècle. Au reste, je le répète, l'ogive est à peine indiquée, et il se pourrait que sa forme indécise fut le résultat d'un accident ou de la maladresse des ouvriers (1).

(1) On dit que l'évêque Bérenger, au retour d'un pèlerinage à Jérusalem, apporta le plan de l'église du Saint-Sépulcre, et fit construire la basilique d'Elne sur le même modèle (*Gallia* X[e], tom. *VI*, 1040). Mais il n'y a pas le moindre rapport entre les

L'ornementation de l'église est très pauvre, comme celle de la plupart des monumens du xie siècle. Les piliers lourds et massifs portent des colonnes engagées à chapiteaux grossièrement ébauchés, qui rappellent le galbe corinthien. Quelques moulures, un cordon de damiers autour des fenêtres de l'apside, voilà les seuls ornemens qui m'aient semblé du xie siècle.

A la base du mur de l'apside, on remarque des ouvertures cintrées, semblables à des soupiraux, obstruées de pierres. Je ne doute pas qu'elles n'éclairassent une crypte, dont l'entrée est inconnue aujourd'hui. — Il paraît qu'on a voulu alonger l'église, car on remarque au-delà de l'apside les arrachemens d'une chapelle, qui n'a jamais été terminée, et qui m'a paru du xvie siècle.

Le cloître attenant à l'église est d'une admirable élégance. Sur chaque face, trois piliers carrés (non compris les piliers angulaires) supportent

plans des deux édifices. Peut-être faut-il penser que la tradition, qui a conservé la mémoire d'une imitation orientale, a été infidèle en rapportant que cette imitation avait reproduit le plan général de l'église du Saint-Sépulcre. Ne pourrait-on pas supposer que la forme de la voûte seulement, aurait été copiée sur celle de l'église de Jérusalem? — Je dois ajouter qu'au surplus il faut attacher très peu d'importance à ces traditions, fréquemment reproduites, et qui, dans une infinité de cas, n'ont d'autre origine que des fraudes pieuses, inventées pour donner plus de renom à certaines églises.

quatre grands arceaux, divisés chacun en trois arcades cintrées, par quatre colonnettes doublées. La voûte des quatre galeries est en ogive avec des nervures saillantes, croisées, qui d'un côté s'appuient sur les piliers, de l'autre sur les murs latéraux; colonnes, piliers et arcades, sont revêtus de marbre blanc. On observe une grande variété de formes dans les colonnes, dont le fût et les chapiteaux offrent comme un ensemble complet de l'ornementation du moyen-âge, depuis le xiie jusqu'au xve siècle, car il paraît évident que l'on n'a pas cessé de travailler à ce cloître pendant cette longue période. Toutes les ciselures ont été faites sur place, car çà et là on remarque des chapiteaux, des tailloirs ou des bases qui ne sont qu'ébauchés. D'ailleurs on a travaillé sans ordre et dans les quatre galeries à la fois. Il y a tel pilier qui présente sur chacune de ses faces des compositions de style différent, et qui n'ont pu être exécutées par des artistes contemporains. A côté de colonnes cannelées, nattées, imbriquées, de chapiteaux historiés, de bas-reliefs bysantins sculptés sur les architraves, on voit des chapiteaux à feuilles frisées, des moulures prismatiques, des statuettes où l'on peut reconnaître l'origine et le progrès de l'art gothique. Dans les bas-reliefs les plus anciens on distingue quelques traces de peintures, parfois des incrustations de verre ou de pierres de couleur, surtout dans les yeux des figurines. Une circonstance qu'il est important de signaler, c'est qu'à toutes les époques on a voulu imiter le style des parties les plus anciennes, et conserver ainsi l'unité d'ornementation telle qu'elle avait été conçue dans le plan primitif. — De la forme des voûtes il paraît résulter que le cloître n'a été couvert que quelque temps avant la cessation des travaux, car je ne crois pas ces voûtes antérieures au xive siècle.

Une porte ogivale, à voussoirs de marbre alternativement rouges et blancs, communique de l'église au cloître. Je la crois du xiiie siècle au plus tôt. Sa ressemblance avec la porte de l'église de la citadelle de Perpignan est frappante. Toutes les deux indiquent des souvenirs de l'Orient apportés par les croisades, ou résultant du voisinage du Roussillon avec les pays occupés par les Maures.

Plusieurs inscriptions et quelques bas-reliefs sont encastrés dans le mur qui touche à l'église. On montre, entre autres, un morceau de marbre portant le monogramme du Christ, et un petit bas-relief, comme des fragmens du tombeau de Constans, assassiné à Elne par ordre de Maxence. Ce sont de ces traditions que je respecte.

Un autre bas-relief plus intéressant représente un évêque, les bras croisés sur la poitrine, entre deux anges, tenant des encensoirs. Sa mitre, très basse et échancrée par devant, est d'une forme très remarquable que je crois très ancienne. Le goût bysantin se montre dans les ajustemens, la robe et le manteau plissés à petits plis, avec quantité de broderies, de joyaux et de perles. A gauche, sur le fond, on observe les lettres suivantes : R. F. HOPA. DBIA. Du moins c'est ainsi que M. de Passa lit les caractères très bizarres de cette inscription, que quelques archéologues avant lui avaient pris pour des chiffres. L'étude qu'il a faite des caractères lapidaires, et sa nombreuse collection d'inscriptions du moyen-âge, me font adopter sa version, confirmée d'ailleurs par une tradition locale.

Quelques vieillards se rappellent en effet que dans leur jeunesse, tous les ans, après la Toussaint, on chantait une absoute devant ce bas-relief, et qu'on l'aspergeait ensuite avec du vin blanc. L'évêque qu'il représentait avait, dit-on, donné une vigne aux chanoines d'Elne, qui, par reconnaissance ou par une clause de la donation, s'acquittaient régulièrement de cette cérémonie. M. J. de Passa pense qu'on doit interpréter ainsi cette inscription : *Reddite, Fratres, opera debita.* Rien n'es[t] plus commun que de voir le mot *opera* précédé pa[r] un H.

M. de Passa me fit remarquer sur l'autel une in[s]cription beaucoup plus lisible et bien plus inté[-] ressante; la voici avec son orthographe et ses solécismes :

> « *Anno LXIIII post millesimo incarnatione dominica indicione VII Reverentisimus episcopus istius ecclesie Raimundus et Gaufredus comes simulque Azalaïs comitissa pariterque homnibus hominibus istius terre potentes mediocres atque minores inserunt hoc altare in honorem Domini Nostri Ihesu Xrsti et martiris ac Virginis eius Eulalie edificare propter Deum et remedium animas illarum.*

Ces mots, *potentes*, *mediocres atque minores*, ne semblent-ils pas indiquer trois ordres dans l'Etat? Et de quelque manière qu'on les interprète, ne doit-on pas en inférer l'existence de communes dans le Roussillon, à une époque antérieure à celle où l'on place l'établissement de la première commune de France, celle de Laon, en 1112 (1)?

L'autel était autrefois d'argent massif; ses chanoines, sous le règne de Louis XV, comme nous l'apprend une autre inscription, le firent fondre, de peur qu'il ne fût volé, et le remplacèrent par l'abominable autel qu'on voit aujourd'hui, et qui

(1) La même expression se retrouve en tête des constitutions de Catalogne et dans les vieilles chroniques de Diago, Tomich, Montanez, Carbonell, etc. Raymond Bérenger-le-Vieux, comte de Barcelone, recueillit en code les coutumes latines, modifiées par les Visigoths et les Maures, et y ajouta encore d'autres lois; ce nouveau code fut sanctionné, en 1068, par les différens ordres, *potentes*, *mediocres atque minores*.

est un chef-d'œuvre de mauvais goût et de mesquinerie.

La sacristie renferme un très ancien tombeau en marbre blanc, orné de rinceaux dans le style du Bas-Empire, découvert dans une fouille auprès de l'apside de l'église avec un grand nombre d'autres, et plusieurs tables d'autel fort anciennes, soutenues par de petites colonnes romanes, à larges chapiteaux.

CERET, ARLES, COUSTOUGES, SERRABONA.

novembre.

D'après le conseil de M. de Passa, je suis parti de Perpignan pour me rendre à Coustouges, et y visiter une église dont on attribue l'érection à Charlemagne.

Je me suis arrêté d'abord à Céret, pour examiner le pont qui passe pour un ouvrage des rois visigoths. C'est une construction hardie et gracieuse. Une arche de cent quarante-quatre pieds d'ouverture traverse un ravin profond; on dirait de loin un ruban jeté au-dessus d'un précipice. La voûte est extrêmement mince à la clé, mais des garde-fous élevés (c'est une réparation moderne), ne permettent pas d'abord de le remarquer et nuisent à l'effet général. Ce pont, très étroit comme presque tous les ponts très anciens, ne donne passage qu'à une seule voiture, encore ne faut-il s'y engager qu'avec précaution. L'arche s'appuie sur deux massifs de maçonnerie dans le haut desquels on a pratiqué des ouvertures cintrées assez étroites, qui n'ont sans doute d'autre but que d'alléger ces massifs, car le torrent ne s'élève jamais jusqu'à elles. Il est à regretter que des remblais n'aient pas caché ces massifs avancés, qui ôtent au pont de Céret un peu de sa grâce et de sa légèreté.

Le village d'Arles-les-Bains, qu'on rencontre ensuite, a conservé quelques souvenirs du séjour des Romains qui avaient reconnu les propriétés de ses sources thermales. La salle où l'on prend les bains est un ouvrage antique, qui d'ailleurs n'est remarquable que par sa grandeur, l'épaisseur et la solidité de sa voûte. — Les murs de la petite église du village paraissent aussi de construction romaine, et il est probable qu'autrefois c'était une piscine, un bassin pour refroidir l'eau qui sort de terre trop chaude pour qu'on en puisse faire usage immédiatement.

Une demi-lieue plus loin, on arrive à Arles (*Arulæ*) en suivant les détours d'une vallée charmante, au fond de laquelle coule un torrent. L'église a été construite en 1045; mais la façade seule appartient au XIe siècle : l'intérieur, réparé à différentes époques, n'offre plus aucun intérêt. L'appareil est de petites pierres réunies par une masse considérable de mortier.

La porte est carrée, surmontée d'un bandeau en forme de fronton, dont l'angle supérieur est extrêmement obtus. Au-dessus, une archivolte cintrée, ornée d'une moulure étroite à palmettes, se lie à deux fragmens de corniche, sur laquelle on remarque deux lions dévorant des hommes. Une croix grecque occupe le tympan. Le Père Éternel est au milieu, et les extrémités de la croix sont terminées par les attributs symboliques des évangélistes. Tous ces ornemens sont en marbre blanc. Vient ensuite une rangée d'arcades bouchées, au-dessus de laquelle on remarque autant de longues pierres saillantes, dont je ne puis m'expliquer l'usage. Elles sont placées de chaque côté d'une grande fenêtre, qui paraît une restauration moderne. Deux fenêtres géminées, plus petites, l'accompagnent. Enfin, immédiatement sous le fronton triangulaire qui termine la façade, une dernière rangée d'autres ouvertures, inégales en hauteur, suit à peu près la direction des corniches rampantes.—Un clocher carré à plusieurs étages est placé à droite du chœur. Ses fenêtres cintrées, ornées de colonnes engagées, sont plus larges que celles de la plupart des tours du xi° siècle que j'aie eu l'occasion d'examiner.

Un cloître du xiii° siècle, assez vaste et très élégant, communique avec le collatéral gauche de l'église. Il n'a jamais été terminé, et n'est pas même voûté. Ses arcades sont ogivales, retombant sur des colonnettes minces en marbre, avec des chapiteaux à crochets. Contre l'ordinaire, il n'y a de piliers qu'aux quatre angles.

A gauche de la façade, sous une espèce d'auvent, on voit un tombeau fort simple en pierre, avec le monogramme du Christ. Il est soutenu sur quatre dés de pierre, qui l'élèvent de terre d'un pied environ. Le couvercle est en dos d'âne, et paraît scellé sur les parois du tombeau. C'est la plus précieuse relique de l'église d'Arles, et en même temps une source de revenus pour la fabrique. Cette tombe est remplie d'une eau miraculeuse, qui ne tarit jamais, bien que le tombeau soit, dit-on, complètement isolé. Quant aux propriétés de cette eau, elles sont nombreuses et variées, « comme celles de l'huile de Macassar, ou comme les vertus de Dona Inès. »

Il faut savoir qu'autrefois, je ne saurais dire précisément à quelle époque, le territoire d'Arles fut infesté d'une grande quantité de bêtes féroces, lions, dragons, ours, etc., qui mangeaient les bes-

tiaux et les hommes. La peste vint encore ajouter aux maux qui affligeaient la contrée. Un saint homme, nommé Arnulphe, résolut d'aller chercher des reliques à Rome, pour guérir l'épidémie et chasser les animaux féroces. Pendant long-temps, ce fut l'unique remède dans toutes les calamités. Arrivé à Rome, Arnulphe exposa au Saint-Père la misère de ses concitoyens, et lui présenta sa requête. Le pape touché de compassion l'accueillit avec bonté, et lui permit de choisir parmi les reliques conservées à Rome, exceptant toutefois celles de saint Pierre et d'un certain nombre de saints, dont il eût été imprudent de se dessaisir. Arnulphe était embarrassé pour se décider. Après avoir passé tout un jour en prières, il s'endormit, et eut un songe, dans lequel deux jeunes hommes s'apparurent à lui : « Nous sommes, dirent-ils, Ab-
« don et Sennène, saints tous deux. De notre vi-
« vant, nous étions princes. La Perse est notre
« patrie. Nous avons été martyrisés à Rome, et
« nos corps sont enterrés en tel lieu : exhume-les
« et porte-les dans ton pays; ils feront cesser les
« maux qui l'affligent. »

Le lendemain, Arnulphe, accompagné d'une grande foule de peuple et suivi de travailleurs pourvus d'instrumens convenables, fit fouiller l'endroit indiqué. On trouva bientôt les corps de deux jeunes gens, parfaitement conservés, reconnaissables pour saints à l'odeur. Il les exhuma en grande pompe, et se disposa à les emporter. Arnulphe était un homme prudent. Il pensa que, pendant le long voyage qu'il avait à faire pour retourner dans son pays, il pouvait trouver bien des gens qui voudraient s'approprier le trésor qu'il portait, car on se faisait peu de scrupule alors de s'emparer, même par force, des reliques de vertus bien constatées. Pour détourner les soupçons, il mit ses saints dans un tonneau, enfermé dans un autre beaucoup plus grand qu'il remplit d'eau. Dès qu'il fut en mer, les matelots firent un trou au tonneau, croyant qu'il contenait du vin, mais s'étant aperçus qu'il n'y avait que de l'eau, ils ne poussèrent pas plus loin leurs recherches. Je passe rapidement sur les évènemens du voyage, tempêtes apaisées, vents favorables et le reste. Arnulphe, débarqué à Reuss, avec ses reliques en double futaille, entendit toutes les cloches sonner d'elles-mêmes et se garda bien d'expliquer la cause de la merveille. Le chemin de Reuss à Arles était alors, comme il est aujourd'hui, extrêmement mauvais et praticable seulement pour les mulets. Le tonneau est donc chargé sur un mulet, et le saint homme avec un guide se met en route. Dans un sentier dangereux, bordé d'affreux précipices, le muletier, homme grossier et brutal, crut qu'il fallait donner du courage à sa bête et lâche un gros juron. Soudain le mulet tombe dans le précipice et disparaît. On juge du désespoir d'Arnulphe. Retrouver le mulet était impossible; retourner à Rome en quête d'autres reliques ne l'était pas moins. Il prit le parti de poursuivre sa route et de rentrer dans sa ville natale. Quelle est sa surprise et sa joie en entrant dans Arles d'entendre sonner les cloches et de voir sur la place de l'église tout le peuple à genoux, entourant le mulet et son tonneau qui avait déjà opéré la guérison des pestiférés et fait déguerpir les lions et autres bêtes féroces. Arnulphe tira d'abord les saints de leur tonneau, et quant à l'eau, il la versa bonnement dans un tombeau vide pour s'en débarrasser. Or, un lépreux qui vint s'y laver, fut guéri dans l'instant. D'autres malades vinrent bientôt constater la vertu de cette eau miraculeuse. Avertis de sa propriété, les moines du lieu la renfermèrent avec soin et n'en donnèrent plus que pour de l'argent. Elle coûte encore vingt sous la fiole; mais on n'en donne pas à tout le monde. Il faut en demander en catalan, pour en obtenir, et pour avoir parlé *gavache* j'ai eu le chagrin d'être refusé.

Dans le mur de l'enceinte où l'on tient l'eau miraculeuse, on a encastré un bas-relief en marbre représentant un chevalier d'Homs qui fut guéri par elle d'un cancer au nez. Il se fit moine, et mourut vers 1200. Deux anges de style bysantin sont auprès de lui dans une attitude d'adoration. Ils proviennent d'un autre monument détruit, et ont été accolés au chevalier d'Homs par goût pour la régularité, ce goût fatal qui produit tant de disparates.

Pour aller d'Arles à Coustouges, il faut faire environ trois lieues dans les montagnes par des sentiers difficiles. Mais la beauté des sites que je traversais me dédommagea complètement de la fatigue de la route. Sur le dernier plan d'un magnifique panorama, s'élevait la cime du Canigou, couverte de neiges, et dans l'espace de quelques heures, mille accidens de nuages et de soleil varièrent autant de fois l'aspect de ce paysage magique.

L'église de Coustouges a été fondée par le pape Damase, vers 370. Elle fut ruinée par les Arabes, puis reconstruite dans le IXe siècle. L'extérieur de l'édifice ne dément pas cette date. L'appareil est de gros morceaux de granite assemblés avec précision. Du côté du midi, la teinte de ces pierres d'un orangé foncé est admirable. La porte est placée à l'extrémité du mur méridional. Ce n'est pas la seule analogie que présente cette église avec celle de Ville-Neuve. J'ai retrouvé le même soubassement extérieur, les mêmes contreforts larges et peu saillans n'atteignant pas le haut des murs, enfin la même décoration de l'apside entourée d'une corniche en dents de scie. La tour est aussi placée à la droite du chœur. La façade ou plutôt le mur opposé à l'apside, est dépourvue d'ornemens, n'ayant qu'une fenêtre bouchée, surmontée d'un fronton triangulaire sans corniche.

Le sol sur lequel l'église est fondée s'abaisse depuis la nef jusqu'à l'apside. A l'intérieur de l'église, au contraire, l'apside est plus élevée que la nef, en sorte que je ne doute pas qu'elle ne renferme une crypte qui aura été bouchée depuis long-temps.

La porte méridionale, dépourvue d'ornemens, s'ouvre dans un vestibule séparé de la nef par une muraille. On y entre par une seconde porte cintrée avec six archivoltes très ornées qui m'ont paru présenter deux styles différents. Les trois inférieures, couvertes de palmettes, d'oves et de rinceaux, sont les plus anciennes et appartiennent incontestablement à une époque où les souvenirs de l'ornementation romaine n'étaient pas encore oubliés. Les trois archivoltes supérieures présentent au contraire le caractère du style roman, sa bizarrerie et ses caprices. Au lieu de palmettes et de détails régulièrement reproduits, on voit des têtes plates, des monstres fantastiques, des serpens, etc. Leurs retombées se terminent par des têtes de démons, de la bouche desquels on voit sortir des bras et des jambes d'homme. Je me trompe fort, ou ces trois archivoltes sont une addition du XIe siècle, ou du commencement du XIIe.

Les voûtes de la nef sont ogivales, mais l'ogive est encore peu prononcée. L'appareil de cette voûte est très différent de celui des murs, et je suis porté à croire qu'elle a été construite assez long-temps après le reste de l'église, qui peut-être n'a eu jusqu'à la fin du XIIe siècle qu'une toiture en charpente.

On descend dans la nef par deux marches; deux autres marches élèvent le sol de l'extrémité opposée à la hauteur de celui du vestibule; et, pour parvenir à l'autel, il faut encore monter une autre marche.

L'église n'a qu'une seul nef, et son plan est un parallélogramme rectangle, terminé par une apside. Deux colonnes sont placées en avant de l'ouverture de cette apside, et soutiennent une voûte d'arêtes plus basse que la voûte principale. Il en résulte comme deux portions de collatéraux qui se terminent au mur oriental, ou, si l'on veut, une espèce de transsepts, car de ce côté les murs latéraux sont moins épais et la distance d'un mur à l'autre est plus grande qu'au milieu de la nef. Ces colonnes sont grosses et courtes. Leur chapiteau paraît une ébauche de chapiteau corinthien, modifiée pourtant par quelques ornemens romans, tels que des chevrons. Une espèce de corniche règne au-dessus des arcades dont j'ai parlé. Elle est soutenue par des consoles, entre lesquelles sont des dents de scie ou de larges moulures prismatiques.

La tour est carrée, assez haute et à trois étages. L'étage supérieur est percé d'une fenêtre géminée en plein cintre, surmontée d'une archivolte quadrilobée. Les deux étages inférieurs n'ont chacun qu'une fenêtre étroite et cintrée. — Je remarque que, dans le Languedoc et dans le Roussillon, les tours romanes sont plus hautes que dans le nord et même qu'en Provence. Je n'en ai pas vu une seule qui ne fût carrée.

Cette église est consacrée à la Vierge, et c'est encore un rapport de plus avec la plupart des églises de la fin du viiie siècle que j'ai observées. Charlemagne, dit-on, fonda dans l'Aquitaine mille églises, toutes sous l'invocation de la Vierge. En tenant compte de l'exagération de cette tradition, on doit remarquer que cette invocation peut être admise comme présomption en faveur de l'antiquité d'un monument, lorsque d'ailleurs elle se trouve réunie à des caractères que je résumerais ainsi pour les viiie et ixe siècles : appareil régulier, moyen, de pierres taillées ; soubassement au bas des murs ; porte latérale, donnant entrée dans un porche qui précède la nef ; façade dépourvue d'ornemens, tour unique carrée, placée vers l'extrémité du chœur ; style d'ornementation imité de l'antique et mêlé à des détails du roman primitif, tels que les dents de scie, les chevrons, etc.

Ma dernière excursion aux environs de Perpignan me conduisit au monastère de Serrabona, dans les montagnes, à deux lieues d'Ill. Le site est triste et sauvage. Les bâtimens qui dépendaient de l'ancienne abbaye s'élèvent à mi-côte sur une montagne aride au-dessus d'une vallée profonde et étroite qui l'entoure de trois côtés. Sur quelque point que la vue se porte, elle ne rencontre que des roches schisteuses d'une teinte sombre et verdâtre, parmi lesquelles quelques arbustes rabougris croissent comme à regret. Les murs sont construits de gros morceaux de schiste, assemblés avec précision. L'appareil de l'église, et surtout l'apside, est remarquable par la taille de ces pierres que leur contexture feuilletée rendait très difficile à travailler. Aujourd'hui les bâtimens dépendans du monastère tombent en ruines, et l'église elle-même est en très mauvais état.

Sa forme est celle d'une croix latine terminée par une apside, ornée à l'extérieur d'une petite arcature et de dents de scie. Un soubassement assez saillant règne le long d'une partie des murs. Cette forme de croix n'existe qu'à l'intérieur; car les murs qui terminent les collatéraux se prolongent parallèlement à ceux de la nef, formant ainsi de chaque côté une espèce de galerie qui ne communique point avec l'église. Du côté du midi, cette galerie est ouverte à l'extérieur avec des arcades en plein cintre, qui lui donnent l'apparence d'une allée de cloître. Je suppose qu'elle servait de promenade d'hiver aux religieux de Serrabona. Le bas du mur est construit de gros cailloux disposés en arête de poisson. Les colonnes sont doublées, surmontées de chapiteaux historiés représentant des animaux fantastiques grossièrement sculptés, le tout d'un marbre rouge et blanc tiré des carrières de Villefranche, peu éloignées de Serrabona. Un portique très bas, sombre, voûté, et soutenu par deux rangées d'arcades cintrées, communique avec les deux galeries latérales et précède la nef. Au-dessus est une tribune avec un escalier pour descendre dans l'église. Les colonnes du portique, du même marbre que celles de la galerie méridionale (1), forment deux rangées d'arcades cintrées; les voûtes sont d'arêtes avec des nervures croisées très saillantes, également en marbre de Villefranche. L'ornementation de ce vestibule n'a pas été terminée. Un mur s'élève devant la première rangée d'arcades, et ce n'est qu'à l'aide d'une torche que l'on peut distinguer les détails de sculpture qui couvrent les archivoltes, les pendentifs et la cor-

(1) Parmi une multitude de monstres bizarres, on remarque plusieurs singes, assez bien imités, de l'espèce des cynocéphales.

niche de la première rangée d'arcades. Sans doute elles n'étaient pas destinées à demeurer dans l'obscurité, et devaient figurer dans le bas de la façade. Le style des sculptures annonce les commencemens de l'art bysantin (1), mais déjà très éloigné des souvenirs romains, et plein de caprices; d'ailleurs nul goût, nulle proportion. Je ne pense pas qu'on doive assigner à ce portique une date postérieure à la fin du XIe siècle.

A l'intérieur on n'observe aucun ornement caractéristique, si ce n'est quelques colonnes dont les chapiteaux à feuillages sont encore plus grossiers que ceux du portique et de la galerie méridionale. La voûte est ogivale, fort semblable à celle de Sainte-Eulalie à Elne; mais le badigeon épais qui la recouvre ne permet pas de l'observer convenablement. Je n'ai pu me procurer de renseignemens sur l'époque où le monastère aurait été fondé. L'église, je présume, a été bâtie vers le VIIIe ou IXe siècle, puis restaurée considérablement dans la suite. La galerie méridionale et le vestibule seraient du XIe siècle. Telles sont les dates qui me paraissent les plus probables.

Les ruines du monastère et quelques arpens de rochers appartiennent au chapitre de Solsona en

---

(1) Voir, dans le Voyage pittoresque en France, le beau dessin de M. Dauzats.

Catalogue. Peut-être trouverait-on dans les archives de Solsona quelques détails intéressans sur les différentes époques de ce monument.

ALET.

L'église d'Alet (*Electa*) appartint à une abbaye de bénédictins jusqu'au xive siècle; un siége épiscopal y fut ensuite établi.

De cette magnifique église, il ne reste plus aujourd'hui que l'apside, trois piliers, les murs des collatéraux, une portion du transsept gauche et deux tours, dont une rasée à la hauteur du premier étage. Il n'y a plus la moindre portion de voûte, mais, par quelques arrachemens du collatéral de droite, on devine qu'en cette partie elles étaient d'arêtes et cintrées.

Avec ces fragmens, il n'est pas difficile de retrouver le plan original. C'était une basilique à trois nefs, terminée par une apside à cinq pans, avec des transsepts très peu saillans, et deux tours placées latéralement vers le milieu de la nef.

L'appareil est régulier, de moellons taillés, et rangés par assises parallèles.

La façade, presque dépourvue d'ornemens, a deux portes bouchées, correspondant à la nef principale, et encadrées par deux contreforts carrés très saillans sur l'alignement des piliers qui soutenaient la voûte. J'ignore si ces portes ont jamais été ouvertes. Ou cette façade n'a pas été terminée, ou bien, comme on l'observe dans beaucoup d'églises romanes, l'entrée principale était sur un des côtés de la nef. Sur la face méridionale, entre le deuxième et le troisième pilier (à partir de la façade) on voit une porte cintrée, entourée d'une riche archivolte, couverte d'ornemens bysantins d'un travail très précieux. Deux lions fort mutilés sont sculptés des deux côtés de l'archivolte, à peu près à la hauteur des impostes. Probablement autrefois cette porte était précédée par un portique avancé; car des arrachemens et des pierres saillantes, qu'on observe sur le mur, ne peuvent s'expliquer autrement. Plusieurs bas-reliefs et quelques statues ornaient ce portail autrefois; ils ont été enlevés récemment pendant la nuit, sans qu'on ait pu découvrir l'auteur de ce vol.

Au-dessus de la porte est une fenêtre cintrée dont le chambranle et l'archivolte sont également très ornés et du même style que la porte. Un œil-de-bœuf et deux autres fenêtres existent encore du même côté. Leurs archivoltes, couvertes de damiers, de palmettes, de têtes de clous, etc., reposent sur des impostes décorés de palmettes très élégantes, dont le dessin antique contraste singulièrement avec la bizarrerie des détails romans dont les chambranles sont surchargés.

Le mur septentrional paraît avoir été entièrement refait. Du moins l'appareil est de petites pierres, et il n'a point de fenêtres. Peut-être était-il adossé à d'autres bâtimens dépendant de l'abbaye.

Le diamètre des tours est précisément égal à l'intervalle entre deux piliers; elles sont carrées. La seule qui se soit conservée jusqu'à présent, bien que très lézardée, a deux étages; le premier reçoit du jour par une fenêtre cintrée entourée d'une archivolte ornée de billettes qui se prolongent le long des impostes et de la corniche. De longues et minces colonnes à chapiteaux de feuillages pseudo-corinthiens garnissaient chacun de ses angles. L'étage supérieur, plus moderne, présente deux fenêtres en ogive, surmontées d'une corniche très saillante.

L'apside est la partie la plus riche et la plus curieuse de l'église. A l'extérieur, elle est décorée de quatre grosses colonnes à feuillages imités de l'ordre corinthien, mais minces, étroits, contournés. Une corniche, très ornée, soutient un toit plat, et fait des retours en saillie au-dessus des tailloirs des chapiteaux. Bien que le style de ses ornemens soit tout-à-fait antique, il serait impossible de ranger cette corniche dans un ordre quelconque; des oves, des palmettes, des perles, y sont accumulées avec profusion; et comme on y distingue deux rangées de modillons séparées par une moulure saillante, on pourrait la regarder comme double et formée de deux corniches superposées. Quelle que soit la bizarrerie de l'ornementation, on ne peut disconvenir que l'effet général ne soit assez agréable.

A l'intérieur, cette apside n'a jamais été terminée. J'y remarque une singularité que je n'avais observée nulle autre part: à savoir, cinq niches cintrées, séparées par des colonnes dont les chapiteaux ne sont qu'épannelés: au-dessus est une voûte en cul de four, percée de trois baies très étroites.

Deux colonnes engagées supportent les retombées de l'arc décrit par l'ouverture de l'apside. Leurs chapiteaux et les impostes sont terminés.

On y verra une incontestable imitation de l'ordre corinthien, mais pourtant singulièrement modifiée par le goût du moyen-âge: par exemple, le tailloir est orné d'oves ; les feuilles supérieures se recourbent en haut, et un cordon de grosses perles est substitué à l'astragale. L'imposte est aussi bizarre. Elle ressemble à une corniche, soutenue par des modillons. Enfin les angles supérieurs du chapiteau s'évasent, s'étendent considérablement, et se prolongent même sur le mur où la colonne est engagée, lequel à cet effet est creusé à la hauteur de ces angles tandis qu'il coupe le chapiteau jusqu'à celle des deux premiers rangs de feuilles.

Cette ornementation, dont les détails considérés isolément ont un caractère antique, a fait penser à quelques archéologues que cette apside avait fait partie d'un temple sur les ruines duquel l'église avait été élevée (1). L'appareil de l'apside, encore plus régulier que celui des murs, paraît confirmer cette opinion. Je ne la partage point, et je ne puis admettre qu'à aucune époque, même du Bas Empire, on se soit jamais écarté aussi audacieusement de toutes les règles classiques. Que l'architecte ait eu sous les yeux des modèles antiques, cela n'est pas douteux; mais l'ignorance de leur emploi convenable, et la confusion bizarre de tous les ornemens qu'il a copiés, me prouvent qu'il travaillait à une époque où les règles étaient oubliées, où le caprice seul et l'habileté matérielle de l'exécution étaient en honneur.

Je l'ai déjà dit : chacun de ces détails, si on l'examine à part, a une physionomie antique; l'ensemble est moderne. D'ailleurs ces oves, ces

---

(1) On appelle cette apside dans le pays le temple de Diane.

palmettes, se retrouvent dans d'autres parties de l'église, mêlées à des ornemens bysantins, et personne n'hésite à donner à ces parties une date postérieure au xe siècle. La seule différence pour l'apside, c'est que les ornemens y sont to[us] antiques, mais le travail est le même, et on reconnaît pour ainsi dire la main du même ouvrier.

Des piliers qui subsistent encore, deux sont carrés, portant trois colonnes engagées et un pilastre du côté du collatéral. Un gros pilier rond est placé entre les deux premiers. Probablement ils alternaient ainsi, et cette variété s'observe assez fréquemment dans les édifices romans. — En face de l'apside, la décoration intérieure des fenêtres est très soignée, tandis qu'à l'extérieur on voit à peine une moulure saillante. J'en suis d'autant plus porté à croire qu'il n'a jamais existé de portail proprement dit dans le mur occidental (1).

A en juger par la hauteur des fenêtres du côté méridional, comparée avec celle des piliers, je présume que les collatéraux étaient surmontés de tribunes. Les tours, ou du moins leur partie inférieure,

(1) Une partie de la muraille opposée à l'apside offre des restes de couleurs, et l'on y voit encore un ange les mains jointes peint à fresque. Il est revêtu d'une longue robe jaune et bleue, par dessus laquelle retombe une tunique, couleur d'hyacinthe. Ses cheveux sont coupés court, et ses ailes sont entourées d'une bordure de petites plumes semblables à nos marabouts.

contenaient des escaliers qui communiquaient à ces tribunes, et je crois que dans le plan primitif elles n'ont pas eu d'autre usage.

Tout ce qu'on sait de l'histoire de ce monastère, est qu'il fut fondé d'abord vers 813; que l'église fut consacrée une première fois en 873, puis une seconde en 1018, sans doute à la suite d'une restauration importante. Il est vraisemblable qu'il ne s'agit pas encore ici de l'église dont nous voyons les ruines, car en 1032, le comte de Beziers dévasta le monastère. C'est donc à partir de cette époque jusqu'à la guerre des Albigeois qu'on doit chercher la date de l'édifice que j'ai décrit. L'absence de chapiteaux historiés, la fréquence des ornemens imités de l'antique, la forme de l'apside à pans coupés, me font penser que c'est le milieu du XIe siècle, ou le commencement du XIIe, qui présente le plus de probabilités.

CARCASSONNE.

26 novembre.

Les amateurs d'étymologies ont fait dériver le nom de Carcassonne de la langue celtique : *Kaer*, ville, et *Casi*, frontière, ce qui convient à sa position sur les limites du territoire des Volces Arécomices et des Volces Tectosages.

Il y a deux villes à Carcassonne : *la Cité*, sur le haut d'une colline, encore enceinte de murailles, est la plus ancienne; la ville moderne, appelée autrefois le Bourg-Neuf, a pris plus d'importance à mesure que la tranquillité s'établissait dans le pays, et la vieille ville n'est guère habitée aujourd'hui que par de pauvres artisans. Ses rues sont irrégulières, ses maisons tombent en ruines, tandis que la ville neuve est aujourd'hui l'une des mieux bâties de France.

Je n'y ai vu qu'un seul fragment antique et j'en j'ignore l'origine. C'est un tronçon de colonne en marbre gris avec cette inscription.

PRINCIPI IVVENTVTIS M
NVMERIO NVMERIANO CAESARI
M N P I

La ville moderne ne présente rien de remarquable que deux grandes églises, la cathédrale et Saint-Vincent, toutes deux de la fin du xiii° ou du commencement du xiv° siècle. L'intérieur a été restauré complètement depuis peu d'années. La tour de la cathédrale est d'une construction hardie et élégante. Saint-Vincent paraît n'avoir jamais été terminé.

La vieille ville offre plus d'intérêt; sa double enceinte fortifiée peut fournir matière à des études importantes sur l'architecture militaire du moyen-âge. Malheureusement des réparations multipliées ont rendu très difficile de reconnaître et de classer les constructions successives exécutées sans doute à des intervalles peu éloignés. Pourtant deux époques bien distinctes ne peuvent échapper à l'œil le moins exercé.

Cinq tours de l'enceinte intérieure et la courtine qui les unit, sont bâties à petit appareil, de pierres carrées, entremêlées avec des assises de larges briques. Quelques-uns les regardent comme une construction romaine; d'autres comme un ouvrage des derniers rois visigoths: cette opinion me paraît la plus probable (1), bien que le parement de ces tours ait les plus grands rapports avec l'appareil romain, surtout pour les dimensions et la coupe des pierres. Mais on observe que la couche de mortier qui les sépare est beaucoup plus épaisse que dans les édifices romains. De plus, le parement n'est pas vertical, mais le haut du mur est sensiblement en retraite sur sa base, en sorte

(1) C'est celle qu'a émise M. le marquis de Castellane (2ᵉ vol. des Mémoires de la Société archéologique du midi de la France). Voir le plan de la cité de Carcassonne annexé à ce Mémoire.

que les tours représentent un cône tronqué. Tout porte à croire que les Goths établis dans la Gaule durent adopter la manière de bâtir des Romains, et il n'est pas extraordinaire que leurs constructions se ressemblent.—Au sommet de ces tours, on voit une rangée de trous carrés, séparés par une seule pierre, qui semblent n'avoir pu servir qu'à mettre à couvert des sentinelles, car le diamètre des baies ne permettrait pas de s'en servir pour lancer des traits.

Le reste de l'enceinte intérieure, ainsi que le château, paraît appartenir au XIIIe siècle, à l'exception d'une tour carrée fort élevée, qui présente quelques ornemens romans et des ouvertures cintrées; je la crois du XIe ou du XIIe siècle. Quant à l'enceinte extérieure, plus basse que la première, elle est, suivant toute apparence, postérieure à celle-ci, et je doute qu'elle ait été tracée avant la fin du XIIIe siècle. — Du côté du levant, une grande porte gothique en bossage (porte Narbonnaise) forme à elle seule comme une bastille indépendante; j'ai déjà eu occasion de faire remarquer ce système de défense des portes principales. — Le fossé large, avec un parement en talus, ne règne que du côté où l'escarpement de la colline n'est pas suffisant pour empêcher l'assiégeant de s'approcher au pied du rempart. — En général la base des tours est plus large que leur couronnement; mais ce n'est point une règle constante. Les tours les plus anciennes sont semi-circulaires, et fermées à la gorge par un mur droit, tandis que les autres sont rondes ou bien ouvertes à la gorge. Le diamètre des dernières est aussi plus grand, et j'estime qu'elles pourraient contenir le double de combattans. Aucune n'a de plate-forme, mais seulement une rampe circulaire qui sans doute soutenait un plancher en bois. Peut-être, au reste, les plates-formes ont-elles été détruites avec le couronnement des tours, qui est en général très endommagé.

Dans la partie de l'enceinte que je suppose du xiiie siècle, les courtines sont beaucoup plus longues que celles que j'attribue aux Visigoths. J'y vois la preuve d'un perfectionnement des armes de jet. Avant l'invention de la poudre, les tours devaient être espacées suivant la portée des projectiles le plus en usage; or, les plus anciennes tours sont suffisamment rapprochées pour faire croire que leurs défenseurs ne lançaient leurs traits qu'avec la main. Je cherchais dans la forme des meurtrières des inductions sur la nature des armes pour lesquelles elles avaient été faites; mais j'ai reconnu bientôt qu'il était impossible d'en tirer quelque conclusion satisfaisante, car la forme de ces ouvertures a dû être changée à différentes reprises suivant les progrès de l'art de la guerre; et, en effet, la plupart des meurtrières que j'ai examinées n'ont pu servir que pour des armes à feu.

Du côté de l'occident, sur la pente qui fait face à la ville moderne, on remarque une espèce d'allée entre deux murs, qui vient aboutir au bas de la colline. On l'appelle encore *la Barbacane*. Son usage était de favoriser les sorties de l'assiégé et de permettre à ses postes avancés de se replier facilement dans la place.

La solidité de ces vieilles murailles est extraordinaire. Une des tours a été ruinée probablement par l'effet d'une mine, telle qu'on les faisait avant l'invention de la poudre, c'est-à-dire en pratiquant sous les murailles une excavation qu'on soutenait par des arcs-boutans de bois auxquels on mettait le feu. En se réduisant en cendres, ils entraînaient la ruine des constructions au-dessus. Cette tour s'est fendue en deux morceaux seulement dont l'un est tombé tout d'une pièce. —Voici ce qu'on raconte à cette occasion : Charlemagne assiégeait inutilement Carcassonne depuis plusieurs années Vainement ses preux avaient essayé d'y planter leurs bannières. Pourtant toute la garnison se composait d'une seule femme sarrazine, nommée Carcas ; mais elle courait d'une tour à l'autre avec une agilité surprenante, décochait une flèche d'un côté, lançait un javelot d'un autre; il semblait qu'une armée nombreuse défendît les remparts. L'espoir restait de prendre la place par famine, mais Carcas avait deviné le projet des assiégeans. Elle jeta dans le fossé un cochon (1) gorgé de maïs, et les Français, concluant que la garnison avait des vivres en abondance, se disposèrent à lever le siége. Ils auraient abandonné la ville en effet, si par un miracle une tour, c'est celle dont je parlais tout à l'heure, ne se fût inclinée devant Charlemagne, le saluant comme pour rendre hommage à l'empereur d'Occident.—Le portrait de l'héroïne se voit encore auprès de la porte Narbonnaise. C'est une grande figure très grossièrement sculptée, coiffée d'une espèce de bonnet orné d'ailes et de guirlandes. Je ne sais trop de quelle époque (2) est ce buste informe que les enfans appellent *madame Carcasse*. Sur le socle on lit : SVM CARCAS.

Au centre de la ville, est un puits très profond et d'un grand diamètre, ouvrage des rois goths, dans lequel, suivant la tradition, ils jetèrent leurs trésors. Sa construction ne présente d'ailleurs rien de particulier. Je ne sache pas qu'on ait jamais essayé de vérifier si les trésors y sont encore.

L'église de Saint-Nazaire, au milieu de la Cité,

---

(1) Le cochon dans une ville sarrasine est mal inventé; mais on ne connaissait pas encore la couleur locale.

(2) Probablement au XVIe siècle.

est de deux époques distinctes : la nef est romane, et le chœur gothique.

L'appareil de la nef est assez régulier, de moëllons taillés; on y entre par une porte placée sur le côté gauche; ses archivoltes cintrées ornées de boudins, ses colonnes à chapiteaux historiés, indiquent le milieu du XIIe siècle. La porte qui fait face à l'apside est bouchée depuis long-temps, et quelques constructions modernes ne m'ont pas permis de l'examiner de près.

L'église a trois nefs divisées par des piliers gros et massifs, dont les uns sont cylindriques, les autres carrés avec des colonnes engagées sur leurs quatre faces; il y a dans chaque rangée quatre piliers carrés et deux cylindriques. Les chapiteaux des colonnes représentent différentes espèces de feuillages bizarres assez mal exécutés; un seul porte des oiseaux. J'ai observé déjà que, dans les chapiteaux romans, l'imitation de la nature végétale avait précédé celle des animaux et des formes humaines. Les chapiteaux des piliers paraissent représenter comme le couronnement de tours. Deux ou trois quarts de rond empilés, très saillans et chargés de moulures, de damiers, de palmettes, reposent sur une espèce de couronne de modillons; l'aspect en est assez agréable.

Les voûtes des collatéraux sont cintrées; celle de la nef principale est en ogive, affectant un peu la forme en fer à cheval de l'ogive sarrasine.

L'ancienne église romane se terminait sans doute autrefois aux derniers piliers de la nef, et sa forme était celle d'une basilique. Des transsepts et une apside gothiques y ont été ajoutés. Deux piliers, formés de colonnettes en faisceau, s'élèvent sur l'alignement de ceux de la nef; derrière et le long des murs orientaux des transsepts, de longues colonnes gothiques isolées, minces et grêles, s'élèvent jusqu'à la voûte, mais ne servent qu'à l'ornement, car elles sont trop délicates pour rien ajouter à la solidité (1).

Deux roses très belles brillent à l'extrémité des transsepts; leurs meneaux sont formés par des combinaisons de l'ogive, trèfles et quatre-feuilles. Il en est de même des fenêtres longues et étroites de l'apside, qui semblent tout à jour, tant elles sont rapprochées. Les vitraux, médiocres sous le rapport du dessin, sont remarquables par la vivacité et l'harmonie de leurs couleurs; l'effet général est admirable.

L'apside, à l'extérieur, est entourée par un rang de modillons représentant des têtes de femme. L'emploi de têtes saillantes, si fréquent à la période

---

(1) L'architecture de cette portion de l'église contraste fortement par sa grace et sa légèreté avec la pesanteur de la nef romane. Rien de plus gracieux que ces sveltes colonnettes des transsepts, comparées aux piliers massifs de la nef.

romane, est rare, au contraire, dans l'architecture gothique; sous ce rapport, cet ornement mérite d'être cité (1).

Saint-Nazaire, je dis l'ancienne église, a été consacrée, en 1096, par le pape Urbain II. La nef et les collatéraux actuels appartiennent évidemment à cette époque, à l'exception de la porte latérale, dont l'ornementation, quoique toute romane, me paraît postérieure à celle de l'intérieur. Quant à la voûte, sa forme en berceau ne permet pas de supposer qu'on l'ait construite à l'époque où les transsepts gothiques ont été bâtis. Il faut admettre de toute nécessité, ou qu'elle est de construction primitive, ou bien qu'elle date du xiie siècle, peut-être du même temps que la porte latérale. Ce qui me confirme dans cette opinion, c'est que le fronton de la façade a été exhaussé, comme le prouve une différence notable dans l'appareil. Une réparation a donc eu lieu, et il est probable qu'elle a eu pour objet de donner une voûte à l'église qui peut-être, au temps d'Urbain II, n'était couverte que par un toit en charpente.

On trouve dans la *Gallia christiana* l'extrait

---

(1) On montre, à côté du maître-autel, une dalle de marbre rouge et blanc sur laquelle, dit-on, fut déposé, pendant quelque temps, le corps de Simon de Montfort, tué devant Toulouse en 1218. Malheureusement pour la tradition, cette partie de l'église n'existait pas encore.

d'un acte de donation faite à Saint-Nazaire par le roi de France, en 1269, d'une portion de terrain destinée à construire le nouveau chœur. Mais il ne paraît pas que les travaux aient commencé immédiatement, puisque ce fut l'évêque Pierre, de Rochefort, qui bâtit ce chœur. Il fut nommé, en 1299, au siége de Carcassonne, et mourut en 1321.

Dans la muraille d'une des chapelles latérales, ajoutées à la nef, on voit un bas-relief fort curieux, quoique d'un travail grossier, représentant l'attaque d'une place forte. La forme des boucliers terminés en pointe, les armures de mailles, un soldat armé d'une arbalète (1), paraissent convenir au commencement du xiiie siècle. On peut y trouver des renseignemens curieux sur l'art des siéges à cette époque. L'assaillant essaie de forcer les barrières extérieures d'une ville à double enceinte. Tandis qu'une partie de la garnison se défend derrière les palissades, l'autre lance des traits du haut du mur; quelques-uns font jouer une machine, dont la forme m'était inconnue. C'est un châssis semblable à une porte, au milieu duquel est ajustée une longue poutre, de manière à se mouvoir dans

(1) L'arbalète a été adoptée assez tard en France. Un pape l'excommunia en 1131. Ce n'est guère qu'au xiiie siècle qu'elle devint d'un usage général. Les Génois et les Catalans s'en servirent les premiers.

un plan vertical, en jouant sur un axe implanté dans le châssis. A l'extrémité de la poutre, dirigée du côté de l'ennemi, est une traverse à laquelle est attaché un grand nombre de cordes ; l'autre extrémité porte un boulet rond, suspendu à une chaîne. Un soldat à genoux sur une petite plateforme est représenté au moment où il accroche le boulet. Au-dessous, un grand nombre d'hommes tiennent les extrémités des cordes de la traverse, et se préparent à les tirer à eux avec force. On conçoit qu'alors l'autre extrémité de la poutre décrira rapidement un arc de cercle, et lancera le boulet comme ferait une fronde. Cette machine me paraît d'ailleurs bien inférieure à la catapulte, dont la cuiller est engagée entre des cordes tordues, qui lui impriment un mouvement violent quand on leur permet de reprendre leur position naturelle (1).

RIEUX-MÉRINVILLE. (2)

L'église de Rieux (arrondissement de Carcassonne), doit être comptée au nombre des monu-

(1) Voir, dans les Mémoires de la Société archéologique du Midi, les conjectures ingénieuses du savant M. Dumège, pour l'explication de ce bas-relief.

(2) Je dois la plupart des détails qu'on va lire à l'obligeance de

mens les plus curieux du midi de la France. Son plan intérieur est un polygone de quatorze côtés, inscrit dans un cercle, mais dont les angles ne sont pas sensibles à l'extérieur. Son diamètre est de cinquante-quatre pieds. Au milieu s'élève une coupole légèrement ovoïde, soutenue par sept arcades cintrées, disposées circulairement, et formant une enceinte intérieure ou un chœur, dont le diamètre égale la moitié du diamètre total de l'église. L'espace compris entre la première et la seconde enceinte, que l'on peut considérer comme la nef ou les bas-côtés du chœur, est couvert d'une voûte décrite par un quart de cercle, qui sert d'arc-boutant aux murs du chœur. Chaque côté du grand polygone intérieur est décoré d'une arcade bouchée, soutenue par des colonnes engagées dans les angles du mur d'enveloppe. Il y a de la sorte quatorze arcades et autant de colonnes. Au-dessus des arcades règne une corniche peu saillante et sans ornemens. Trois fenêtres cintrées, percées un peu au-dessus de la corniche, étroites à l'extérieur, s'élargissant au-dedans, jettent dans cette partie de l'église une clarté insuffisante. Une quatrième fenêtre m'a paru toute moderne. Les colonnes engagées ont

---

M. Tournal fils, de Narbonne, secrétaire de la Société archéologique de Narbonne, avec lequel j'ai visité l'église de Rieux, et qui, à ma prière, a bien voulu en faire un plan et des dessins.

sept à huit pieds de haut; et leur base, composée de deux tores inégaux séparés par une scotie, a beaucoup de rapport avec la base attique. Quant aux chapiteaux, tous variés, ils sont d'un fini merveilleux. La plupart sont ornés de feuillages élégans, quelques-uns de masques ou même de figures appartenant aux meilleurs temps de la sculpture bysantine. D'autres offrent une imitation heureuse et assez fidèle des feuilles d'acanthe du chapiteau corinthien. Les tailloirs carrés sont également couverts d'ornemens variés et d'une grande richesse.

L'arcade située exactement à l'orient est plus ornée que les autres; son archivolte repose sur huit consoles couvertes de palmettes très délicatement travaillées. Au milieu de la partie du mur enfermée par l'arcade on voit une petite niche cintrée, avec deux moulures continues tout autour. C'est là évidemment ce qui remplace l'apside dans une église circulaire. On observera que les colonnes qui supportent cette arcade sont plus élégantes que les autres, et que leurs chapiteaux appartiennent à l'ordre corinthien presque pur.

Les arcades du chœur ou enceinte intérieure, portent sur sept piliers, quatre carrés ou plutôt prismatiques, et trois cylindriques hauts d'une vingtaine de pieds, en comptant la base qui est semblable à celle des colonnes engagées, et leur socle qui est octogone. Les premiers n'ont qu'une espèce de tailloir, les autres des chapiteaux à feuillages ou historiés.

A différentes époques, on a ajouté une sacristie et des chapelles gothiques autour de l'église, communiquant avec elle par les arcades du mur extérieur, qu'on a percées pour en faire des portes. Les deux portes du plan primitif sont encore facilement reconnaissables. La première, et la plus ornée, qui, je crois, a été la principale, est opposée à la niche qui sert d'apside; aujourd'hui, elle conduit à une chapelle moderne. Elle est ornée extérieurement de huit colonnes engagées; quatre de chaque côté, soutenant autant d'archivoltes concentriques et en retraite à mesure qu'elles décroissent de diamètre. Sur ces archivoltes et sur les chapiteaux on trouve réunis tous les ornemens les plus riches du style bysantin. Il faut renoncer à les décrire, comme à essayer de donner une idée de la perfection des ciselures, de la délicatesse et du fini du travail.

Au S.-E., une autre porte s'ouvre dans le jardin du presbytère; elle est dans le même style, et également très ornée.

L'appareil de l'église est remarquable par sa régularité et le parallélisme des assises.

Le clocher, médiocrement élevé, et placé au-dessus de la coupole du chœur, est à sept pans, sur chacun desquels on a pratiqué deux fenêtres étroites en plein cintre. Quant aux chapelles gothiques, quelques-unes sont assez remarquables par leurs détails, mais on ne peut se défendre d'un sentiment de mauvaise humeur contre ceux qui, en les bâtissant, ont altéré le caractère original de la construction primitive. A en juger par la différence de style, on peut leur assigner des dates différentes dans une période comprise entre le XIII° et le XV° siècle.

Je n'ai pu découvrir aucun document historique, ni recueillir aucune tradition sur l'origine de l'église de Rieux. Sa forme circulaire, et quelques-uns de ses détails, lui donnent une grande ressemblance avec l'église du Temple de Londres, et il serait intéressant de rechercher si elle a été construite en effet pour une commanderie de cet ordre.

Les églises circulaires, ou dont le plan est un polygone inscrit dans un cercle, sont fort rares en France. En général, elles paraissent avoir été bâties à l'imitation du Saint-Sépulcre de Jérusalem, et c'est probablement pour cette ressemblance que les Templiers ont souvent adopté cette forme. Je ne pense pas pourtant que l'on doive leur attribuer toutes les églises construites de la sorte.

TOULOUSE.

Décembre.

L'approche de l'hiver, la brièveté des jours, et des pluies continuelles, m'obligeaient à terminer ma tournée, qui durait déjà depuis quatre mois; je quittai Carcassonne au commencement de décembre, pour me rendre directement à Toulouse.

Le musée créé par la société archéologique, et qui prend chaque jour plus d'importance, grâce au zèle de ses administrateurs, est sinon le plus riche, du moins le plus complet que l'on puisse trouver en France. On y peut lire l'histoire entière de l'art, dans une collection non interrompue de monumens de tous les styles depuis l'ère gallo-romaine, jusqu'aux gracieuses fantaisies de la Renaissance.

Je n'essaierai pas, après le savant M. Dumège, à qui l'on doit tant d'intéressantes notices sur le musée de Toulouse, de décrire les richesses qu'il renferme, et que ses explorations ont notablement augmentées; je me bornerai à dire quelques mots d'un monument dont l'origine, vivement contestée, a donné lieu récement à une polémique un peu acerbe.

Lorsque j'étais à Toulouse, le musée ne possédait encore qu'un seul des bas-reliefs trouvés à Nérac. Il offre les portraits des deux Tetricus, de Nera Pivesuvia et de Claude le Gothique; sur l'autre face est tracée une inscription relative à l'histoire des Tetricus. (*Voir* le mémoire de M. Dumège, premier volume des *Mémoires de la Société Archéologique du Midi*, page 287.) Il ne m'appartient pas de discuter ici les nombreuses questions que soulève cette inscription, ni même d'examiner ce qui dans son texte tend à la faire admettre comme authentique, ou rejeter comme suspecte. Je ne veux parler que du bas-relief que j'ai examiné avec soin et sans prévention.

Mon opinion fut, et est encore, qu'il est réellement antique. Pour faire partager mon sentiment, je n'ai d'autres titres à la confiance du lecteur que le fait d'avoir vu un grand nombre de sculptures de différentes époques, d'où il peut inférer que j'ai dû acquérir quelque discernement par la comparaison d'une multitude de caractères indéfinissables qui constituent le style d'une époque et d'une nation.

Mais comme on ne peut guère raisonner sur une impression produite par la vue d'un objet d'art, impression qui n'est jamais la même pour deux observateurs, j'ajouterai à l'appui de la mienne quelques considérations qui reposent sur des faits incontestables.

Si ce bas-relief n'est pas antique, il y a deux hypothèses entre lesquelles il faut choisir. Ou il a été fait de nos jours, ou bien du temps de la Renaissance. Je ne connais aucune autre époque où on ait cherché à fabriquer des antiques.

Dans le premier cas on doit penser que l'on a eu pour but de mystifier les personnes qui s'occupent d'antiquités; dans le second, on peut croire encore que le faussaire avait intérêt à inventer une fable relative aux Tetricus. Examinons la première hypothèse:

Je ne conteste pas le plaisir qu'une mystification peut procurer à son auteur; mais la première condition pour qu'elle soit bonne, complète, c'est qu'elle ne lui coûte pas trop de peine. Or, est-il bien probable que pour rire aux dépens d'une douzaine d'antiquaires, quelqu'un ait sculpté ou fait sculpter un grand bas-relief, qui a dû exiger beaucoup de temps, de travail, sans parler du secret qu'il est difficile de garder dans un pays où les ateliers des artistes sont assiégés d'une foule de curieux et d'oisifs. — Il faut savoir encore que ce bas-relief a coûté 300 fr. au musée de Toulouse, et qu'au rapport d'un sculpteur, M. Valois, qui l'examinait avec moi, il aurait coûté dix fois plus à celui qui l'aurait fabriqué. Il me semble qu'un homme qui dépense mille écus et passe six mois à sculpter un faux antique, n'aurait pas trop bonne grace à faire rire quelques savans aux dépens de leurs confrères qui se seraient trompés. Il sera lui-même fort ridicule aux yeux du public qui n'examinera que la question d'argent. J'ajouterai enfin que ce bas-relief, antique ou moderne, annonce du talent, de l'habitude, de l'adresse, qu'on ne peut l'attribuer à un amateur, et que l'imagination se refuse à supposer qu'un artiste connu se soit prêté à l'imposture.

Passons à la seconde hypothèse. Et d'abord convenons qu'au xvie siècle l'art a recherché ses modèles dans l'antiquité, qu'il a été essentiellement imitateur, et que souvent l'imitation a été heureuse et secondée par le talent. Je pourrais dire que les connaisseurs prétendent distinguer les originaux des copies, et qu'il n'y a guère d'ouvrages de la Renaissance qui ne soit reconnaissable; mais je serais obligé d'en appeler à mon jugement, à mon impression à l'égard du bas-relief. Je préfère continuer, comme j'ai commencé, par des inductions négatives.

Quel pouvait être le but de l'artiste du xvie siècle qui fabriquait un faux antique? Mystifier la postérité? Cela n'est pas admissible, et l'on a toujours réservé ces plaisanteries-là pour ses contemporains. — Gagner de l'argent en vendant cher son ouvrage? Mais dans ce cas il aurait fait une lourde faute d'aller choisir Tetricus, tyran presque inconnu, dont toute l'histoire tient dans une demi-page. Que ne faisait-il un Auguste, un Trajan, un Marc-Aurèle ou un Jules-César; il y avait bien plus à gagner, et les acheteurs auraient été plus nombreux. — Mais, dira-t-on, il est possible que quelque courtisan de la petite cour de Béarn ait voulu donner de l'importance à Nerac, en lui trouvant une existence antique, en rappelant les empereurs qui y ont résidé. Fort bien, et Tetricus est en effet le plus probable. Mais alors, comment se fait-il que la trouvaille n'ait pas été ébruitée? que le monument n'ait pas été placé en lieu honorable, que les savans du temps n'aient pas réhabilité la mémoire de Tetricus, leur compatriote? qu'on ne cite pas de sonnets, d'épîtres, de madrigaux où Henri IV ou son père soient comparés à cet empereur?

Il me semble qu'en pesant les probabilités pour et contre, on arrivera à préférer l'hypothèse que j'ai adoptée, l'antiquité du monument. Restent toujours les solécismes: les étrangetés, les invraisemblances mêmes de l'inscription; je le répète, je ne me charge ni de les expliquer, ni de les défendre. Il faut attendre du temps la solution d'une énigme que bien des circonstances rendent fort embrouillée.

Saint-Saturnin, ou Saint-Sernin, est la principale et probablement la plus ancienne église de Toulouse. Sa fondation, comme église chrétienne, remonte au ve siècle. Charlemagne la restaura ou la reconstruisit au viiie. Détruite de nouveau, puis rétablie encore, elle fut consacrée en 1096. Telle est, je crois, la date des parties les plus anciennes de ce monument.

Son plan forme une croix latine terminée à l'orient par un groupe de neuf chapelles semi-circulaires, dont cinq adossées à l'apside, et quatre aux transsepts. L'apside paraît au-dessus de ces chapelles, dominée elle-même par les murs de la nef principale. Toutes ces constructions semblent servir de base à une haute tour. De cet ensemble résulte une disposition pyramidale des plus heureuses, qui frappe de loin le spectateur. S'il se rapproche, il admirera l'ornementation simple mais élégante des corniches et des archivoltes des fenêtres; malheureusement, une sacristie moderne appliquée à l'extérieur du transsept de droite, en détruisant la régularité et la correspondance des différentes parties de ce groupe, nuit un peu à l'effet général. En outre, une restauration bien fâcheuse, qui a couvert les murs d'une couche de plâtre, empêche l'œil de saisir facilement les détails de l'ornementation en pierres sculptées, qui autrefois se détachaient harmonieusement sur la teinte riche et foncée des briques qui forment la masse des murs.

Le portail occidental a été restauré ou plutôt complètement défiguré. Deux portes latérales, dans le mur méridional de l'église, offrent des détails assez curieux et assez bien conservés. Celle qui s'ouvre à l'extrémité du transsept droit est remarquable par ses chapiteaux historiés qui représentent les châtimens réservés en enfer aux sept péchés capitaux. A en juger par le style des sculptures, je serais tenté de croire ce portail de la fin du xiie siècle ou peut-être même du commencement du xiiie.

Saint-Sernin est du très petit nombre d'églises divisées en cinq nefs par quatre rangées de piliers. Malheureusement au xive siècle, lorsqu'on a élevé la tour, à l'entrée du chœur, il a fallu renforcer quatre piliers pour en soutenir le poids énorme et former des massifs qui produisent une espèce d'étranglement dans la nef principale, lui ôtent une partie de sa grandeur et l'isolent désagréablement du reste de l'église. Les colonnes engagées dans les piliers qui font face à la nef, portent des chapiteaux à feuillages fort simples et médiocrement sculptés. Quant aux piliers des collatéraux, ils ont sur leurs faces des pilastres sans chapiteaux et terminés seulement par des tailloirs à moulures. Toutes les voûtes sont cintrées avec des arcs doubleaux dépourvus d'ornemens.

Au-dessus des collatéraux règnent de larges tribunes qui font le tour de l'église. Les colonnes géminées qui soutiennent leurs arcades sont plus riches d'ornemens, et leurs chapiteaux bysantins se font souvent remarquer par la délicatesse du travail. Quelques-uns n'ont pas été achevés, et la ciselure paraît avoir été remplacée par des ornemens peints.

Au-dessous du chœur est une crypte d'un style tout différent du reste de l'église. Sa voûte ogivale surbaissée, couverte de nervures prismatiques retombant sur des colonnes sans chapiteaux, indique une construction du xv° siècle.

Le clocher, moderne relativement au reste de l'édifice, a été élevé dans le xiv° siècle avec l'intention évidente de se conformer au style général de la construction primitive. Les fenêtres cintrées, ornées d'archivoltes à boudins, d'autres ouvertures en forme de mitre, lui donnent l'apparence d'une construction plus ancienne : et c'est en effet une singularité qu'il faut noter, qu'une addition aussi importante exécutée dans un système abandonné depuis deux siècles. Je ne connais pas d'autre exemple d'une restauration aussi bien entendue, et les architectes de notre temps devraient prendre exemple sur cette scrupuleuse exactitude à éviter des contrastes de style dont l'effet est presque toujours désagréable à la vue.

Dans le soubassement du chœur, on remarque plusieurs bas-reliefs, représentant des anges et des saints en marbre, encastrés à l'époque de sa reconstruction, et qui proviennent, dit-on, de l'église carlovingienne. Les monumens de cette époque sont si rares, que si cette tradition était authentique, ils auraient une immense importance. J'avoue que rien à mes yeux ne les distingue des ouvrages des xie et xiie siècles. La maigreur des draperies, la raideur des membres, les broderies et les joyaux prodigués sur les habits, conviennent parfaitement aux sculptures de cette époque. Si elles appartenaient au temps de Charlemagne, il faudrait croire que, depuis ce grand homme, la sculpture est demeurée stationnaire.

On a transporté dans le musée deux autres bas-reliefs, auxquels on donne la même origine, mais dont l'exécution est notablement différente. Ils faisaient partie, dit-on, d'un calendrier qui décorait le portail de Saint-Sernin, à l'époque de Charlemagne, et qui fut détruit pendant la guerre des Albigeois, à l'exception de ces deux fragmens, dont la conservation est d'ailleurs aussi parfaite que possible.

Ce sont deux figures de femme, tenant sur leurs genoux, l'une le Bélier, l'autre le Lion. Le nom de chaque signe est écrit à côté, et sur le fond d'un de ces bas-reliefs, on lit cette inscription : *Hoc factum est in tempore Julii Cæsaris* (1). Les lettres disposées dans les parties lisses se suivent, tantôt de gauche à droite, tantôt de haut en bas, suivant la largeur du fond. Cette manière de disposer les lettres convient bien à l'époque carlovingienne; mais on ne peut y voir un indice suffisant pour la caractériser, car plusieurs siècles après, on trouve des inscriptions semblablement gravées.

Je remarque la longueur de ces figures et la gracilité de leurs membres; c'est une exagération évidemment faite par parti pris, et qui s'est reproduite à la Renaissance, mais modifiée par les progrès de l'art. Les têtes sont petites, allongées, les visages étroits, et suivant l'expression vulgaire, *pris entre deux portes*. A cet égard on observera une différence sensible entre ces bas-reliefs et les sculptures du xiie siècle, où la proportion des têtes, par rapport à l'ensemble, est d'ordinaire un peu trop forte. Les draperies, collantes comme dans les monumens bysantins, offrent cependant des plis plus larges, indiquant des étoffes d'une autre nature que celles qui étaient en usage de 1000 à 1200. Enfin, je ne trouve pas cette pro-

(1) On ne doit pas supposer que l'intention du sculpteur ait été de faire croire que ces figures avaient été faites avant l'ère chrétienne, mais plutôt de rappeler la fixation du calendrier par Jules-César.

fusion de broderies et de perles, où l'on s'est complu pendant la période romane. En un mot, les figures du Musée, réputées carlovingiennes, sont travaillées d'une manière plus large, moins minutieuse, que celles que nous présentent les monumens des xi° et xii° siècles. — Une dernière considération vient à l'appui de l'origine qu'on leur attribue: Louis-le-Débonnaire a régné long-temps en Aquitaine, et il est probable que sa présence y attira les meilleurs artistes de son temps. — Toutefois les légères différences que j'ai signalées ne forment que des présomptions insuffisantes pour établir une opinion à l'égard de ces sculptures, et j'avoue que leur date me paraît toujours extrêmement incertaine.

L'église cathédrale, Saint-Etienne, est un bel édifice gothique ajouté à une nef romane de la fin du xii° siècle. Elle a été décrite par M. d'Aldéguier, dans un mémoire étendu, auquel je ne puis que renvoyer mes lecteurs (*Mém. de la Société arch. du Midi*, t. I.).

Un autre monument intéressant de la période romane, est un tombeau à côté de la façade de Saint-Pierre, église qui sert aujourd'hui de dépôt d'armes à l'arsenal de Toulouse. Le cercueil en pierre est placé dans une niche pratiquée dans un mur, élevée de sept à huit pieds, cintrée par en haut, et divisée par trois arcades, également cintrées, reposant sur des colonnettes à chapiteaux romans. Le travail de ces chapiteaux est remarquable et paraît fort ancien. Leur forme se rapproche de celle d'une pyramide renversée, arrondie sur les angles, et leurs ornemens, au lieu d'être sculptés en saillie, sont taillés dans le bloc et cernés par un trait profond qui en fait ressortir les contours. On y remarque des griffons et des feuilles bizarres. C'est le commencement du caprice bysantin mêlé avec un souvenir récent d'un des attributs symboliques que l'on retrouve fréquemment dans les monumens antérieurs à l'établissement du christianisme. Aucune inscription ne rappelle le nom de la personne à laquelle ce tombeau a été élevé, mais on pense que c'est celui d'une comtesse de Toulouse, fondatrice de l'église de Saint-Pierre au commencement du xiie siècle.

Plusieurs maisons du xvie siècle sont remarquables par l'élégance de leur architecture. L'une des plus célèbres, près du pont de la Garonne, est attribuée au Primatice. La régularité classique de cet édifice contraste, ce me semble, assez malheureusement avec la disposition du terrain. La cour intérieure n'est pas carrée, et ce défaut paraît plus sensible par l'opposition avec les lignes sévères de la façade. Il me semble, en effet, que le style classique admet difficilement des transactions, et que le plus petit manque d'uniformité y devient un défaut que l'œil le moins exercé saisit aussitôt. J'aime mieux les détails capricieux de l'hôtel de Catelan, construit par Bachelier, et surtout une maison du même style dans la rue du Vieux-Raisin. Les chambranles des fenêtres sont décorés d'une multitude de petites compositions, agréablement variées, qui, malgré la différence de leurs motifs, conservent entre elles une harmonie gracieuse. De loin, le spectateur embrasse d'un coup d'œil l'ensemble de la décoration et en admire la richesse; de près, il se plaît à regarder chaque détail, à en étudier la finesse et la fantaisie. Je ne saurais mieux comparer cette charmante architecture qu'aux jolis tableaux des maîtres flamands, à ceux de Terburg par exemple. Tout d'abord l'œil est attiré par une couleur suave, par une douce harmonie de tons; puis, un examen prolongé fait apercevoir tous les accessoires également rendus, sans que leur perfection nuise en rien à l'effet général.

L'hôtel bâti par le Primatice a le défaut, suivant moi, de présenter des membres d'architecture trop grands, trop sévères pour une maison particulière. Les trois ordres s'élevant l'un au-dessus de l'autre dans sa façade, conviendraient bien à un palais où logerait une grande cour. Pour un particulier, et même pour un seigneur puissant, il faut rechercher plutôt l'élégance que la grandeur. L'appropriation du style à la destination d'un édifice, est une des plus grandes difficultés de l'architecture, celle qu'on a le plus rarement résolue avec bonheur. Sous ce rapport plusieurs maisons de la rue du Temple, l'hôtel de Clary, l'hôtel de Catelan (1), sont des chefs-d'œuvre de bon goût qu'on ne saurait trop louer ni trop étudier.

ALBY, CASTELNAU.

Saint-Salvi est la plus ancienne église de la ville, mais des réparations, quelques-unes très modernes, en ont complètement altéré le caractère. Les parties les plus anciennes m'ont paru appartenir au commencement du XII° siècle. Ainsi, l'étage inférieur de la tour carrée, les apsides des collatéraux, et quelques piliers de la nef, voilà, je crois, tout ce qui reste de la construction primitive. Vers le XIV° siècle une grande restauration a eu lieu; enfin

---

(1) M. Dumège l'a décrite dans une notice insérée dans le premier volume des *Mémoires de la Société archéologique du Midi*.

au XVIIe la plus grande partie des voûtes a été complètement refaite.

Dans le principe Saint-Salvi fut bâti en pierres, mais la plupart des réparations ont été exécutées en briques, matériaux d'un usage à peu près général dans une circonscription qui s'étend de Toulouse à Alby. Il ne paraît pas d'ailleurs que l'ancienne église fût fort remarquable par son architecture. Les piliers romans qui subsistent encore sont médiocres (1) et la tour n'offre presque aucun ornement.

Au midi est un cloître, ou plutôt une assez longue galerie qui n'est point parallèle aux murs de l'église. Les colonnes sont doublées, de marbre blanc, et surmontées d'un entablement très orné, assez élevé, comme dans la plupart des cloîtres romans, où les retombées des cintres s'appuient rarement sur les tailloirs des chapiteaux. Les arcades sont cintrées; deux seulement sont tri-lobées et encadrées par un fronton garni de crosses ou crochets. Les feuillages des chapiteaux s'approchent déjà beaucoup du style gothique, et le caractère général de l'ornementation indique une époque de transition entre le XIIe et le XIIIe siècle. La voûte n'a jamais été terminée et la galerie n'est couverte que d'un toit grossier en planches.

(1) Sur un de ces chapiteaux, on voit un pape emporté par des diables. N'y a-t-il pas là quelque trace de l'hérésie albigeoise?

Un tombeau du XIII⁰ siècle, assez élégant, est appliqué contre la muraille méridionale de Saint-Salvi; l'inscription n'étant plus lisible, je n'ai pu apprendre pour qui on l'avait élevé. Tout auprès on voit les restes d'une fresque, mais tellement défigurée par la pluie et le temps, qu'il est impossible de distinguer ce qu'elle représente.

Sainte-Cécile, cathédrale d'Alby, est bâtie presque entièrement de briques. Sa construction a duré depuis la fin du XIII⁰ siècle jusqu'après le XVI⁰. De loin, ses murs épais, flanqués, de distance en distance, de contreforts semi-circulaires (1), sa tour dont la masse énorme s'élève à plus de cent pieds au-dessus de la nef, lui donnent l'aspect d'une forteresse. D'ailleurs aucun ornement n'annonce une église, et à l'extérieur la bizarrerie de sa forme n'est pas rachetée par son élégance. Elle n'a point de façade, et la tour dont j'ai parlé occupe toute la partie occidentale de la nef. L'entrée principale est au midi, et comme l'église est bâtie sur une hauteur assez escarpée, le niveau de la rue de ce côté est de plus de trente pieds plus bas que le pavé de l'église.

---

(1) Je ne connais en France que ce seul exemple de contreforts semi-circulaires. Ils sont incontestablement de construction primitive. Probablement l'architecte, se défiant de la solidité de ses matériaux (la brique), aura voulu éviter les angles saillans qui sont les premiers à se détériorer.

Un escalier d'une quarantaine de marches conduit à une plate-forme sur laquelle s'élèvent à une grande hauteur des arcs gothiques travaillés à jour avec un fini admirable; cela forme une enceinte à ciel ouvert, et tient lieu de porche. L'imagination ne peut rien concevoir de plus élégant, de plus gracieux que ces ogives flamboyantes, ces trèfles, ces meneaux d'une légèreté inouïe, véritable dentelle de pierre. C'est un ouvrage de la fin du xive siècle; on le doit à Dominique de Florence, et je ne crois pas qu'il existe ailleurs une construction aussi considérable et en même temps plus délicate. C'est un miracle que sa parfaite conservation.

Si j'ai loué sans réserve l'exécution de ce chef-d'œuvre de patience et d'adresse, je ne puis m'empêcher de trouver sa conception tout-à-fait absurde. A quoi cela sert-il en effet? et pourquoi ce travail prodigieux? En architecture le but précis, l'utilité évidente de chaque partie doit frapper le spectateur au premier abord. Ici on voit avec peine employer un grand artiste et une ornementation admirable à un objet non seulement inutile, mais qui aurait pu être utile. En effet, un porche est nécessaire à une église; on aime à s'y recueillir un instant avant d'entrer dans la nef; on y habitue ses yeux, par une transition ménagée, à l'obscurité mystérieuse du temple. Mais ces capricieux meneaux n'abritent ni de la pluie, ni du soleil, ni du vent. Ces riches arcades sont là pour se faire admirer, voilà tout; je les voudrais ailleurs. Cette enceinte à jour, ces filigranes de pierre, avec leur incontestable élégance, malgré leur parfaite conservation, me présentent l'apparence d'une ruine, d'un bâtiment dont les murs crevassés subsistent encore; ou si l'on veut d'une décoration d'opéra, mais d'une décoration vue de la coulisse.

J'ai été sévère pour l'extérieur de la cathédrale; à l'intérieur, je n'aurai guère que des éloges à donner. La voûte, très élevée et d'une étonnante hardiesse, est ornée d'admirables peintures qui se détachent sur un fond d'azur et d'or. D'autres fresques aussi remarquables décorent les chapelles latérales. Au milieu du chœur, un jubé magnifique reproduit les formes gracieuses de l'enceinte de la plate-forme. La sculpture du XVe siècle y a épuisé tous ses délicieux caprices, toute sa patience, toute sa variété. On passerait des heures entières à considérer ces détails gracieux et toujours nouveaux, à se demander avec un étonnement sans cesse renaissant, comment on a pu trouver tant de formes élégantes sans les répéter, comment on a pu faire, avec une matière fragile, une pierre dure et cassante, ce que de nos jours on oserait à peine tenter avec du fer ou du bronze.—Je n'aime pas les jubés: ils rapetissent les églises; ils me font l'effet d'un grand meuble dans une petite chambre. Pourtant celui de Sainte-Cécile est si élégant, si parfait de travail, que, tout entier à l'admiration, on repousse la critique, et que l'on a honte d'être raisonnable en présence de cette magnifique folie (1).

L'autel, qui doit figurer à l'extrémité du jubé, n'est point encore construit. C'est M. Robelin, l'un de nos jeunes architectes les plus distingués, dont le projet doit être mis à exécution. Non seulement l'ornementation qu'il a proposée, est parfaitement en harmonie avec l'élégante décoration du xve siècle, qu'elle doit compléter, mais la forme même de l'autel est heureusement calculée pour ne masquer aucune partie du jubé. C'était un problème difficile à résoudre, et M. Robelin s'en est tiré avec un rare bonheur. Puisse-t-il trouver des ouvriers aussi habiles que ses devanciers, les premiers architectes de Sainte-Cécile.

Les murailles de l'église sont entièrement peintes à l'intérieur, depuis la voûte jusqu'au pavé. J'ai déjà parlé des fresques magnifiques de la

---

(1) On y remarquera quelques incorrections singulières. Par exemple, les frontons aigus qui surmontent les parois latérales du jubé à l'intérieur et à l'extérieur, ne se correspondent pas. — Les statues peintes, qui font face aux bas-côtés, sont courtes et grosses. Je les crois assez modernes. Je n'aime pas non plus les clés pendantes sous la tribune et les culs-de-lampe coupés carrément à leur extrémité.

voûte, ouvrages d'artistes italiens attirés à Alby par la munificence de Louis d'Amboise (neveu du cardinal George d'Amboise). A l'exception de quelques chapelles latérales où sont représentés plusieurs sujets de la vie de Constantin et de sainte Hélène, et d'une partie du mur occidental, où étaient figurés les tourmens et les récompenses de l'autre vie, tous les murs sont peints par grands compartimens de différentes couleurs, combinées de cent manières différentes, et formant comme une espèce de grande mosaïque. L'effet général est certainement préférable à l'uniformité de teinte que présentent nos églises, pourtant les couleurs sont ternes et assez mal choisies. On a voulu imiter du marbre, et l'imitation n'a pas été heureuse. De loin on croirait voir une grande tenture d'indienne (1).

La tour, placée à l'occident et haute de deux cent quatre-vingt-dix pieds, est la masse de briques la plus considérable que l'on connaisse, si l'on excepte les pyramides informes de l'Amérique septentrionale. Dans la construction primitive, elle

(1) C'est une opinion généralement reçue à Alby que les bleus de ces fresques sont faits avec du pastel. Je me suis assuré que c'était du cobalt qu'on a employé.—Sous la couche même de mortier qui reçoit la fresque, on trouve un badigeon blanc sur une autre couche de mortier plus ancienne, qui recouvrait les voûtes avant l'avénement au siége épiscopal de Louis d'Amboise. 1502-12.

était massive jusqu'à une très grande hauteur. L'archevêque Charles de la Berchère fit creuser dans sa base solide une vaste chapelle. Cette excavation ne paraît pas avoir porté atteinte à la solidité de l'édifice, mais elle a entraîné la destruction de peintures curieuses que j'ai citées tout à l'heure. Il en reste encore quelques fragmens très noirs représentant les châtimens des péchés capitaux, l'avarice, la gourmandise, la luxure, etc. Chacun de ces tableaux est accompagné d'une légende explicative.

12 Décembre.

J'ai visité aujourd'hui le château de Castelnau, à une lieue d'Alby, reconnaissable de loin par la haute tour carrée qui domine ses fortifications. Suivant la pratique constante des ingénieurs du moyen-âge, on l'a placé au sommet d'une colline de difficile accès. Il est fort ruiné, mais le plan en est pourtant reconnaissable. L'enceinte suit le périmètre de la hauteur sur laquelle elle est assise, et forme à peu près un parallélogramme rectangle très allongé. Elle est environnée d'un fossé, excepté dans les endroits où la raideur de l'escarpement rendait cette précaution inutile. Au nord, on voit une espèce de citadelle séparée du reste des fortifications par un fossé avec un revêtement en maçonnerie (1). C'est dans cette partie qu'est située la haute tour dont j'ai parlé, qui, d'après son médiocre diamètre, n'a pu avoir d'autre objet que de servir de guette pour signaler l'approche de l'ennemi. Je n'ai rien trouvé dans ces constructions qui m'ait paru antérieur au xiiie siècle. Je crois même que la citadelle est encore plus moderne. Elle a été convertie en maison de campagne long-temps après que le temps et les progrès de la civilisation eurent rendu inutiles ces fortifications féodales.

CORDES.

Ma dernière excursion dans le Languedoc fut à la ville de Cordes, remarquable par les restes d'une enceinte fortifiée, et surtout par plusieurs maisons particulières du xiiie et du xive siècle, assez bien conservées. L'architecture civile du moyen-âge est bien peu connue, et j'espérais trouver à Cordes quelques renseignemens sur la disposition intérieure des appartemens et leur décora-

---

(1) Là sans doute logeait la garnison, et elle pouvait y trouver un refuge si elle était forcée dans le premier retranchement.

tion. Malheureusement, le besoin du confortable moderne a engagé les habitans de Cordes à dénaturer complètement la distribution intérieure de ces maisons, dont les façades subsistent seules dans leur intégrité.

Elles sont construites presque toutes d'une manière uniforme, à deux étages, surmontées d'un attique. Une ornementation plus ou moins riche fait toute la différence. Je décrirai brièvement la maison du grand veneur, du dernier comte de Toulouse, qui était sans doute autrefois la principale de la ville. Quatre grandes arcades ogivales, bouchées aujourd'hui, ont leur base au niveau de la rue. Je ne pense pas qu'elles servissent de portes. Probablement la porte était pratiquée dans un mur en retraite, et les arcades formaient un portique, une espèce de galerie, comme celles qui subsistent encore dans beaucoup de villes anciennes, Carentan par exemple.

Les fenêtres du second étage sont plus ornées que les autres. Il y en a quatre, contenant chacune deux petites ogives géminées, surmontées d'une rose et séparées par une colonnette. Les archivoltes très saillantes, retombent sur des colonnes engagées. Des têtes humaines, des animaux sont sculptés au sommet des arcs aigus, et une frise représentant une chasse surmonte cette rangée de fenêtres. Il est à noter que les intervalles des fenêtres des deux étages supérieurs ne sont pas à l'aplomb des piliers des arcades du rez-de-chaussée; il en résulte un porte-à-faux qui a obligé sans doute de boucher ces arcades pour rendre de la solidité à l'édifice. Ce vice de construction se retrouve dans plusieurs maisons de la même ville.

L'attique présente deux fenêtres géminées à cintre trilobé, entre lesquelles sont deux autres baies carrées. Des modillons sculptés soutiennent la toiture.

Au-dessus de la frise, à droite et à gauche de la façade, on voit une branche de fer saillante, terminée par un anneau dont le plan est vertical et perpendiculaire à la muraille. D'autres maisons aussi anciennes présentent de semblables tiges de fer implantées de la même manière, et terminées par des anneaux. Quelquefois il y en a deux au-dessus de chaque fenêtre. Je pense qu'ils ont servi à attacher une corde ou une perche qui soutenait une banne destinée à abriter du soleil les habitans de la maison, peut-être à tendre des tapisseries dans de certaines occasions solennelles. J'ai vu assez souvent en Espagne des balcons couverts d'un store et ombragés par un procédé analogue.

FIN.

NOTES.

A.

C'est une tête à cheveux hérissés, avec de grandes oreilles, ressemblant assez à un masque de fontaine.

Le diable, l'un des pivots de nos croyances, a été souvent représenté par les sculpteurs chrétiens. Ses portraits varient beaucoup suivant les lieux et les époques, et avant d'avoir une queue, des cornes et un pied fourchu, il a subi bien des transformations. Les plus anciennes miniatures, et surtout les dyptiques des vi[e] et viie siècles, le représentent comme un homme barbu, avec un nez fort aquilin et la bouche très fendue. Le type de sa figure a beaucoup de rapport avec celui des têtes de Pan. Il n'est pas invraisemblable que les premiers chrétiens, afin d'inspirer à leurs néophytes plus d'horreur pour la religion qu'ils aspiraient à détruire, aient donné à l'ennemi des hommes les traits de l'une des divinités payennes : c'était d'une bonne politique. — Quelquefois le diable tient une coupe ou plutôt une boîte dont il répand le contenu. Sans doute, c'est une allégorie empruntée à la fable de Pandore, pour lui attribuer l'origine du mal. Jusqu'alors il n'a ni cornes ni queue ; il n'y a rien que d'antique dans son portrait.

Plus tard sa forme *humaine* s'altéra peu à peu, et je soupçonne que les communications des chrétiens avec les Arabes et les Persans, ont eu quelque influence pour amener ce résultat. On lui prêta les attributs des Afrites, des Dives, et de tous les monstres que l'imagination orientale avait enfantés. Mais pourtant, ces changemens ne furent point rapides. Il n'acquit que l'un après l'autre tous ces ornemens terribles, et ce n'est que quelque temps après la première croisade, que le diable devint décidément un monstre.

Un des plus anciens portraits du diable que je connaisse, je dis du diable commençant à se transformer, se trouve dans un missel saxon de la bibliothèque Bodléenne à Oxford. Il est gravé dans le vingt-quatrième volume de l'Archeologia (Account of Cœdmon's metrical paraphrase of Scripture history). On dit ce missel du xe siècle. Satan a des ailes, des cornes, quelquefois même une queue de chien et des griffes aux pieds. D'ailleurs son corps n'est pas difforme, du moins l'artiste n'a pas voulu le rendre tel. Il y a encore bien loin de ces appendices, cornes, queues, etc., aux têtes et aux corps d'animaux qu'on lui a donnés à la fin du xiie et au xiiie siècle.

En résumé, je crois qu'en général, on peut regarder comme antérieurs au xiie siècle les bas-reliefs, chapiteaux, etc., où le diable est représenté sous les traits d'un être laid et terrible si l'on veut, mais *à figure humaine*. A partir du milieu du xiie siècle, on le peint d'ordinaire comme un monstre composé de membres pris à plusieurs animaux hideux.

B.

LE BANDEAU D'IMPOSTE DE LA PORTE PRINCIPALE DE VEZELAY.

Je vais essayer de le décrire, non pas dans l'espérance que ma description pourra faire deviner le sujet qu'on y a représenté; je serai satisfait si elle fait naître le désir de visiter un de nos monumens les plus curieux.

Ce bandeau se compose de deux pierres longues de huit à neuf pieds chacune, et larges de quinze à seize pouces. Elles se réunissent bout à bout sur le pilier qui divise la porte principale. Les figures qui le couvrent forment comme deux processions partant chacune des impostes, et se dirigeant vers le centre, qui est occupé, comme je l'ai dit, par le haut de la statue de saint Jean. Pour plus de clarté, je diviserai par groupes ou par figures isolées, chacun des deux bas-reliefs. Je ne sais d'ailleurs, si les sujets qu'on y a représentés ont quelque connexité

1° La pierre de gauche, en partant de l'imposte, présente d'abord un groupe d'archers en marche se dirigeant à droite. L'un encoche une flèche, un autre a son arc en bandoulière, un troisième s'en sert comme d'un bâton pour marcher. La plupart ne sont vêtus que de légers manteaux ou de petites tuniques, il y en a même un qui semble absolument nu.

2° Un personnage, enveloppé d'un manteau tombant jusqu'aux genoux, et appuyé sur la jambe droite, la gauche croisée par-dessus, tient un vase rond assez semblable à une urne renflée par le milieu.

3° Un autre, qu'à sa robe et à son manteau long je prends pour une femme, porte un disque ou un vase sur lequel est dessiné une espèce de losange; une autre femme, du moins à mon sentiment, dont la draperie est d'un style tout antique, s'arrête en tenant un grand poisson; son attitude est pleine de grace, et ses ajustemens exécutés avec beaucoup de bonheur. A sa gauche, une figure de moindre dimension, que je crois être la fille de celle-ci, appuie une main sur son épaule; elle est vêtue d'une robe flottante, mais elle n'a pas de manteau.

4° Devant ce groupe, une femme se renverse en arrière en étendant les mains; une figure dont la draperie n'indique pas le sexe (car on peut y voir une robe longue ou un manteau), semble lui mettre la main devant le visage comme pour lui fermer les yeux. Une femme de face et immobile les contemple : devant elle est une corbeille ou un seau ; je ne sais lequel.

5° Viennent ensuite quelques hommes, dont deux armés de lances à crochet, conduisant un bœuf fort petit, sur le dos duquel un d'entre eux appuie la main. Ils paraissent le présenter à un personnage vêtu d'une longue robe à larges manches, qui leur fait face. Il tient à deux mains une lance à crochet, dont la pointe s'appuie sur son épaule, tandis que le bois repose à terre devant ses pieds.

Telles sont les figures de cette première partie du bandeau. Une seule, la dernière, a conservé sa tête ; toutes les autres sont en outre extrêmement mutilées. Elles occupent toute la largeur du bandeau, et sont sculptées sur un fond uni. Toutes ces figures sont longues et grêles, avec des draperies collantes et extrêmement plissées.

On a conservé la tradition que, dans le monastère de Vezelay, il existait un tableau ou un bas-relief, on ne sait lequel, qui représentait l'abbé recevant les redevances de ses vassaux, et plusieurs ont voulu voir ce sujet dans le bas-relief que je viens de décrire. Le bœuf, le poisson et les vases conviennent assez bien à cette explication. Mais que fera-t-on des autres, surtout de cette figure qui semble jouer avec une femme en lui mettant la main devant les yeux ? Comment interprétera-t-on aussi la lance que tient le personnage vers lequel se dirige cette procession ? le crochet qu'elle porte peut la faire prendre pour une crosse, j'en conviens, mais les conducteurs du bœuf en ont de semblables, et il faudrait en faire autant d'abbés ?

Passons au côté droit.

6° J'ai parlé de ces deux grandes figures, dont les pieds posent sur le bandeau, tandis que leurs têtes s'élèvent jusque sur le tympan. L'une d'elles étend la main comme pour bénir. Un reste d'auréole dont je ne suis pas bien sûr, et l'absence du signe de la Vierge dans le zodiaque, me font croire que l'une d'elles est la Vierge; l'autre sera la Madeleine si l'on veut, dont les reliques étaient en grand honneur à Vezelay, et y furent apportées vers 1150.

7° Vers elles s'avance un guerrier, couvert d'une tunique sur laquelle est une cotte de mailles qui lui couvre une partie des cuisses et les bras. Il tient un bouclier rond, et de la main droite une épée la pointe en bas; il paraît la présenter à ces grandes figures. Cette épée est droite, large, et terminée par un angle obtus, absolument comme les épées romaines. La forme du bouclier me paraît fort remarquable; je ne connais aucun monument de 1000 à 1200 où l'on voie des boucliers de cette forme. Ils se terminent toujours en pointe par le bas. —Dans de vieux manuscrits on en donne quelquefois de ronds aux Sarrasins, à tort, je le présume, car parmi un très grand nombre de boucliers moresques conservés à l'Armeria de Madrid, je n'en ai pas vu un seul qui ne fût elliptique.

8° Ce guerrier est suivi de trois acolytes, revêtus de tuniques. Un d'eux porte sous son bras un disque ou un bouclier, le dernier appuie la main sur le bord de ce bouclier.

9° Derrière paraît un autre guerrier, mais d'une bien plus grande proportion; il semble se retourner et saisir par les cheveux une femme qui s'enfuit. Son costume est absolument semblable à celui de l'homme armé qui le précède.

10° Un cheval, très grossièrement sculpté, et proportionnellement beaucoup trop petit, porte un cavalier couvert d'un bouclier rond, et dont il ne reste plus que la jambe et une partie de la cuisse défendue par un tissu de mailles. Sous cette armure, on voit un bout de draperie qu'on peut prendre pour le bas d'un large caleçon.

11° Un autre cheval suit le premier; il est sellé et sanglé de deux sangles dont une est fort en arrière, suivant l'usage des Orientaux; les étriers sont très courts et en forme de triangle. Sur le dos du cheval est appuyée une échelle que monte ou que descend une manière de nain, dont le manteau est emporté par le vent. Derrière le cheval est une figure d'un moindre relief et tellement fruste qu'on n'en peut deviner ni le costume ni l'attitude.

Aucune des figures que j'ai essayé de décrire n'a de tête. Le reste du bas-relief est mieux conservé.

12° Après le cheval, vient une femme (je la crois femme par sa tête, quoiqu'elle ait une tunique courte) dans les bras de laquelle se réfugie un enfant. Un homme, placé derrière la croupe du cheval, semble l'entraîner, et de l'autre côté, un homme, la main gauche sur la hanche et le bras levé à la hauteur de la tête, comme s'il s'appuyait sur une lance, me paraît un sbire qui la menace et veut la forcer de marcher en avant.

13° Le groupe qui suit est le plus bizarre de tous. Il se compose de trois figures qui forment évidemment une famille, mais d'hommes ou d'animaux, je ne saurais dire. Le premier, le mâle, est nu et couvert de poil; il se penche vers un petit être de son espèce qui pose sa tête sur sa main droite, tandis qu'il se tient la jambe de la main gauche, comme s'il sautait à cloche-pied. La femme est nue jusqu'à la ceinture; le bas du corps enveloppé d'une élégante draperie serrée autour des hanches; ses bras et ceux de l'homme sont cassés. Les trois individus de ce groupe ont autour de la tête et des épaules un appendice fort étrange. C'est comme une large écaille, épaisse et recourbée, dans l'intérieur de laquelle sont des traits irréguliers, courbes, assez semblables aux linéamens intérieurs de l'oreille. En dedans, il y a une espèce de broderie de points qui dessine comme un ourlet au bord de cet appendice. On peut, suivant son goût, voir là-dedans des oreilles énormes, ou bien des ailes, ou enfin des écailles, et j'opine pour cette dernière interprétation. Mais ce qui paraît certain, c'est que l'artiste a voulu représenter cela sous tous les aspects. En effet, l'homme montre son écaille de profil. L'enfant fait voir le dessus de la sienne, et la femme a les siennes ouvertes de face en sorte qu'on en voit parfaitement l'intérieur. Y a-t-il là-dedans une allégorie? ou bien a-t-on voulu représenter les peuples dont parle saint Augustin, dont les oreilles étaient si longues que d'une ils s'en faisaient un oreiller, et de l'autre une couverture? Mais que viendraient-ils faire à Vezelay? Je pencherais pour l'allégorie, mais j'avoue que je suis hors d'état de l'interpréter.

C.

On trouve dans les archives de la mairie la charte de consécration de Saint-Victor, par Benoît IX, en 1040; elle est rapportée textuellement dans la *Gallia christiana*. L'original est écrit sur une grande feuille de parchemin dont le haut, le bas et la marge, sont ornés de figures dessinées à la plume et coloriées. La composition tracée au bas de la charte représente la donation de la bulle. Le pape, assis sur un fauteuil, reçoit les évêques, les abbés et probablement tous les dignitaires ecclésiastiques présens à la cérémonie. L'authenticité de cette pièce n'a jamais été contestée, et l'écriture, les costumes et le dessin, tout porte le caractère du xie siècle.

Ce dessin présente pourtant une singularité remarquable. Le soubassement du fauteuil sur lequel le pape est assis est orné d'une arcature *ogivale*, et le dais qui le surmonte, de deux trèfles formés par des lignes courbes se réunissant sous un angle très aigu. Ainsi, non seulement l'*ogive*, mais le *style ogival* se retrouvent dans cette vignette. Qu'en faut-il conclure? que la forme de l'arc brisé était déjà connue vers le milieu du xie siècle; qu'on l'employait déjà dans les meubles, et probablement aussi dans des ouvrages plus considérables.

La tiare du pape est d'une forme peu ordinaire. C'est un cône très aigu, entouré à sa base d'un cercle d'or.

FIN DES NOTES.

www.ingramcontent.com/pod-product-compliance
Lightning Source LLC
Chambersburg PA
CBHW060235230426
43664CB00011B/1662